新 はじめての
成功したい人が読む
相続・贈与の 生前対策

[著]
税理士 **海野裕貴**
税理士 **髙橋琴代**
司法書士 **児島充**
司法書士 **児島明日美**

はじめに

　最近、相続のご依頼をくださるお客様に変化が起きている。
　以前は、相続が起こってから、相続税申告のご依頼をいただくケースが多かったのだが、ここ数年は、「相続トラブルの種を摘んでおきたい」「財産分けの準備をして家族に迷惑をかけないようにしたい」「子どもが余計な相続税の負担をしなくても済むようにしたい」と、事前に「生前対策」をしたいという方からのご依頼が、急激に増えているのだ。
　以前から、相続についての事前準備や生前対策といった、いわゆる相続トラブルの予防に力を入れて取り組んでいる私の活動を知って、というのも多少はあろう（あってほしい）が、それより断然、平成27年より施行された改正相続税法により、相続税を負担する方の裾野が広がるといった情報が新聞・雑誌で連日取り上げられている、アナウンス効果によるところが大きいだろう。
　こういったアナウンスは、過度に心配を煽る類のものは別として、対岸の火事と準備なしにむかえる相続を減らすことにつながるとすれば、その意義は大きい。
　相続は家族にとっての新しい生活の転換期でもある。にも関わらず、過度な相続税に苦しんだり、財産分けで揉めたり、といったトラブルに直面した家族の相談が後を絶たないし、相続のお手伝いをしている経験上、「生前対策」にはトラブルの予防効果が認められる、と確信するからだ。
　この本はそうした「生前対策」という観点から、相続の「不安」を「安心」に変える本にしようと、頼もしい専門家仲間と、そのノウハウと経験を結集した。
「相続って何？」「我が家はそもそも相続税ってかかるのか？」「自分、親

の相続がきっかけに揉め事にならないか心配だ」

　この本を手にした方には、こういった漠としたつかみどころのない不安を抱いている方も多かろう。そういった方々に、改正された最新の相続税・贈与税を基に、相続のイロハから、一歩進んだ対策を知りたいというニーズまでも十分満たす一冊になっている。

　また、下記のように読みたい項目だけ読んでも理解ができるような構成の工夫をし、できる限り相続に関する情報も充実させた。「家庭の医学」ならぬ「家庭の相続」として本棚に1冊常備していただきたい。

　最後に、この本は、清文社という税金の専門出版社が全面的に後押しくださった。担当の東海林部長、大久保さんは、私の遅筆を粘り強く耐え、舌を巻くような編集力で助けてくださった。お二人と仲間の専門家なしに、この本はできなかった。この場を借りてお礼を申し述べたいと思う。

平成27年2月
税理士　海野　裕貴

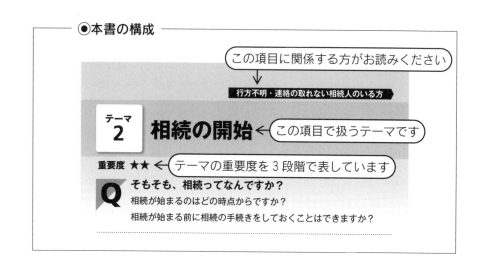

新・成功したい人が読む
はじめての相続・贈与の生前対策
目次

はじめに
◆ 【著者座談会】 相続税大改正で、何がどう変わる！ （1）
◆ パッとわかる　相続税・贈与税改正のエッセンス　（12）

第1編　生前対策・相続対策の法務

第1章　基礎知識

テーマ1　相続の現状を知りたい　重要度 ★★★
いま、なぜ生前対策・相続対策を考える必要があるのですか？ ……………………3

テーマ2　相続の開始　重要度 ★★
そもそも、相続ってなんですか？ ……………………8

テーマ3　相続人　重要度 ★★★
相続することができる人を知りたい ……………………13

テーマ4　養子縁組と相続　重要度 ★★
養子縁組と相続の関係について知りたい ……………………21

テーマ5　法定相続分　重要度 ★★★
相続人が複数いる場合、どのような割合で相続しますか？ ……………………25

テーマ6　特別受益と寄与分　重要度 ★★
生前の相続人との関係が相続分に影響を及ぼすことがありますか？ ……………………30

テーマ7　相続人調査　重要度 ★★★
相続人の調べ方を知りたい ……………………36

テーマ8　相続財産の範囲　重要度 ★★★
借金も相続しないといけないのですか？ ……………………40

テーマ9　指定相続分と遺留分　重要度 ★★
相続人の1人にすべての財産を残せるのですか？ ……………………47

テーマ10　遺産分割と当事者　重要度 ★★★
遺言がない場合、遺産はどのように相続することになるのですか？ ……………………54

テーマ11　遺産分割の具体的な方法　重要度 ★★
遺産分割をする場合の具体的な分け方を知りたい ……………………61

| テーマ12 | 相続人不存在　　重要度 ★★

相続人が誰もいない場合の相続財産の行方は？ ················ 67

| テーマ13 | 相続欠格・廃除　　重要度 ★★

相続人でも相続する権利を失ってしまう場合とは？ ················ 72

| テーマ14 | 相続放棄　　重要度 ★★★

借金を相続しないようにするにはどうすればよいですか？ ················ 77

| テーマ15 | 熟慮期間と単純承認　　重要度 ★★

相続放棄ができなくなってしまうことはありますか？ ················ 81

| テーマ16 | 成年後見制度と相続　　重要度 ★★★

母が認知症ですが、遺産分割協議はできますか？ ················ 87

| テーマ17 | 成年後見人の資格と役割　　重要度 ★★

誰でも成年後見人になれますか？ ················ 93

| テーマ18 | 未成年・行方不明の相続人　　重要度 ★★

遺産分割に時間がかかってしまうケースを確認しておきたい ················ 99

第2章 生前対策

| テーマ1 | 生前対策とは　　重要度 ★★★

生前対策の概要を知りたい ················ 103

| テーマ2 | 生前贈与　　重要度 ★★★

今のうちに自分の財産を贈与しておきたい ················ 107

| テーマ3 | 遺言事項　　重要度 ★★★

遺言でできることを知りたい ················ 115

| テーマ4 | 遺言能力　　重要度 ★★★

母親が軽度の認知症なのですが、遺言を残すことはできますか？ ················ 119

| テーマ5 | 自筆証書遺言　　重要度 ★★

最も簡単な遺言の書き方と注意点を知りたい ················ 124

| テーマ6 | 公正証書遺言　　重要度 ★★★

最も確実な遺言の方法と注意点を知りたい ················ 130

| テーマ7 | 秘密証書遺言　　重要度 ★★

誰にも知られずに遺言を残したいとき ················ 136

| テーマ8 | 特別の方式による遺言　　重要度 ★★

緊急の場面で遺言を残すとき ················ 139

| テーマ 9 | 遺贈　　重要度 ★★
相続人ではない者に財産を残したい ……………………………………………… 142
| テーマ 10 | 検認　　重要度 ★★
遺言があればすぐに相続手続きができますか？ ………………………………… 147
| テーマ 11 | 遺贈の無効・予備的遺言　　重要度 ★★
遺言で指定した者が先に死亡した場合はどうなりますか？ …………………… 150
| テーマ 12 | 遺言の撤回　　重要度 ★★
気が変わったので遺言を書き直したい …………………………………………… 153
| テーマ 13 | 遺言執行者　　重要度 ★★
私が死んだあと、誰が遺言の内容を実現してくれるのですか？ ……………… 157
| テーマ 14 | エンディングノート　　重要度 ★★★
エンディングノートって何ですか？ ……………………………………………… 163
| テーマ 15 | 任意後見制度の概要　　重要度 ★★
独り身の老後、適切な財産管理を行うにはどうしたらよいですか？ ………… 167
| テーマ 16 | いざというときのための契約　　重要度 ★★
見守り契約・財産管理等委任契約・死後事務委任契約などのいざというときのために、いまからできる備えを知りたい ……………………………………… 174

第2編 生前対策・相続対策の税務

第1章 基礎知識

| テーマ 1 | 相続税計算の全体像を把握　　重要度 ★★★
相続税計算の全体像はどうなっていますか？ …………………………………… 181
| テーマ 2 | 相続税がかかるか否かの判定　　重要度 ★★★
我が家は将来相続税がかかるのでしょうか？ …………………………………… 192
| テーマ 3 | 相続税負担に影響する特例を理解　　重要度 ★★★
相続税には、活用すると税負担が大きく下がる小規模宅地等の特例という制度があると聞いたのですが？ …………………………………………………… 197
| テーマ 4 | 相続税負担を左右する小規模宅地等の特例　　重要度 ★★★
小規模宅地等の特例（居住用宅地等）とはどんな制度ですか？ ……………… 204

テーマ 5	相続税負担を左右する小規模宅地等の特例（事業用・不動産貸付用土地）
	重要度 ★★★

小規模宅地等の特例（事業用宅地等）とはどんな制度ですか？ ……209

テーマ 6	債務と葬式費用　重要度 ★★

相続税の対象となるマイナス財産とはどういうものですか？ ……214

テーマ 7	税務調査で慌てないために　重要度 ★

相続税にも税務調査があると聞いたのですが、いったいどういったものですか？ ……218

テーマ 8	相続後のスケジュール　重要度 ★★

相続が起こったら、その後どんなスケジュールになるのでしょうか？ ……225

テーマ 9	国外にある財産の注意点　重要度 ★★

国外の資産について税務的な注意点はありますか？ ……231

テーマ 10	相続税の納付　重要度 ★★★

相続税の納付方法にはどんな方法がありますか？ ……238

テーマ 11	相続税の分割納付　重要度 ★★★

相続税を分割で納める延納という方法とはどのような制度ですか？ ……241

テーマ 12	相続税の物納　重要度 ★★★

相続税を物で納める物納という方法とはどのような制度ですか？ ……245

テーマ 13	取得費加算の特例　重要度 ★★★

相続財産を譲渡した場合の取得費加算制度とはどのような制度ですか？ ……251

第2章 生前対策

テーマ 1	贈与の効果と大切な手続き　重要度 ★★

贈与は、相続対策としてどういう効果や意味合いがあるのですか？ ……255

テーマ 2	贈与税の仕組みと贈与のコツ　重要度 ★★★

贈与「税」の仕組みと注意点を知りたい ……262

テーマ 3	相続時精算課税制度による贈与　重要度 ★★★

相続時精算課税制度による贈与はどう活用したらよいのでしょうか？ ……284

テーマ 4	配偶者への贈与特例　重要度 ★★★

配偶者へ自宅そのものや住宅購入資金を贈与する際には贈与税の特例が活用できるそうですが？──贈与税の配偶者控除 ……297

| テーマ 5 | 子・孫への住宅取得等資金贈与特例──住宅取得等資金の贈与税非課税特例　重要度 ★★★ |

子や孫等のマイホーム購入資金を贈与しても、贈与税がかからない特例について教えてもらえませんか？ ……300

| テーマ 6 | 子や孫などへの教育資金一括贈与の特例　重要度 ★★ |

教育資金を孫へ贈与する際の贈与税の特例を教えてもらえますか？ ……304

| テーマ 7 | 孫への上手な生前贈与　重要度 ★★★ |

孫への贈与をしてやりたいのですが、子どもへの贈与とどう違うのでしょうか？ ……310

| テーマ 8 | 生命保険で相続資金準備　重要度 ★★ |

生命保険は相続にどう活用できるのでしょうか？ ……316

| テーマ 9 | 税負担を踏まえた生命保険の活用　重要度 ★★ |

生命保険の税負担を踏まえた相続税対策を教えてほしい ……325

| テーマ 10 | 不動産の活用　重要度 ★★ |

更地にアパートを建築すると相続税対策になるのですか？ ……332

| テーマ 11 | 経営者の納税手段　重要度 ★★★ |

自社株を使って納税する金庫株の制度とその要件とはどのようなものでしょうか？ ……340

| テーマ 12 | 個人事業を法人化　重要度 ★★★ |

個人事業から法人成りすることによって相続対策となるのはどのようなことですか？ ……343

| テーマ 13 | 自社株式の納税猶予（相続税）　重要度 ★★★ |

相続税の納税猶予制度（事業承継税制）とはどんな制度ですか？ ……346

| テーマ 14 | 自社株式の納税猶予（贈与税）　重要度 ★★★ |

贈与税の納税猶予制度（事業承継税制）とはどんな制度ですか？ ……353

第3章　財産評価

| テーマ 1 | 評価財産とその評価方法　重要度 ★★★ |

評価対象となる財産にはどのようなものがありますか？ ……361

| テーマ 2 | 土地の評価　重要度 ★★★ |

土地はどのように財産評価するのでしょうか？ ……365

| テーマ 3 | 路線価による土地評価　　重要度 ★★★ |
土地の評価方法である路線価方式とはどんな評価方法ですか? ……369

| テーマ 4 | 倍率方式による土地評価　　重要度 ★★★ |
土地の評価方法である倍率方式とはどんな評価方法ですか? ……381

| テーマ 5 | 広大地評価　　重要度 ★★★ |
広大地の評価はどのようにするのですか? ……383

| テーマ 6 | 家屋の評価　　重要度 ★★★ |
家屋はどのように財産評価するのですか? ……388

| テーマ 7 | 上場株式の評価　　重要度 ★★★ |
上場株式はどのように評価するのですか? ……391

| テーマ 8 | 投資信託の評価　　重要度 ★★★ |
証券投資信託受益証券はどのように評価するのですか? ……394

| テーマ 9 | 未上場株の評価①　　重要度 ★★★ |
未上場株はどのように評価するのですか? ……396

| テーマ 10 | 未上場株の評価②　　重要度 ★★★ |
未上場株の特例的評価方法はどのような評価方法ですか? ……398

| テーマ 11 | 未上場株の評価③　　重要度 ★★★ |
未上場株の原則的評価方法はどのような評価方法ですか? ……401

| テーマ 12 | 未上場株の評価④　　重要度 ★★★ |
類似業種比準価額方式はどのような方式ですか? ……405

| テーマ 13 | 未上場株の評価⑤　　重要度 ★★★ |
純資産価額方式はどのような方式ですか? ……410

| テーマ 14 | 未上場株の評価⑥　　重要度 ★★★ |
特定の評価会社はどのように評価するのですか? ……413

| テーマ 15 | 生命保険に関する権利の評価　　重要度 ★★★ |
生命保険に関する権利はどのように評価するのですか? ……416

| テーマ 16 | 家庭用動産の評価　　重要度 ★★★ |
家庭用動産などはどのように評価するのですか? ……419

おわりに

※本書の内容は平成27年1月31日現在の法令に基づいています。

著者座談会

相続税大改正で、何がどう変わる！

司会「本日は、相続税・贈与税の改正を受けて、平成25年に発刊しました『成功したい人が読む　はじめての相続・贈与の生前対策』書籍の最新版発刊に向けた最終編集会議に、著者の皆さんにお集まり頂いていますので、今回の改正やらその影響、また相続をご経験されたことのない方々にもわかりやすいように、相続あるいは贈与、さらにその周辺の実情について、お聞きしたいと思います。

　では、まずは海野先生、いよいよ平成27年1月1日以後の相続・遺贈より改正相続税法が適用となったわけですが、表記書籍の最新版を発刊するにあたり、おさらいとなりますが、今一度、読者の皆さんに改正の内容をとりあえずはざっくりと把握して頂けるように、改正の概略についてご説明頂けませんか。」

相続税の改正は私たちに大きなインパクト？

海野「はい、よろしくお願いします。まず、いよいよ平成27年以後の相続・遺贈より、相続税法が改正されました。この改正項目の中で、多くの家庭にとっておそらく最もインパクトがあるのは、『相続税の基礎控除額の引き下げ』でしょう。」

司会「そうですね。基礎控除額が引き下げられて、いったいどういうことが起こるのでしょう。」

海野「詳しくは本文に譲りますが、大きく2点。一つは、基礎控除というのは、『これだけ財産を残して相続が起こったら、相続税がかかりますよ、逆になければ、相続税はかかりませんよ』という課税ラインですから、このラインが引き下がるということは、これまでなら相続税がかからなかっただろう家庭の相続でも相続税がかかる件数が増えてくるということが言えますね。」

(1)

海野裕貴先生

司会 「もうひとつは?」

 海野 「もうひとつは、基礎控除額とは、相続財産のうち相続税をかけなくていい額でもあるんです。だから、この額が下がることで、これまでよりも相続税負担が大きくなるわけです。」

司会 「なるほど、相続税のかかる家庭の裾野が広がって、さらに相続税負担もこれまでより大きくなると。先生の周りで、相続税の改正があるとわかって、何か変化はありましたか?」

相続税が心配だけど相談相手がいない?

海野 「はい。ありますね。相続税や贈与税に関するお問い合わせが急増しています。改正については、ずいぶん早くからアナウンスされましたし、新聞や雑誌では連日のように相続・相続と文字が躍っています。だから、『うちの家庭は大丈夫だろうか?』と心配になってのことなんでしょう。」

司会 「このあたりは司法書士である児島充先生、児島明日美先生にもうかがいたいところですが、その前に、司法書士の仕事をざっくりご説明頂けますか?」

児島(充) 「はい。司法書士の主な業務は、不動産の売買や相続、贈与などの際の登記手続、会社の設立や役員変更などの登記手続のお手伝いです。法務局への登記申請手続をお客様に代わって行います。それ以外にも成年後見に関する業務、簡易裁判所における裁判業務、債務整理業務なども行います。まだまだ馴染みの薄い方も多いと思いますが、意外と皆様にとって身近なところでも活躍しているのです(笑)」

児島(明) 「『登記手続』というと、ピンと来ない方も多いと思いますので、相続のケースを例にとって簡単に説明します。不動産を相続して名義を変更するには、戸籍謄本などを取り寄せたり、遺産分割協議

書などを作成したりする必要があります。これらの取り寄せや作成をお手伝いして、最終的に登記申請書をお客様の代わりに法務局に申請します。不動産をお持ちの方が多いので、相続の場面においては司法書士が何らかの形で関わるということが多いのです。」

児島充先生

司会「相続におおいに関係する業務をしていて、税制の改正前後で実感している変化はありますか？」

児島(充)「そうですね。やはり司法書士である私たちのところへのお問い合わせも増えているように感じます。法律が変わり、相続税負担が大きくなるぞ、大変だぞという漠然とした認識は、一般家庭まで広がっているのではないかと感じています。」

児島(明)「別件でご依頼を頂いた方や、昔からお付き合いのある方から、改めて相続や遺言に関することを相談される、ということも増えている印象です。」

海野「以前とあるFM局のラジオに出演させて頂いていて、月に1回放送終了後に電話相談を受け付けていたんですが、やはり『相続税の改正で誰に相談したらいいかわからないので』といった方が多くいらっしゃった。漠然とした不安を抱えつつも、相続について相談する相手がいない、というのが実情なんだと実感します。恋愛相談は、友達にできますが、相続相談は、きっと難しいでしょうから(笑)」

髙橋「私の周りでも事業をされていらっしゃる方は、日頃から税理士などとの付き合いがあるので相談も身近ですが、サラリーマンの家庭の方は、士業とは普段関わりあいがないですからね。今回の改正で不安になったものの、なかなか相談するのは、ハードルが高く困っていらっしゃる方が多いと感じています。」

海野「でも、今振り返ると改正の早めのアナウンスはとても意義のある重要なことだったと思います。」

児島明日美先生

司会 「それはなぜですか？」

海野 「将来の相続の準備をしよう、という空気感のようなものが出来つつあるからです。」

司会 「なるほど。もう少し詳しく教えてください。」

相続の準備は難しく険しい道のり？

海野 「はい。例えば、遺言。少しずつ作成される方が増えていますが、平成25年の一年間に作成された公正証書遺言が約9万6,000件です。ちなみに、一年間に亡くなられる方の数はここ数年、120万人台に達しています。簡単に対比できるものではありませんが、仮にこれまでもこの割合が変わっていないとするならば、公正証書遺言が残されている相続はたった10件に1件もない……という計算になります。」

司会 「え！ そんなに少ないんですか？」

海野 「はい。遺言しかりなんですが、生前に相続の準備をしているご家庭って、じつは数えるほどしかないのです。皆さんのお宅は準備万全ですか？ 相続って、相続人が知らない借金や財産があったり、財産を分ける際にもめごとになったり、相続税が納められなかったり……トラブルと苦労の宝庫なんですよ。」

児島(充)「海野先生のおっしゃるとおり、相続手続はトラブルと苦労の宝庫ですね。これまでは『遺言などの準備は財産がたくさんある人だけが行うもの』というイメージが先行していました。そのため、準備をしている人は少なく、きちんと準備していれば、こんなもめごとは起きなかったのに……という案件を実際に何度も目にしてきました。親子、兄弟間など家族同士での争いというのは、なるべく起こしてほしくないも

のです。」

司会「実際の相談案件でも、そのように苦労される方が多くいらっしゃるのですね。」

髙橋琴代先生

海野「そうですね。たくさんの案件に携わらせて頂く機会があるのですが、やはり、準備のないいきなりの相続のケースではみんなてんてこ舞いになって疲労されますね。」

髙橋「相続が発生したが、どんな財産があるのかわからない、金庫はあるが誰も開けられないなど相続人の方が途方に暮れているケースもあります。」

児島(明)「人が亡くなった時の手続というのは、数十種類あると言われています。たとえもめごとにならなくても、ご家族など残された方にかかるご負担は想像以上に大きいのです。」

司会「確かに、葬儀の手続だけでも疲れてしまいますよね。」

海野「だから、自身が目の黒いうちに、きちんと準備したり対策をしておくことで、格段に相続後のトラブルが減少するはずです。そして何と言っても安心できるのです。」

児島(充)「トラブル対策だけではなく、残される方にかかる負担を減らすことができるというメリットもあります。これは財産の多い、少ないにかかわらず、ほとんどすべての方に当てはまりますので、トラブルの防止、税金対策という点のみではなく、『残される方への思いやり』という観点からも、準備や対策を考えてもらえたらいいなと思います。」

メモ書き一つ、盆暮れに話し合う、たったそれだけでも準備になる？

司会「準備とか対策というのは、具体的にどういうことを言うのですか？」

海野「はい。いま注目の贈与とか、遺言とかももちろん準備や対策と言えるのですが、もう一歩手前の、例えば、自分の財産を一覧に

して、どこにどれだけあるのかを記しておくだけでも立派な準備です。」

児島(明)「ちょっとしたメモ書き程度でも、残して頂くだけで大きな違いがあります。同居している家族同士でも、お互いに案外知らないことは多いのです。これを行って頂くだけでも、残された方にかかる負担を大きく減らすことができます。もちろんこれだけでOKというものではありませんが、ご自身の棚卸しという意味でも、はじめの一歩としては非常に効果的なことだと思います。」

児島(充)「ケースバイケースですが、自分の財産のことをオープンに盆や正月に家族と話し合う。これも立派な準備です。残される側からすれば、それだけでも安心できるものがありますよね。子から親に対して、親の亡くなった後の話を切り出すのはなかなか難しいものがあるので、親がきっかけを作るほうがよいかもしれません。」

児島(明)「自分の財産などのことを書き記すか、家族と相続のことを話し合う。どちらかだけでも大きな一歩です。これくらいなら、やろうと思えばすぐにでも行動に移せますよね。ただ、実際には何となく先延ばしにしてしまう方が多いですし、その気持ちもわかるのですが……。」

司会「なるほど。やろうと思えばできるのに、やらない……。ダイエットみたいですね(笑)」

海野「そう、その通り。踏み出すのに思い切りと時間がかかるし、踏み出したはいいけど、続かない。多くの方々は、何をすればいいかわからないんですよね。そりゃ、そうです。これまでやったことないんですから。」

司会「それで、この生前対策の本につながるんですね？」

海野「そうですね(笑)。私は税理士・行政書士・ファイナンシャルプランナーという立場で、税金面を中心に相続でお困りの方の相談にのらせて頂いています。相続が起こってからだけでなく、事前の準備として、家庭の相続問題を浮き彫りにして、ご家族と二人三脚で不安を一つ

ひとつ安心にかえていくお手伝いです。でも、『自分でできるよ』とか『家族のことは家族でやりたいよ』という方もたくさんいらっしゃるので、そういう方々のために"生前対策"というコンセプトで一冊に情報を網羅すると便利では？　ということで生まれたのがこの本です。」

児島(明)「税理士や司法書士などの専門家に相談する、ということについて、ハードルが高いと感じられる方もまだまだ数多くいらっしゃると思います。そのような方々にとって、この本が『第一歩』になってくれたら嬉しいなと思います。」

司会「まさに、生前準備・対策の入門本ですか？」

相続税増税改正・贈与税減税改正がトレンド？

海野「はい。本書は平成25年に発刊されて、おかげさまでご好評を頂き、最新の制度を盛り込んで、さらに『わかりやすく』に力をいれた相続生前対策の入門の入門本です。」

児島(充)「これだけ相続というものに対する注目度が高まったことで、誤った認識をされてしまっている方も増えているのかもしれません。相続に向けての準備を始めるにしても、正しい知識、正しい情報に基づいて行わなければ、効果が薄かったり、場合によっては逆効果になったりしてしまうこともあります。相続・贈与などの生前対策に関する教科書的な存在としても、この本を活用して頂きたいなと。」

司会「対策や準備のところで、贈与という言葉が出ました。贈与は生前対策のフロントランナーのように言われていますが……」

海野「はい。『先祖代々の財産を早く息子に譲りたい』とか『孫が大きくなったら使えるように』ということで、贈与を活用されるケースは多いです。私たちも贈与を中心に対策や準備計画を組むケースが多いですね。便利ですからね。」

(7)

髙橋「贈与の良いところは、当然の話なのですが、時期をご自身の意思で決められるという点です。なので海野先生がおっしゃったように相続とは違って準備計画を組めるというのは、あげる側、貰う側、双方にとって安心できるんです。」

司会「でも、贈与を受けたら、贈与税を納めないといけませんよね?」

児島(明)「司法書士である私たちのところにも、不動産などを贈与したいと相談に来られる方がいらっしゃいますが、贈与税など、税金のことを認識していない方もおられます。実際に税額などを確認してみて驚かれる方も多いです。」

海野「贈与税は、とても負担の重い税金と言っていいと思います。せっかく財産を贈与しても贈与税を差し引いたら、思い通りの結果にならない、ということもよくあります。ただここは、きちんと制度を理解して、適正に行わないといけません。また、活用できる贈与税の特例もたくさんあるのにもったいないことをしているなあ、というケースもありますね。」

司会「特例ですか?」

海野「はい。『相続税』は、大きな流れとして増税方向での改正が多いのに対して、実は『贈与税』は、各種特例の充実や、一部税率の引き下げなど、大きな流れとして減税方向での改正が多いのです。」

司会「なるほど、もう少し詳しく教えてもらえますか?」

海野「はい。贈与税の特例について言えば、子や孫などへの『住宅取得等資金』『教育資金』の贈与の特例に加えて、平成26年12月30日に公表されたばかりの平成27年度税制改正によれば、『結婚・育児費用』の贈与も一定額まで贈与税がかからない特例がラインナップされる予定です。ライフプランの代表的な大きな支出をカバーするわけです。さらに、

この改正では、ジュニアNISAという制度が創設される予定です。子や孫が少額投資非課税口座をつくり、年間80万円まで投資することができるようになる。まさに子や孫の将来への投資ができるわけですから、この制度も子や孫への贈与を促進しそうですね。」

児島(明)「このように贈与税の特例について並べると、目的別にバラエティーに富んだラインナップが揃っていて興味深いですね。」

海野「これらに加えて、夫婦間の居住用不動産等贈与なら配偶者控除がありますし、相続時精算課税制度を活用した贈与も孫にも使えるなど使い勝手がよくなった。会社の株式や農地にも納税猶予制度がある。」

司会「こう聞くと、贈与は制度を理解して上手に活用すれば、ずいぶん税金負担を軽減できそうですね。」

海野「はい。そのとおりです。これは、消費の予定がなく資産をかかえているシニア層から、これからのライフプランで消費が見込まれる子や孫などの層への資産移転を促す大きな景気刺激策でもあるのでしょう。後生大事に財産を残せば、相続税で負担を大きくする一方、生前贈与で早めに資産移転したら贈与税負担は軽くしますよ、というメッセージともとれますよね。」

髙橋「生前贈与を上手に活用することにより、将来発生する相続問題を事前に解消することになりますから積極的に検討したほうがいいですね。」

基本的に「相続人はみな平等」だからもめる？

司会「なるほど、税制改正の大きなトレンドが見えてきました。さて、ここからは少し角度を変えて、相続に関する法律についての話題に移りましょう。平成25年9月に最高裁で、非嫡出子の相続分が嫡出子の相続分の2分の1であった点につき、違憲決定が出されました。それに伴って民法が改正され、嫡出子の相続分と非嫡出子の相続分が同等になりまし

た。これも現場レベルで影響が出たところではないですか？」

児島(明)「そうですね。嫡出子問題の詳細は本文に譲りますが、この機会に改めて認識して頂きたいのは、相続に関しては、遺言など生前の対策をしない限り、すべての相続人が原則として相続分に応じて平等に扱われるということです。嫡出子の問題だけではなく、長年面倒を見てくれたり、援助を続けてくれたりした者も、音信不通の者も、さまざまな事情から財産を残したくないと思っている者も、積極的に対策を取っていなければ、法律で認められたとおりに権利を持つということになります。」

児島(充)「異なる取扱いをしたいと思うのであれば、贈与にしても遺言にしても、そう思った時に行動に移してもらえるといいなと思います。まだ大丈夫、と思っている間に認知症になってしまい、対策を取ることができなくなってしまった、という方もいます。手遅れになってしまってからでは遅いのです。」

司会「手遅れになってしまうというのは、具体的にどういうことですか？」

児島(明)「認知症などで判断能力を完全に失ってしまうと、遺言にしても生前贈与にしてもそうですが、行うことができなくなってしまうのです。私は成年後見業務を取り扱っているのですが、実際にそのような方を目にしたり、ご相談を頂いたりということも少なくありません。団塊の世代が定年を迎え、高齢社会といわれる現在、これからこのような問題がますます顕在化してくるのではないかと予測しています。」

司会「本書で相続に関する基本的なことを理解して頂き、少しでも思い当たる節があり、具体的な行動を起こそうという時にはなるべく信頼できる専門家に相談してもらえるという流れができるといいですね。」

児島(充)「繰り返しになりますが、はじめの一歩ですね。昨今はいわゆる士業と呼ばれる人でも腰が低い人が増えています。弁護士や税理士、司法書士などの士業も『先生業』ではなく、一種の『サービス業』

であると。身近に感じて頂けるよう士業側で努力すべき部分も多いですが、積極的にコンタクトを取ってもらえると嬉しいですね。」

司会「最後に本書を手に取ってくださった方に向けて一言ずつお願いします。」

児島(充)「今回の税制改正は、やはり大きなインパクトがあります。税金というお金のこと。もちろんとても大事なことですが、そこを重視するあまり、大切なことを見失ってしまっては本末転倒です。税金のことだけでなく、人間関係にも配慮して充実した生前の準備や対策を行って頂けたら嬉しいです。」

児島(明)「相続というのは、それこそ100人いれば100通りと言われており、人によって置かれている状況、取るべき対策も変わってきます。まずは正しい知識を身につけて頂きたいというのが私たちのいちばんの思いです。そのうえで、やはり相続というものは大事なことですから、なるべくじっくりと準備や対策というものに向き合い、残される方々のためにも少しでも積極的に行動に移して頂けたらいいなと思います。」

海野「先生方のおっしゃるとおり、相続は、税金も心配だけど、税金だけではない。多面的に相続をとらえて取り組んでほしい。また、ふとした不注意がトラブルに発展し、ちょっとした気遣いが問題を解決する。相続ほど、家族を思いやれる機会はない。相続というイシューを乗り越えて、さらに家族の絆が強くなる機会にするくらいの気持ちで取り組んでほしいと思いますね。」

髙橋「税金の制度は、知っていれば得をするということが、実際にあるんです。ですので是非この本を使って、こんな制度や方法があるのかということを知って頂ければと思います。そして少しでも相続や贈与という言葉の目の前に広がっている霧が晴れ、手に取って頂いた方のお役に立てればと思っています。」

相続税・贈与税改正のエッセンス
＊適用期限の記載のない制度は、すでに施行されています

～ 相続税編 ～

1．基礎控除が下がって、相続税がかかる家庭が増える

相続財産の課税ラインとなる基礎控除額が、これまでの6割まで引き下がります。そのため、これまで相続税がかからなかっただろう家庭にも相続税がかかり、負担も大きくなります。

| 増税or減税？ | ↑ | 影響度（5段階） | 5 | 詳しくは | P.192 |

2．相続税率が一部引き上がり、税負担が増える人も

相続税の税率は、財産額に応じて高い税率が適用される。2億円超3億円以下、6億円超の税率がそれぞれ5％づつアップ。資産家の相続では増税も。

| 増税or減税？ | ↑ | 影響度（5段階） | 2 | 詳しくは | P.187 |

3．未成年者・障害者が相続する場合、負担減

相続人が、未成年者・一定の障害者の場合、未成年者控除・障害者控除により一定額の税負担がおさえられるが、その控除額が拡充。

| 増税or減税？ | | 影響度（5段階） | 2 | 詳しくは | P.190 |

4．自宅土地の相続税の特例拡充でさらに減税

亡くなった方の自宅土地を相続する際、その評価額が8割減額される「小規模宅地等の特例」の適用面積が240㎡から330㎡へ。その他、適用要件の緩和も。

| 増税or減税？ | | 影響度（5段階） | 5 | 詳しくは | P.197 |

〜 贈与税編 〜

1．贈与税率の一部変更

贈与税率は、一部引き下げ、最高税率は50％から55％へ引き上げ。年間の贈与額が多額だと影響も。

| 増税or減税？ | | 影響度（5段階） | 2 | 詳しくは | P.262 |

2．親や祖父母などからの贈与には、適用税率が別に

直系尊属からの贈与には、適用する税率テーブルが別になる。加えて、一部税率引き下げ、最高税率は55％へ。

増税 or 減税？ 影響度（5段階） 2 詳しくは P.262

3．贈与税をさほど気にせず贈与できる相続時精算課税制度の充実

相続時精算課税制度による贈与で、贈与する者の年齢制限が引き下がり、孫への贈与もできるようになった。相続税がかからない家庭は大いに活用も。

増税 or 減税？ ― 影響度 活用度（5段階） 4 詳しくは P.284

4．子や孫へ教育資金を一括贈与しても最大1,500万円非課税

平成27年度税制改正で延長

金融機関などの信託商品等を通じて、子や孫へ一定の教育資金を贈与しても1,500万円まで贈与税が非課税となる特例。その他、適用範囲拡大も。

増税 or 減税？ 影響度 活用度（5段階） 4 詳しくは P.304

※平成31年3月31日まで適用期限が延長される予定

5．子や孫へ住宅取得等資金を贈与しても一定額非課税

平成27年度税制改正で延長・拡充

住宅取得等資金を子や孫へ贈与しても、一定額が非課税となる特例。平成26年で適用期限が切れたが、制度拡充の上、適用延長される予定

| 増税or減税？ | ⇩ | 影響度活用度（5段階） | 5 | 詳しくは | P.300 |

※平成31年6月まで適用期限が延長される予定

6．子や孫へ結婚・子育て資金の贈与で最大1,000万円非課税

平成27年度税制改正で創設

金融機関などの信託商品等を通じて、子や孫へ一定の結婚・子育て資金を贈与しても最大1,000万円まで贈与税非課税となる特例が新設予定。

| 増税or減税？ | ⇩ | 影響度活用度（5段階） | 5？ | 詳しくは | P.309 |

※平成27年4月1日から平成31年3月31日まで

～ その他「海外」「事業承継」編 ～

1．海外資産について税務署へ提出する国外財産調書制度

国外資産が5,000万円を超えると、その財産の明細を税務署に提出する国外財産調書制度がスタートしている。提出しないと重いペナルティも。

増税 or 減税？ 影響度（5段階） 3　詳しくは P.231

2．日本の相続税・贈与税の納税義務の範囲が拡大

国内に居住している人が、国外居住かつ日本国籍のない人に、相続させたり、贈与したとしても、その財産の国内外にかかわらず、相続税・贈与税がかかることに。

増税 or 減税？ 影響度（5段階） 1　詳しくは P.237

3．会社株式の相続税・贈与税猶予制度の拡充

会社株式を引き継いだ後継者の負担する相続税・贈与税を猶予する特例の使い勝手が向上。親族以外にも活用できるようになる。

増税 or 減税？ 影響度（5段階） 3　詳しくは P.346

第 1 編

生前対策・相続対策の法務

[本章のねらい]
　生前対策や相続対策を考えるにあたっては、相続や遺言、贈与に関する法律の基本的な知識を理解する必要があります。
　誤った理解により間違った対策をとってしまうことのないよう、関連する部分を本章でしっかり確認しておきましょう。

第1章 基礎知識

テーマ1 相続の現状を知りたい

全員

重要度 ★★★

Q いま、なぜ生前対策・相続対策を考える必要があるのですか？

相続という場面において、いま、どのような問題が起きていますか？なぜ遺言や生前贈与などといった生前対策・相続対策を考えなければならないのですか？

A ここ最近、相続に関する話題がテレビや雑誌で取り上げられる機会が増えました。また相続や遺言に関連する書籍も多数出版されています。では、なぜいま相続がこのように注目されているのでしょうか。以下、その理由を確認していきましょう。

1. 高齢化の波

大きな理由の1つが、高齢化の問題です。日本の高齢者（65歳以上）の人口は3,296万人となり、総人口の25.9％を占めるとされています（平成26年9月15日現在：総務省統計局人口推計）。この数は今後さらに増え続け、高齢者人口が3,500万人前後に達する時代が、近い将来やってくると考えられています。平均寿命は長くなっていますが、やはり**高齢になればなるほど、近いうちに相続が発生するリスクは高まります**。また、年齢を重ねることで判断能力や身体的な能力が低下する可能性も高くなります。自らの老後、そして相続をいかに円満な形で実現するか、という問題に直面する人の数が、これからますます増えていくわけです。 相続の開始 P8

成年被後見人等 P93

【高齢者人口の推移（昭和25年〜平成26年）】

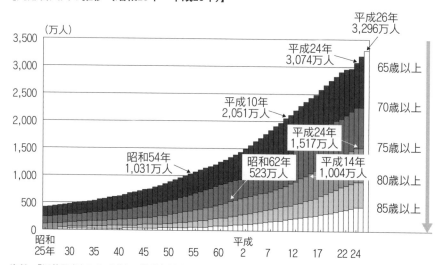

資料：「国勢調査」および「人口推計」（高齢者人口の推移—国勢調査及び人口推計、総務省統計局より）
注：平成23〜26年は9月15日現在、その他の年は10月1日現在

2. 少子化問題

　さらに、少子化の問題も重なり、昭和25年には65歳以上の高齢者人口1人に対して10.0人の現役世代（20〜64歳の人口）がいたのに対して、平成22年には高齢者1人に対して現役世代2.6人にまで減少しています。高齢者の割合はさらに増え続け、平成72年には高齢者1人に対して現役世代が1.3人になるとさえ言われているのです（『平成26年版 高齢社会白書』）。

　また、高齢者の割合の増加だけではなく、一層の核家族化も進み、**家の中だけで高齢者の面倒を見るということが困難な状況になってきています。**

　今後、私たちは相続のことだけを考えればよいのではなく、自らの老いに自らが責任を持つことが求められている、と言うことができるでしょう。

　老後をどのように生活していくか、ということも、家族任せではなく個人個人が真剣に考えなければならない状況になっています。　エンディング
ノート P163　任意後見制度 P167

【高齢化の推移と将来推計】

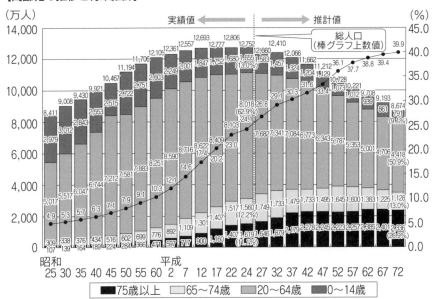

出典:『平成25年版 高齢社会白書』
資料：平成22年までは総務省「国勢調査」、平成27年以降は国立社会保障・人口問題研究所「日本の将来推計人口（平成24年1月推計）」の出生中位・死亡中位仮定による推計結果
注：昭和25～平成22年の総数は年齢不詳を含む

3. 相続関係の複雑化

　加えて最近は、未婚率の上昇や子供をもたない夫婦の増加も相まって、問題はより複雑になりつつあります。

　次の図は、新たに全国の家庭裁判所に申し立てられた遺産分割調停の数の推移（司法統計）です。平成16年（2004年）に年間1万件を超えてから、さらにその数は増え続けています。

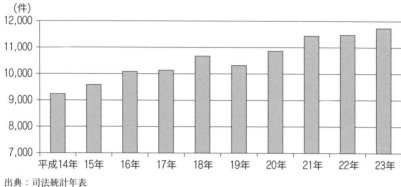

【遺産分割調停事件新受件数の推移】
出典：司法統計年表

　また、同じく司法統計によると、裁判所に持ち込まれる遺産分割調停事件のうち、約30％が遺産額1,000万円以下、全体の70％以上が遺産額5,000万円以下の事件なのです。
　必ずしも遺産額が大きい事件だけが争いになっているわけではない、ということがこのデータからわかります。

4. 生前対策が増えつつある現状

　このような時代の中で、自身が元気なうちに財産を移したり、財産の行く先を定めたりしておくなどの生前対策をする方が増えています。生前対策として有効なものの1つとして**遺言**が挙げられますが、公正証書遺言の件数推移のデータおよび遺言書の検認数の件数推移のデータを見ると、年々その件数が増加していることがわかります。　遺言　P115

【公正証書遺言の件数推移（日本公証人連合会調査）】

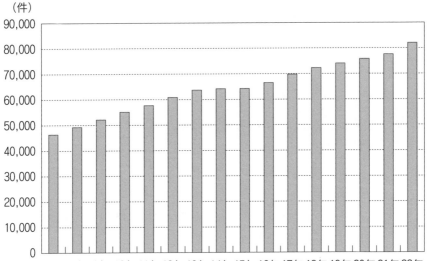

出典：日本公証人連合会資料等

5. 税制改正に伴う影響

　平成25年度税制改正（平成27年1月1日施行）により、今後相続税の対象となる案件が増えていくことが予想されています。**基礎控除の引下げに伴ってこれまでであれば相続税がかからなかった人がかかるようになってしまったり、最高税率の上昇に伴ってこれまでの想定よりも相続税が高額になってしまったりということが見込まれる**ことから、世間の関心も高まっています。

　こうした時代の中で、相続だけでなく老後のことも視野に入れ、残される家族や周りの方にも配慮した、**本当の意味での"生前対策"**への注目が高まっているのです。

行方不明・連絡の取れない相続人のいる方

テーマ2 相続の開始

重要度 ★★

Q そもそも、相続ってなんですか？
相続が始まるのはどの時点からですか？
相続が始まる前に相続の手続きをしておくことはできますか？

A **相続**とは、人が死亡した時にその人（被相続人）の財産上の地位を相続人が受け継ぐことを言います。相続は原則、**人が死亡した時**に開始します。死亡した時以外に相続が開始する場合としては、**失踪宣告**と**認定死亡**があります。

　これらによって初めて相続が始まりますので、相続が発生する前に相続の手続きを行うことはできません。例えば、本人が寝たきりになってしまったり、認知症になってしまったりしても、生きている以上は相続が開始せず、行方不明になっている方などについても、失踪宣告などにより死亡したものとみなされない限り相続は開始しないのです。

　また、相続は、法律上亡くなった人の住所において開始します。

相続開始時の確認

原　則	人が死亡した時。
＜例外１＞ 普通失踪※1	７年間生死が明らかでないときは、７年間の期間満了時に死亡したものとみなされる※2。
＜例外２＞ 特別失踪※1	死亡の原因となる危難に遭遇した者の生死が、危難が去った後１年間明らかでないときは、その危難が去った時に死亡したものとみなされる※2。
＜例外３＞ 認定死亡	水難、火災その他事変によって死亡した場合は、官庁または公署が死亡地の市町村長に死亡の報告を行う。これにより死亡したものと推定される※3。

※1　普通失踪、特別失踪の場合は、不在者の従来の住所地または居所地を管轄する**家庭裁判所**への失踪宣告の申立が必要です。
※2　「**みなす**」とは、例外なくある事実をその通りのものと扱うことです。反対の事実の立証があっても覆りません。失踪して死亡したものとみなされた者が生存していた場合や、異なる時点で死亡していたことが明らかになった場合は、失踪宣告の取消しを家庭裁判所に請求する必要があります。
※3　「**推定**」とは、その事実と異なる立証のない限りその通りのものと扱うことです。逆に、異なる事実が明らかになりそれが立証された場合は事実が覆ることになります。

解　説

生前対策のことを考えていくにあたって、まずはその前提として相続が開始する時・相続が開始する場所を確認しましょう。

1．相続が開始する時

(1) 死亡

相続は、**自然人の死亡**によって開始します（民882条）。自然人の権利能力は出生に始まり、死亡によって消滅します。

(2) 失踪宣告

一般的な死亡以外に相続が発生しうる原因として、**失踪宣告（普通失踪・特別失踪）** と**認定死亡**があります。

不在者の生死が**7年間**明らかでないときは、利害関係人が家庭裁判所に失踪宣告の請求をすることができます（**普通失踪**：民30条1項）。

また、戦地に臨んだ者や沈没した船舶の中にあった者、その他死亡の原因となるべき危難に遭遇した者の生死が、それぞれ戦争が止んだ後、船舶が沈没した後またはその他危難が去った後**1年間**明らかでないときも、同じく利害関係人が家庭裁判所に失踪宣告の請求をすることができます（**特別失踪**：民30条2項）。

普通失踪については7年間の**期間が満了した時**に、特別失踪についてはそ

の**危難が去った時**に(さかのぼって)、死亡したものとみなされます(民31条)。

【失踪宣告の申立方法】

申立人	利害関係人
申立先	不在者の従来の住所地または居所地の家庭裁判所
申立に必要な費用	収入印紙800円分、連絡用の郵便切手、官報公告料
申立に必要な書類	申立書、不在者の戸籍謄本、不在者の戸籍の附票、失踪を証する資料、利害関係を証する資料など

(3) 認定死亡

次に**認定死亡**についてですが、水難、火災その他の事変によって死亡した者がある場合には、その取調べをした官庁または公署は、死亡地の市町村長に死亡の報告をしなければならないとされており(戸籍法89条)、この報告をもって戸籍に死亡した旨が記載されることになります。

2. 相続が開始する場所

相続は、**被相続人の住所**において開始します(民883条)。相続に関連して裁判上の手続きが必要になる場面がありますが、その際の裁判所の管轄は実際に死亡した場所ではなく住所が基準となります。

生前対策のヒント

1. 生前対策は死後に備えるだけではない

相続は基本的に死亡によって初めて開始するものです。逆に考えると、例えば交通事故などで意識不明の状態となってしまったり、重度の認知症になって判断能力が低下してしまったりしたとしても、「相続」は開始しないのです。

しかし、意識不明や重度の認知症になってしまうと、その財産を周りの人

が自由に動かすことが難しくなってしまい、例えば治療費や施設の入所費用などで大きなお金が必要になったときや、不動産を処分する必要が生じたときに、家族や周りの人が困ってしまうということがあります。

相続への対策ということを考えると、どうしても相続後のことだけを考えがちですが、相続が開始した後のことだけではなく、**相続が開始する前**、このように認知症などにより判断能力が低下してしまった場合に周りの人に迷惑が掛からないよう対策を講じることも、生前対策の1つと言えます。

厚生労働省の公表によると、認知症高齢者数は平成22年時点で280万人に達し、平成24年には推計で305万人に達したとされています。**65歳以上の人口の約10人に1人は認知症**になる計算です。この厚生労働省のデータは要介護認定申請データを基に算出されており、要介護認定申請を行っていない認知症高齢者は含まれていません。実際にはさらに多くの高齢者が認知症になっているものと思われます。　成年後見制度と相続　P87

生前対策というと死後に備えるというイメージが強いですが、**相続開始前のリスクに備えるという視点での対策**も、自らの財産の行く末に責任を持つという意味ではとても大切であり、そのニーズは高まっています。

2. 任意後見制度とは？

このように、自らの老いに責任を持つ、という時代の流れの中で、近年注目を集めているのが、**任意後見制度**です。

将来、自分が認知症や精神疾患などになってしまい、自らの判断能力が低下してしまったときに備えて、財産の管理方法や療養看護に関する事務について、将来の支援者（**任意後見受任者**）をあらかじめ契約（**任意後見契約**）で定めておく制度です。　任意後見制度　P167

任意後見受任者となる者に制限はありませんが、親族で適任の者がいない場合は、弁護士や司法書士、社会福祉士、税理士などの専門家に依頼することもできます。

任意後見制度を利用するためには、**契約は必ず公正証書で締結する**など、法律で定められた方式に従って行う必要があります。締結された契約の内容は法務局で**登記**されます。そして、いざ判断能力が低下した際には、任意後見受任者などが家庭裁判所に任意後見業務を監督する者（**任意後見監督人**）の選任を申し立て、任意後見監督人が選任されることにより、任意後見が開始することになるのです。

　任意後見が開始すると、任意後見受任者は**任意後見人**となり、**任意後見監督人**の監督のもと、契約内容に従って本人を支援することになります。
　任意後見契約は、判断をする能力はあるけれども実際の財産管理には不安があるので任せたいというときの**財産管理等委任契約**や、自分の死後の葬儀などを任せたいときの**死後事務委任契約**、死後の財産の行く末を定めた**遺言**などと組み合わせることで、本人の希望する老後を実現できる可能性を高められるということから、生前対策として有効であると考えられています。

いざというときのための契約　P174

3. 死亡届の提出

　相続の手続きの始まりは死亡届の提出です。では、死亡届は誰がどこに提出するのでしょうか。親族や同居者などは、死亡の事実を知った日から7日以内（国外で死亡したときは、その事実を知った日から3か月以内）に死亡届を提出しなければならないとされています。また、届出先は死亡者の死亡地、本籍地または届出人の所在地の市役所、区役所または町村役場のいずれでもよいとされています。死亡届を出さないと埋（火）葬許可証が出ませんので、実際には葬儀業者の方が具体的な手続きの段取りをしてくれることが多いようです。相続が開始したときは、死亡届の提出に関して葬儀業者の方に確認されるとよいでしょう。

全員

テーマ3 相続人

重要度 ★★★

Q 相続することができる人を知りたい
相続が発生した場合、誰が相続人になりますか？ 孫や甥・姪に相続させることはできるのですか？

A 民法では相続する者の順位が定められています。第1順位は**子**、第2順位は**直系尊属**、第3順位は**兄弟姉妹**です。**配偶者は常に相続人**となります。先の順位の者がいる場合、後の順位の者は相続人にはなりません。例えば、第1順位である被相続人（亡くなられた方）の子がいる場合は、第2順位である被相続人の父母（あるいは祖父母）や第3順位である兄弟姉妹は相続人にはなりません。

被相続人の孫や甥、姪は、**代襲相続**によって相続人となる場合があります。

要点メモ　誰が相続人になる？

〈基本〉

	配偶者がいる	配偶者がいない
第1順位	配偶者と子	子
第2順位	配偶者と直系尊属	直系尊属
第3順位	配偶者と兄弟姉妹	兄弟姉妹

直系尊属　P16

解説

　実際の相続手続きや生前対策の場面において、**相続人の特定**は基本中の基本であり、最も重要なポイントの1つです。

　相続人には「相続させる」ことができますが、相続人でない者には「相続させる」ことができません。したがって、相続人でない者に財産を残したい場合は、**相続以外の何らかの対策**を考えないといけません。そこでまず、相続が発生した場合に誰が相続人になるのかを確認しましょう。

(1) 配偶者

　被相続人の**配偶者**は、常に相続人となります（民890条）。ここでいう配偶者というのは、婚姻届が出されている必要があり、**事実婚や内縁の配偶者には法律上の相続権は認められません。**

(2) 第1順位：子

　被相続人の**子**は、相続人となります（民887条1項）。

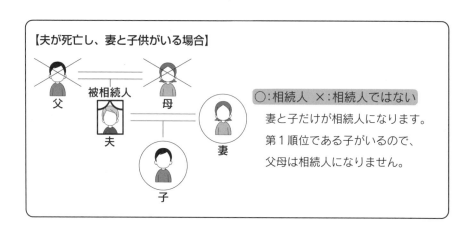

　被相続人の子である限り、**実子・養子に関わらず**、性別の区別なく、また出生の順序を問わず、全員が相続人となります。結婚して氏が変わった娘や、普通養子に出した子も相続人です。

配偶者と子がいる場合は、配偶者と子が相続人となります。

非嫡出子（法律上の婚姻関係にない男女間に生まれた子）については、母子の関係においては分娩の事実により当然に親子関係が生じますが、父子の関係においては**認知**によって初めて法律上の親子関係が生じることになります。 法定相続分 P27

また、相続の開始以前に被相続人の子が①死亡していたとき、②相続欠格事由に該当していたとき、③廃除によって相続権を失っていたときは、その者の子（被相続人の孫（子の子））が代わりに相続人となります（民887条2項：**代襲相続**）。 遺言による廃除 P76

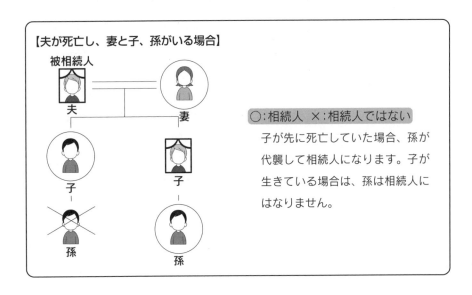

【夫が死亡し、妻と子、孫がいる場合】

○：相続人 ×：相続人ではない
子が先に死亡していた場合、孫が代襲して相続人になります。子が生きている場合は、孫は相続人にはなりません。

さらに、その子（被相続人の孫）にも代襲原因が生じたときは、その子（被相続人のひ孫（子の子の子））が代襲（**再代襲**）します（民887条3項）。

なお、被相続人の子が相続放棄をしたときは、相続人にならなかったものとみなされますので、その者の子は上記のような代襲相続人にはなりません。 遺留分の放棄 P50

(3) 第2順位：直系尊属

被相続人に子がいないときは、**直系尊属**が相続人となります（民889条1項）。

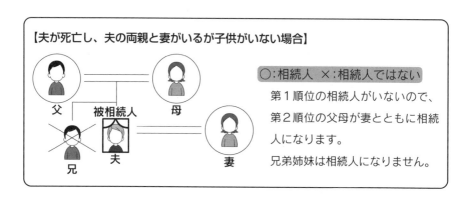

直系尊属とは、**父母や祖父母、曾祖父母などのこと**です。直系尊属全員が相続人となるわけではなく、親等の近い者だけが相続人となります。例えば、被相続人に子がおらず、父母と祖父母がいる場合は、祖父母は相続人とならず、父母が相続人となります。

養子（特別養子の場合を除く）について相続が発生し、その養子に子がいない場合は、養親と実親双方が共同相続人となります。 養子縁組 P21

被相続人に子がおらず、配偶者と父母がいる場合は、配偶者と父母が相続人となります。

(4) 第3順位：兄弟姉妹

被相続人に子がおらず、直系尊属もいない場合は、兄弟姉妹が相続人となります（民889条1項）。

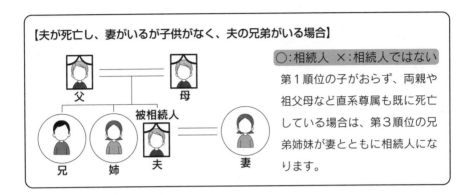

(2) の、子が相続する場合と同様、**代襲相続**が認められます。しかし、再代襲は認められていません。すなわち、兄弟姉妹と兄弟姉妹の子が被相続人より前に死亡していても、その兄弟姉妹の孫（兄弟姉妹の子の子）は相続人にはなりません。

また、父母の一方のみが同じ兄弟姉妹も相続人となります。

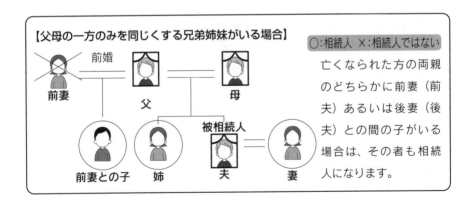

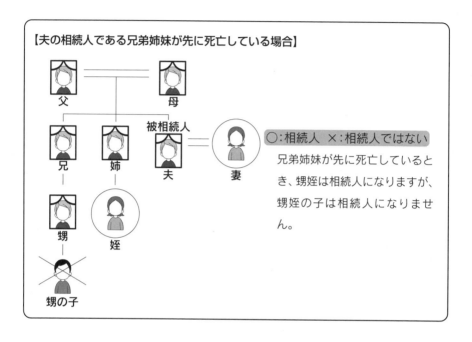

生前対策のヒント

1. 相続人を把握することの重要性

　生前対策ということを考える場合に、**相続財産を把握すること**と併せて最も大切なのは、**相続関係を把握すること**です。財産を残したい人（または、財産を残したくない人）が相続人であるのか、そうでないのかによって取るべき対策が変わってくることがあります。自らの親族関係を改めて整理し、いざというときの相続関係を確認しておきましょう。

2. 相続関係が変わってしまった場合

　自らの相続関係を把握し、それに合わせて十分な生前対策を取っても、その後、自らの相続の前に相続人が死亡してしまうなどの理由で、相続関係が

変わってしまうことがあります。例えば、妻と一人息子が相続人だった場合に、自分より先に子がなくなり、孫がいないときは、相続人は妻と両親（直系尊属）あるいは兄弟姉妹になります。

また、法律上の相続関係が変わってしまうだけでなく、相続人同士の人間関係が変わってしまうことも考えられます。

相続関係が変わってしまった場合は、通常、**生前対策も最初から見直す必要がある**でしょう。

3. 疎遠な相続人がいる場合の対策

前妻（前夫）との間に子がいる場合は、それらの者も原則として相続人になります。現在の配偶者や子と前妻（前夫）の子が疎遠になっているうえに何らかの対策を取っていない場合、現在の配偶者や子は、前妻（前夫）の子を探し出して話し合いをしないと、相続の手続きが進められません。残される家族にとっては大きな負担となりますので、このような事態を防ぐためにも、生前対策は必須と言えます。

例えば、遺言を残したうえで、遺言を執行してくれる遺言執行者を定めることで、残される家族は原則として前妻（前夫）の子と連絡を取らずに相続の手続きを進めることができます。　遺言執行者 P157 　遺言 P115

同じ理由から、相続人となる者の中に連絡が取れない者や他の相続人との関係があまり良くない者がいる場合は、何らかの対策を取っておいたほうがよいでしょう。いくら自分の財産を特定の者に残したいと思っていたとしても、生前対策を取っていない限りは、原則として**相続人全員の合意**、手続きへの関与が必要になってしまうのです。

4. 子供がいない場合の対策

子がいない夫婦の場合、残された配偶者と、両親（直系尊属）または兄弟姉妹が相続人となります。この場合も、何らかの生前対策を取っていない限りは、配偶者と両親（直系尊属）または兄弟姉妹の全員の話合いが必要になります。

配偶者に十分な財産を残せるだろうと思っていても、対策を取っていなかったばかりに兄弟姉妹が相続分や様々な主張をしてきて話がまとまらず、配偶者が相続財産を受け取れないまま時間だけが経ってしまう……ということも少なくありません。

特に自宅不動産だけしか目立った相続財産がない場合に最後までもめてしまうと、その自宅を売却して現金に換えて相続人間で分割することになるなど、配偶者はその住まいまでも奪われてしまうという可能性も考えられるのです。

　残される配偶者の精神的負担・手続的負担を考慮する気持ちがあるのであれば、確実に財産を残すことができるよう、何らかの生前対策を取っておくべきでしょう。 遺言 P115

5. 具体的に有効な対策

　それでは、3、4で挙げたように相続人の中に話合いをすることや合意に至ることが難しい者がいる場合に、有効な対策としてどのようなことが考えられるでしょう。

　例えば、確実に残したい財産を、生前に残したい者に贈与してしまう方法が考えられます。税金の面、遺留分に関する規定（ 遺留分 P47 ）、特別受益の持戻しに関する規定（ 特別受益 P30 ）などに留意する必要はありますが、確かに財産が渡ったことが確認できるので、最も安心できる方法の1つと言えます。 生前贈与 P107

　しかし、重要な財産を贈与したとしても、残された財産の相続の手続きにおいて相続人全員が何らかの形で連絡を取ったりする必要性がなくなるわけではありません。

　この場合は、遺言を残したうえで、その遺言の内容を実現させる遺言執行者を定めておくという方法が有効でしょう。遺言執行者が、相続人全員を代表して遺言の内容を実現する手続きを行うことになり、実質的に疎遠になっている者に残された者が連絡を取り合う必要性が最小限に抑えられます。
 遺言執行者 P157

養子縁組をした方、する方

テーマ4 養子縁組と相続

重要度 ★★

Q 養子縁組と相続の関係について知りたい
養子縁組をすると、養子も相続人になるのですか？ 実の親との関係では相続はどのようになるのでしょうか？

A **養子縁組**とは、法的な親子関係を創設する制度です。養子は、縁組の日から、**養親の嫡出子としての身分を取得**します。養親の嫡出子の身分を取得しますので、相続の場面では養親の実子と同じ相続分を有することになります。

また、養子となっても実の親との親族関係は終了しませんので、実の親に相続が開始した場合は、実子として相続人となります。ただし、実方の血族との親族関係が終了する縁組（**特別養子縁組**）を成立させた場合は、**実方の血族との親族関係が終了する**ので、実の親の相続人にはなりません。

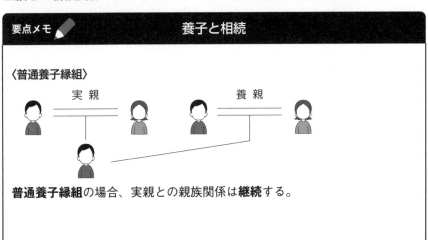

要点メモ　養子と相続

〈普通養子縁組〉
実親　　　　　　　養親

普通養子縁組の場合、実親との親族関係は**継続**する。

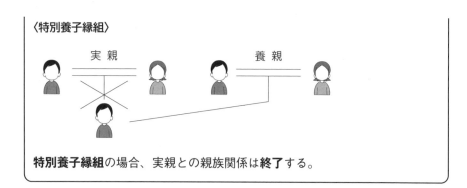

解説

　養子縁組によって、養子は養親の嫡出子としての身分を取得します（民809条）。相続の場面において、養子は実の子と同じ法律上の相続分を有することになります。ここでは養子縁組制度について確認します。

1. 養子縁組の基本

　成年に達した者は養親となることができますが（民792条）、尊属または年長者を養子とすることはできません（民793条）。逆に、養親が養子よりも年長であれば、たとえ養子が高齢者であっても養子縁組を行うことができる、ということになります。

　配偶者のある者が未成年者を養子とするには、配偶者の嫡出子を養子とする場合または配偶者がその意思を表示することができない場合を除いて、配偶者とともにしなければなりません（民795条）。

　また、配偶者のある者が縁組をするには、配偶者とともに縁組をする場合または配偶者がその意思を表示することができない場合を除いて、その配偶者の同意を得なければなりません（民796条）。

　養子となる者が15歳未満であるときは、その法定代理人が、これに代わって、縁組の承諾をすることができます（民797条）。

なお、未成年者を養子とするには、自己または配偶者の直系卑属を養子とする場合を除き、家庭裁判所の許可を得なければなりません（民798条）。

2. 特別養子縁組の基本

家庭裁判所は、養親となる者の請求により、実方の血族との親族関係が終了する縁組（**特別養子縁組**）を成立させることができます（民817条の2）。特別養子縁組を成立させるには下記の要件を満たす必要があります。

まず、養親となる者は、**配偶者のある者**でなければならず、夫婦の一方は、他の一方が養親とならないときは、養親となることができません。ただし、夫婦の一方が他の一方の嫡出である子（特別養子縁組以外の縁組による養子を除く）の養親となる場合は、この限りではありません（民817条の3）。

また、普通の養子縁組と違い、**25歳**に達しない者は、特別養子縁組における養親となることができないとされています（民817条の4）。ただし、養親となる夫婦の一方が25歳に達していない場合でも、その者が20歳に達しているときは、養親となることができます。

特別養子縁組においては、養子となる者の年齢にも制限があります。特別養子縁組の請求の時に**6歳**に達している者は、養子となることができません。ただし、その者が8歳未満であって6歳に達する前から引き続き養親となる者に監護されている場合は、この限りではありません（民817条の5）。

特別養子縁組の成立には、父母がその意思を表示することができない場合または父母による虐待、悪意の遺棄その他養子となる者の利益を著しく害する事由がある場合を除き、**養子となる者の父母の同意**も必要です（民817条の6）。

最後に重要な要件として、特別養子縁組は、実父母による養子となる者の監護が著しく困難または不適当であることその他特別の事情がある場合において、子の利益のため特に必要があると認めるときに、成立させるものとされています（民817条の7）。

特別養子縁組を成立させるには、養親となる者が養子となる者を6か月以上の期間監護した状況を考慮しないといけません（民817条の8）。

生前対策のヒント

● 相続する資格が重複する者の相続分

　養子縁組などにより、相続人としての資格が重複することがあります。学説上は諸説ありますが、一般的に2つの相続する資格が両立し相排斥しない場合には相続資格の重複を認めています。

　例えば、孫が養子になり、その孫が代襲相続する立場でもある場合、子(養子)としての相続分と、代襲相続に伴う相続分が両立します。法定相続分　P25

【配偶者と子、代襲相続人兼孫が相続人の場合】

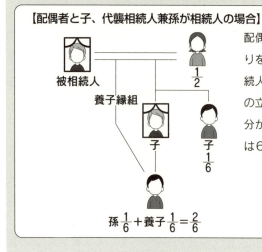

配偶者が2分の1を相続し、残りを子で分けます。孫は代襲相続人としての立場と養子としての立場でそれぞれ独立した相続分があるので、合計した相続分は6分の2となります。

全員

テーマ5 法定相続分

重要度 ★★★

Q 相続人が複数いる場合、どのような割合で相続しますか？
同じ順位の相続人が2名以上いる場合、相続分の割合はどうなるのでしょうか？ 相続人である子が2名以上いる場合や非嫡出子の相続分の割合はどのようになるのでしょうか？

A 法律で定められた各相続人が相続する割合を、**法定相続分**と言います。法定相続分は、まずは被相続人に配偶者がいるかどうかで区分します。そのうえで、子や直系尊属、兄弟姉妹がそれぞれ2名以上いる場合、それぞれの相続分を等分します。半血兄弟姉妹の相続分が父母の双方を同じくする兄弟姉妹の2分の1となる点、養子・養親はそれぞれ実子・実親と同じ相続分になる点に注意が必要です。

要点メモ 法定相続分の基本

相続人	配偶者	子	直系尊属	兄弟姉妹
配偶者のみ	1分の1	—	—	—
配偶者と子	2分の1	2分の1※	—	—
配偶者と直系尊属	3分の2	—	3分の1※	—
配偶者と兄弟姉妹	4分の3	—	—	4分の1※

※複数いる場合は、原則等分します。

〈用語の確認〉

嫡出子	法律上の婚姻関係にある男女間に生まれた子。
非嫡出子	法律上の婚姻関係にない男女間に生まれた子。
半血兄弟姉妹	父母のどちらか一方だけが同じ兄弟姉妹。前妻（前夫）の子と後妻（後夫）の子の関係。兄弟相続の場合の相続分は父母を同じくする兄弟姉妹の2分の1。

解説

　生前対策のために相続関係を把握するのと併せて、法律で定められている相続分を確認しておく必要があります。生前対策を考えるにあたっては、各自の法定相続分を考慮することも大切です。 相続人 P13

　以下、同じ順位の相続人が2人以上いる場合の法律で定められた相続分の割合を確認します。

1. 配偶者と子

　配偶者と子がいるときは、配偶者と子の相続分は**それぞれ2分の1ずつ**となります。子が2人以上いるときは子の2分の1の相続分を等分します。

　なお、嫡出でない子の相続分は、嫡出子の相続分の2分の1とされていましたが、平成25年9月4日最高裁決定に基づいて民法が改正され、嫡出子と嫡出でない子の相続分は同等とされました。

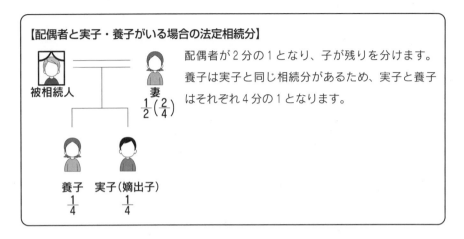

2. 配偶者と直系尊属

　子がおらず、配偶者と直系尊属がいるときは、配偶者の相続分が**3分の2**、直系尊属の相続分は**3分の1**となります。直系尊属が2人以上いるときは直系尊属の3分の1の相続分を等分します。実親（実の親）と養親（養子縁組により親となった者）の差はありませんので、実父母と養父母がいる場合は、3分の1を4人で等分することとなり、それぞれ12分の1の相続分となります。

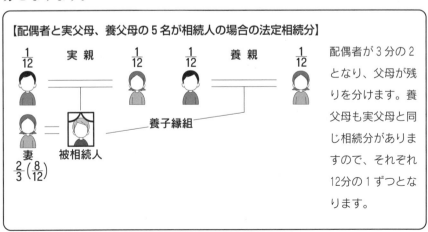

3. 配偶者と兄弟姉妹

被相続人に子も直系尊属もおらず、配偶者と兄弟姉妹がいるときは、配偶者の相続分が **4分の3**、兄弟姉妹の相続分は **4分の1** となります。兄弟姉妹が2人以上いるときは4分の1の相続分を等分します。

ただし、父母の一方を同じくする兄弟姉妹（半血兄弟姉妹）の相続分は、父母の双方を同じくする兄弟姉妹の相続分の2分の1となります。

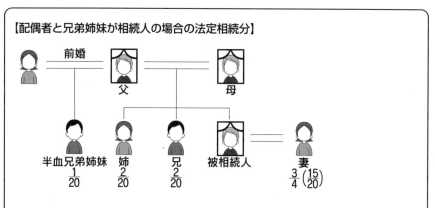

【配偶者と兄弟姉妹が相続人の場合の法定相続分】

配偶者が4分の3となり、兄弟姉妹が残りを分けます。半血兄弟姉妹は父母を同じくする兄弟姉妹の2分の1の相続分になるため、それぞれ20分の2、20分の1となります。

生前対策  のヒント

1. 法定相続分はそれぞれの相続人が相続する割合の大原則

　法律で定められた法定相続分は、相続する人にとっては、自らの権利を考えるうえでの大原則になります。

　一部の相続人や特定の者に対して、この法定相続分を超える財産を引き継がせる遺言などを残すことは可能ですが、それによって法定相続分よりも少ない財産しか引き継ぐことができなくなった者に不公平感を持たれてしまうことがあります。その不公平感こそが争いの発端になってしまったというケースが、相続争いの大部分を占めていると思います。

　どのような意図でそのように財産を引き継がせるのかを相続人に対して伝えたり、法定相続分を考慮した分配をしてあげたりするなど、残される相続人同士で争いが起きにくくなるような工夫、もしくは、争いが起きても財産を引き継がせた者がなるべく困らないような工夫をしておくことで、相続人同士の悲しい争いを予防することができます。　付言事項の活用　P117
エンディングノート　P163　遺言執行者　P157

2. 嫡出でない子がいる場合

　民法改正により、嫡出子と嫡出でない子の相続分は、法律上同等とされました。

　しかし、これまでの法律の歴史や、環境の違いなどから、嫡出子と嫡出でない子が相続人として存在する場合、感情の対立によって相続時に争いが生じてしまうことは十分考えられます。

　民法改正があったからこそ、当てはまる方はよりいっそう慎重に生前対策を検討する必要があるでしょう。

> 同順位の相続人が2人以上いる方

特別受益と寄与分

重要度 ★★

Q 生前の相続人との関係が相続分に影響を及ぼすことがありますか？

生前に相続人の1人が被相続人から多額の贈与を受けていた場合、相続分に影響を及ぼしますか？ また、生前に被相続人の財産を維持したり増加させたりした者の相続分はどうなりますか？

A 相続人が被相続人から遺贈を受け、または婚姻、養子縁組、生計の資本として贈与を受けた場合に、相続分の算定の際、その分を特別な受益として考慮しましょう、というのが**特別受益**の考え方です。

また、被相続人の財産の維持または増加について特別の寄与をした者があるときは、同じく相続分の算定の際、その分を寄与分として考慮しましょう、というのが**寄与分**の考え方です。

要点メモ　　　特別受益と寄与分

●特別受益の考え方

被相続人 ─ 配偶者
  │
  ├─ A
  └─ B

自宅購入資金の生前贈与 → 相続分算定の際に考慮

Aは生前に自宅の購入資金の贈与を受けています。その分を、相続分の算定の際に考慮します。

- 特別の寄与が認められるための3つの要件
  ① 通常の貢献を超えること
  ② 無償性があること
  ③ 相続財産の維持、増加との因果関係があること

解説

1. 特別受益とは

　共同相続人中に、被相続人から遺贈を受け、または婚姻もしくは養子縁組のためもしくは生計の資本として贈与を受けた者があるときは、被相続人が相続開始の時において有した財産の価額にその贈与の価額を加えたものを相続財産とみなし、算定した相続分の中からその遺贈または贈与の価額を控除した残額をもってその者の相続分とするとされています（民903条1項）。 遺贈 P142

　これらの遺贈や贈与があったときは、これを**特別受益**として、相続開始時の相続財産に加算して、各共同相続人の相続分を算出し、遺贈や贈与を受けた相続人は、これらの価額を控除してその者の相続分とします。

　こうした**持戻し**は、共同相続人間の衡平をはかるためであるとともに、そうすることが被相続人の意思にも合致するという推測に由来するとされています。

　なお、被相続人が上記と異なる意思を表示したときは、その意思表示は、遺留分に関する規定に違反しない範囲内で、その効力を有します（民903条3項）。これは共同相続人間の衡平よりも、**被相続人の意思を優先させたもの**です。 指定相続分と遺留分 P47

　つまり、被相続人が生前贈与や遺贈について遺言などで持戻しを免除する意思表示をすることで、**持戻しの免除**が認められるのです。

(1) 特別受益財産の範囲

ここで具体的に、持戻しの対象となる特別受益財産の範囲を確認しましょう。

まず、**遺贈**は、特別受益財産として持戻しの対象となります。

持参金や支度金など婚姻や養子縁組のために被相続人から特にしてもらった支度などの費用はどうでしょうか。これらについては持戻しの対象となるべき贈与の典型ではありますが、相続分の前渡しと認められるようなある程度まとまった金額でなければ、持戻しの対象にはならないと考えられています。

子が自宅を新築、購入する際に贈与された土地や金銭は、生計の資本としての贈与の典型例であり、特別受益財産となります。

生命保険金請求権は、共同相続人間の不公平が著しい場合にはその衡平をはかるため、持戻しの対象にすべきであると考えられています。判例では、生命保険金請求権の特別受益性を原則否定しつつも、特別受益として持戻しの対象とするかどうかは、保険金の額、この額の遺産総額に対する比率、保険金受取人である相続人および他の共同相続人と被相続人との関係、各相続人の生活実態等の諸般の事情を総合考慮して判断すべきとしています（最判平16.10.29）。

死亡退職金等の遺族給付については、被相続人の生前の労働、貢献に対する対価であり、特に退職金は賃料の後払い的な性格を有していることなどから、特別受益性を肯定すべきという説がありますが、裁判所の判断は特別受益性を肯定したものと否定したものに分かれています。

(2) 特別受益の評価

特別受益財産が、たとえ受贈者の行為によって滅失し、またはその価格の増減があっても、相続開始時になお、原状のままであるものとみなして価額を定めるとされています（民904条）。

2. 寄与分とは

　共同相続人中に、被相続人の事業に関する労務の提供または財産上の給付、被相続人の療養看護その他の方法により被相続人の財産の維持または増加について特別の寄与をした者があるときは、被相続人が相続開始の時において有した財産の価額から共同相続人の協議で定めたその者の**寄与分**を控除したものを相続財産とみなし、算定した相続分に寄与分を加えた額をもってその者の相続分とするとされています（民904条の2第1項）。

　寄与分の制度は共同相続人間の実質的な衡平をはかろうとしたものです。寄与分を受けられる者は原則として**共同相続人**に限られます。

(1) 特別の寄与

　特別の寄与とは、労務の提供、財産上の給付、被相続人の療養看護などを言います。

　これらの行為について**特別の寄与**と評価される程度に高度のものでなければ寄与分の対象とはなりません。そのためには以下の要件が必要になります。

① **通常の貢献を超えること**

　被相続人との関係において、通常期待されるような貢献は寄与分として評価されません。夫婦間の同居、協力、扶助の義務（民752条）、親子・兄弟姉妹間における親族間の扶養義務（民877条）など、法律で定められた義務の範囲内でその義務の履行としてなされた行為は、原則として寄与に該当しないとされます。つまり、単純に面倒を見ていたということだけでは、「通常の貢献を超えていたとは言えない」とされているのです。

② **無償性**

　特別の寄与と言うためには、その寄与に対して補償がないことが求められます。寄与に対する補償の趣旨で相応の生前贈与などがなされているときは、特別の寄与とは認められません。

③ 相続財産の維持、増加との因果関係

　特別の寄与があったと評価されるには、寄与行為と被相続人の財産の維持、増加との間に**因果関係**がなければなりません。仮に多大な貢献があったとしても、財産の維持、増加があったとみられない場合は、特別の寄与があったと言うことはできません。

(2) 寄与分の定め方

　寄与分は共同相続人間の協議によって定めるのが原則です。協議が調わないとき、または協議をすることができないときは、寄与をした者の請求によって、家庭裁判所が定めることになります。家庭裁判所は寄与の時期、方法および程度、相続財産の額その他一切の事情を考慮して、寄与分を定めます（民904条の2第2項）。

生前対策のヒント

1. 持戻しを免除する方法

　仮に特別受益と認められる生前贈与があっても、被相続人の意思表示でそれらについて持戻しを免除することが可能です。遺言に持戻しを免除する旨が明示されていなくても、生前贈与の態様や趣旨によっては黙示の意思表示があったものとして認められる場合もあります。

　しかし、生前贈与をしたり、遺贈をしたりする場合で、持戻しを免除する旨が明示されていないと、後日相続人間で黙示の持戻し免除について争いになる可能性があります。持戻しを免除したい場合は、遺言において持戻しを免除する旨の記載を明確にしておいたほうがよいでしょう。

〈持戻しを免除する旨の遺言記載のサンプル〉

第○条　遺言者は、これまでに妻○○（昭和○年○月○日生）および長男△△（平成○年○月○日生）にした生前贈与による特別受益の持戻しについてはすべて免除する。

2. 寄与分を認めてもらうのは難しい

　解説で記載されているように、寄与分を認めてもらうには、確認してきたすべての要件を満たす必要があります。しかし、すべての要件を満たすのは難しいため、たとえ通常期待される以上の貢献をした者であっても被相続人の財産の維持・増加と因果関係が認められず、寄与分が認められない場合があります。

　寄与をした者に財産を残したい場合は、遺言や生前贈与などで積極的に残してあげるのがベターと言えます。

全員

テーマ 7 　相続人調査

重要度 ★★★

Q 相続人の調べ方を知りたい

誰が相続人になるのか（相続関係）を特定することが重要であることは確認しましたが、具体的にはどのように相続関係を調べていけばよいのでしょうか。

A いざ相続が発生した場合、残された相続人は様々な手続きを行わなければならないことになります。

その中でも預貯金や株式、不動産などの相続にかかる手続きの際には、まず最初の段階で相続人の特定が求められます。生前対策を検討するにしても、自らの相続人を漏れなく把握する必要があります。

基本的には、戸籍謄本を取得し、戸籍上から相続関係を特定していくというのが、一般的な相続人調査の作業です。

要点メモ 相続人特定のために必要な証明

① 被相続人が死亡したこと
② 相続人が間違いなく相続人であること
③ 他に相続人が存在しないこと
④ 相続人が生きていること

解 説

1. 相続人を特定する方法

相続関係を証する情報（書面）として最も重要になるのが**戸籍**です。戸籍から客観的に相続関係を特定していきます。

しかし、相続関係を特定するためには、被相続人が死亡したことが確認できるいちばん新しい戸籍謄本の取得だけでは足りません。

相続人が相続の手続きを行う場合、一般的には①被相続人が死亡したこと、②相続人が間違いなく相続人であること、③他に相続人が存在しないこと、④相続人が生きていることを証明する情報（書面）が求められます。

①については、被相続人が死亡したことが確認できるいちばん新しい戸籍謄本（除籍謄本）を取得することで確認できます。

しかし、戸籍は通常、生きている間に複数回つくり直されていますので、②と③についてはいちばん新しい戸籍謄本（除籍謄本）だけでは確認ができないことがあります。その場合、過去の除籍謄本・改製原戸籍謄本を順番にさかのぼっていき、相続人との相続関係と他に相続人が存在しないこと（例：先妻との間に子がいないこと）を特定していきます。

どこまでさかのぼる必要があるかは相続関係にもよりますが、兄弟姉妹が相続するケースになると、被相続人の父母についても戸籍をさかのぼらないといけなくなってしまいます。他に兄弟姉妹がいないことを確認する必要があるためです。

④については、相続人の現在の戸籍謄本を取得することで確認できます。

2. 戸籍を何通も取得しなければならない理由

1. で相続関係を特定するためには「戸籍をさかのぼって取得する必要がある」と説明しました。しかし、なぜそのようなことをする必要があるのでしょうか。

戸籍は次のような場面で、それぞれ新たにつくられます。

(1) 改製

改製とは、戸籍に関する法律の改正に伴って、戸籍の形式自体が新しくつくり直されることです。

日本の戸籍制度は、明治5年につくられた壬申戸籍から、明治19年、明治31年、大正4年、昭和23年、平成6年と、これまでに何度も改正されてきています。法律の改正によって戸籍の形式が変更されて、その都度新しい戸籍がつくられています。

(2) 転籍

転籍とは、本籍を別の場所に移すことを言います。

現在の戸籍の場合、別の市区町村に本籍を移すと、新たにその市区町村で戸籍がつくられることになります。

(3) 結婚・離婚など

本籍を別の市区町村に移す場合だけでなく、例えばいままで両親の戸籍に入っていた子が結婚をしたときなども、新しく戸籍がつくられることになります。そして夫（または妻）とともにその新しい戸籍に移ることになります。また、離婚の際も新たに戸籍がつくられることがあります。

このような原因で新たに戸籍がつくられると、同じ人物の戸籍がその前後で存在することになります。

新しい戸籍がつくられる際に、前の戸籍の情報がすべて反映されるわけではありません。例えば、前の戸籍の段階で既に死亡や結婚などで除籍された者については、新しい戸籍には基本的に情報が載せられないのです。

つまり、現在の戸籍謄本（全部事項証明書）だけを確認しても、その者の相続関係（相続人が他にいないかどうか）をすべて特定するには不十分ということが言えます。

したがって、戸籍をさかのぼって取得していく必要があるのです。戸籍を確認する際には、その戸籍にいつからいつまでの情報が載っているのか、という点をチェックすることが重要です。

生前対策のヒント

1. かしこい戸籍謄本の取得方法

では、実際に相続手続きに必要となる戸籍謄本を取得するにはどうしたらよいでしょうか。

まずは被相続人の本籍地で死亡したことが確認できる戸籍謄本を取得します。この際、「相続手続きで使用するので、この市区町村役場で取得できる戸籍・除籍・改製原戸籍謄本をすべて請求します。」と伝えることで、その窓口で取得できるすべての戸籍謄本等を取得することができます。

また、出てきた書類から、次にどこの戸籍謄本等を請求すればよいかを教えてもらえるようお願いするとよいでしょう。市区町村役場の窓口の方に確認しながら請求していくと比較的スムーズに取得することができます。

2. 郵送での戸籍謄本の取得

遠方の市区町村役場の戸籍謄本等が必要になった場合は、郵送による方法で戸籍謄本等を請求することができます。一般的には、請求書と手数料分の小為替、身分証明書コピー、返信用の封筒などを同封して郵送することで請求することができます。具体的な必要書類や市区町村役場の所在地などは事前に管轄の市区町村役場に問い合わせたり、インターネットなどで確認するとよいでしょう。

3. 戸籍謄本等の取得と個人情報

戸籍謄本等は誰でも取得することができるわけではありません。個人情報を保護する必要があるためです。その戸籍に記載されている者やそれらの者の配偶者・子など請求することができる者（請求権者）以外の者が請求する場合は、通常、請求権者から委任を受けていることが確認できる委任状の提出などが求められます。請求をする際は、事前に管轄の市区町村役場に必要書類を電話で確認しておくと安心です。

全員

テーマ8 相続財産の範囲

重要度 ★★★

Q 借金も相続しないといけないのですか？
相続が開始した場合、被相続人の財産や借金はどうなりますか？
生命保険金や死亡退職金も相続財産に含まれますか？

A 相続の開始によって、原則として相続人は被相続人に属した**一切の権利義務**(一身に専属したものを除く)を承継することになります。
「一切の権利義務」となっていますので、一般的にイメージできるような預貯金や不動産などのプラスの財産を相続する**権利**だけではなく、借金の支払いなどのマイナスの財産を相続する**義務**も発生する点に注意が必要です。また、生命保険金や死亡退職金など、種類・内容によって相続財産となるか否かが分かれるものがあります。

要点メモ　相続財産の範囲

相続の開始によって、相続人は被相続人に属した一切の権利義務を承継

【相続財産に含まれるもの】
・預貯金や不動産、株式などのプラスの財産
・金融機関からの借入、住宅ローンなどのマイナスの財産
・損害賠償請求権、慰謝料請求権

【相続財産に含まれないもの】
被相続人の一身専属的なもの
遺骨・仏壇・お墓など

生命保険金、死亡退職金、ゴルフ会員権
【種類や内容によって分かれるもの】

解説

1. 相続財産の基本

　生前対策を考えるうえで、まずはどこからどこまでが相続財産に含まれ、どの権利義務が相続財産に含まれないのかを把握する必要があります。

　相続人は、相続開始の時から、**被相続人の財産に属した一切の権利義務を承継する**、とされています（民896条）。相続人が相続の発生したことを知ったか否かに関わらず、当然に一切の権利義務を承継する、というのが原則です。相続財産として代表的なものは預貯金や不動産、株式などですが、これらのいわゆる**プラスの財産**だけではなく、**借金**など**マイナスの財産（義務）**も承継する点に注意が必要です。

　ただし、例外として被相続人の**一身に専属したもの（性質上、本人のみに帰属するもの）** は承継しないとされています。例えば扶養請求権、公営住宅入居者の使用権、生活保護法に基づく保護受給権などは、被相続人の一身に専属したものとして、承継の対象にはなりません。

2. 問題となり得る代表的な権利義務

　以下、相続の時点で問題となり得る代表的な権利義務について、相続の対象となるかどうかを個別に確認しておきます。

(1) 債務

　債務も原則として相続の対象になります。保証債務についても相続の対象になりますので、被相続人が保証人になっていた場合、相続人は保証人としての地位も承継するのが原則です。ただし、例外的に個人的信頼を前提とする保証債務や身元保証債務については、既に具体的に発生している債務や、保証責任の限度額が定められている信用保証を除いては**相続されない**ものとされています。　相続放棄　P77

(2) 損害賠償請求権

　交通事故などで負傷した後に死亡した場合、負傷により被害者本人に発

生した損害賠償請求権が、**相続人に承継されます**。即死の場合であっても、観念上は致命傷と死亡との間に間隔があるとして、死亡による賠償請求権が本人に発生し相続される、というのが判例の考え方です（大判大15.2.16）。

逆に、加害者として損害賠償責任を負った者が死亡した場合、その損害賠償責任を相続人は原則として相続することになります。

(3) 慰謝料請求権

慰謝料請求権については、以前は本人が慰謝料請求の意思表示をしてから死亡した場合には相続人に承継され、意思表示がない、または、意思表示があったものと認められない場合には相続の対象とならない、とされていました（大判昭2.5.30）。

しかし最高裁は、慰謝料請求権は、単純な金銭債権として意思表示の有無を問わず**当然に相続される**、と判示しました（最判昭42.11.1）。

(4) 生命保険金

生命保険金が相続の対象となるか否かは、保険契約上、受取人が誰に指定されているかによって違います。

受取人が相続人の1人あるいは複数に特定されている場合は、その保険金の取得は当該相続人の固有の権利であり、**相続財産ではない**とされています。

また、受取人を「相続人」と指定した場合も、判例は、特段の事情のない限り、保険金取得は**相続によるものではなく**保険契約に基づくものとしています（最判昭40.2.2）。

これらのケースとは違い、被相続人自身を受取人と指定していた場合は、被相続人の死亡によりその相続人が被相続人の保険金請求権を承継するため、相続財産になると一般的には考えられています。

(5) 死亡退職金

死亡退職金には、賃料の後払いや遺族の生活保障などという考え方があります。判例では、相続の規定とは異なる範囲、順位により死亡退職金を支給する法令または内部規程がある場合、受給権は受給権者固有の財産で

あり、**相続財産に属さない**、としています（最判昭55.11.27）。

ただし、このような法令または規程（国家公務員退職手当法、退職金規程など）がない場合には、個々の事案に応じて相続財産とするか否かが判断されることになります。

(6) ゴルフ会員権

ゴルフ会員権の形態にはいくつか種類がありますが、代表的な預託金会員制について確認をしていきます。

判例は、ゴルフクラブ会員権の相続について、入会して取得する「ゴルフクラブの会員たる資格」と、「ゴルフクラブ会員契約上の地位」の2つを区別しています。まず、ゴルフクラブの会員たる資格については、一身専属的なものであり相続されない（最判昭53.6.16）としています。次に、ゴルフクラブの会員契約上の地位については、原則相続性を認めたうえで、会則の定めるところによるものとし、会員死亡の場合に契約上の地位が相続される旨の規定がある場合だけでなく、相続に関する定めがないときも、相続の対象となる（最判平9.3.25）としています。これに対して、会員契約上の地位が相続されない旨の会則がある場合は、承継されないとしています。

(7) 系譜・祭具・墳墓・香典

系譜、祭具および墳墓の所有権は、被相続人の指定がないときは、慣習に従って祖先の祭祀を主宰すべきものが承継するとされています（民897条）。相続人が法定相続分に応じて相続するという一般的な相続の原則とは異なる取扱いになっているのです。被相続人による指定があるときは指定により、指定がないときは慣習により、指定も慣習もないときは家庭裁判所の審判により決定するものとされています。

それでは、死亡後に葬儀が行われた場合に受け取った香典はどのように取り扱うのでしょうか。**香典**は、基本的に葬儀費用などの喪主、あるいは遺族の負担を軽減するための贈与と解されており、葬儀費用に使用・充当することについては問題ないとされています。葬儀費用に使用、充当した

後、香典に余剰が出たときにどのように取り扱うかについては争いがありますが、当然に相続人の間で分配すべき性質のものではない、つまり相続財産には属さないものと考えられています。

生前対策のヒント

1. 相続財産を把握することの重要性

　生前対策を考えるにあたって、自らの相続財産全体を把握することはその第一歩と言えます。相続財産全体を確認したうえでなければ、適切な生前対策は取れません。特に、何が相続財産になり、何が相続財産にならないのか、生命保険金については約款、死亡退職金については退職金規程、ゴルフ会員権については会則などで契約内容をきちんと確認し、必要に応じた対策を取るようにしましょう。

2. 経営者特有の留意点

　会社経営者は一般の方に比べて財産関係が複雑になりがちです。会社の資産と個人の資産を区別するのは当然のことですが、会社（自社）の株式、借入金や貸付金の有無、それらに関する個人としての連帯保証の有無など会社の資産状況と個人の資産状況は定期的に整理しておきましょう。会社にも個人にも多額の負債があり、相続人に事業を継ぐ意思がなければ、相続放棄をする必要があるかもしれません。相続するとしても、単純に個人についての相続だけでなく、会社の承継をどのように行うか、という問題もありますので、会社の資産状況もなるべく早い段階で相続人が把握できる状態にしてあげたいところです。　相続放棄　P77

　個人事業主であっても、事業をやっているとどうしても債権債務関係が複雑になりますので、相続人が困らないで済むよう相続開始前からある程度相続人に状況を伝えておく、というのも1つの方法かもしれません。

3. 相続財産を伝えることの重要性

　正しく相続財産を把握しても、その内容が相続する人にきちんと伝わらなければ、意味がありません。例えば借金があったような場合、家庭裁判所に申述する相続放棄の手続きを行わない限り、その借金は法定相続分に従って相続することになります。

　貸金業者などに請求をされて、驚いて「法律を知らなかった」とか「預金や不動産を相続しないと他の相続人に宣言した」とその債権者（貸主）に主張しても、法律上は何らの効力も有さず、相続人は原則としてその借金を返済しないといけません。

　また、知人や友人との間のお金の貸し借りが、相続発生後に問題になる場合もあります。例えば、知人や友人から借用書なしにお金を借りていて、相続開始後にその知人や友人が、一切の権利義務を承継した自分の相続人に対して請求をするというようなケースです。相続人からしてみると、相続が開始した後、被相続人の友人や知人を名乗る者から「被相続人に貸したお金を返してほしい。」と、ある日突然請求されるということにもなり得ます。

　この場合、借金の有無とその額を、相続人が相続開始前もしくは相続開始後すみやかに把握できる状態にしておけば、相続人はいくつかの選択肢の中から余裕をもって対応することができます。しかし、ほとんどの場合、相続開始後請求書が届いたり、借用書を発見したりして初めて借金の存在を相続人が把握する、という形になっています。相続する側からすると後手後手の対応になってしまいますので、発覚してから急いで他にも債務がないかを探し直さなければならないなど、余計な負担を強いられてしまいます。

　本来であれば相続放棄をしたほうがよかったケースでも、借金の存在を知らなかったばかりに相続放棄をしないで相続をしてしまい、後日発覚した債務・負債の返済に悩まされる、ということも実際に起きています。　熟慮期間と単純承認　P81

　残される家族のために、借金などのマイナスの財産も含めご自身の財産状況をなるべく正確に把握して伝える工夫をしておきたいところです。
エンディングノート　P163

column 被相続人の借金

「(亡くなられた方に) 生前に貸していたお金を返してほしい」という請求。本当に亡くなられた方が借りたものでしょうか? 既に完済しているということはないでしょうか? 時効になっている可能性はどうでしょう? そもそも借入自体が存在しない**架空請求**の可能性もあります。また、消費者金融や信販会社からの借入の場合、利息制限法所定の利率への引き直し計算を行うことで既に債務が消滅し、**過払金**が発生していることも考えられます。

債務の返済請求を受けた相続人は、貸主に契約書や取引履歴などの貸し借りに関する情報の開示を求めるなど、慎重に調査を行う必要があります。

債務を残して亡くなる場合には、そのような相続人のために少しでも多くの情報を残しておいてあげてほしいところです。

遺言を残したい方

テーマ9 指定相続分と遺留分

重要度 ★★

Q 相続人の1人にすべての財産を残せるのですか？
被相続人が残した相続財産は、法律で決められた相続分の通りに分けられてしまうのですか？ 相続財産を特定の相続人1人にすべて残すことはできるのですか？

A 被相続人が**遺言**を残すことで、法定相続分とは異なる割合で、自らが指定した通りに自由に相続人に財産を残すことができます。ただし、**遺留分**（一定の相続人に保障される最低限の相続権）に関する規定に反することはできません。

ちなみに、遺留分の割合は、直系尊属のみが相続人である場合は被相続人の財産の3分の1、それ以外の場合は被相続人の財産の2分の1とされています。兄弟姉妹には遺留分はありません。

遺留分を有する者は時効消滅する前に遺留分減殺請求の意思表示をする必要があります。なお、相続放棄とは違い、遺留分の放棄は、家庭裁判所の許可を受ければ相続開始前にも行うことができるという特徴があります。

要点メモ　遺留分の割合

	遺留分全体の割合	各相続人の遺留分割合	
		配偶者	その他の相続人
配偶者のみ	$\frac{1}{2}$	$\frac{1}{2}$	—
配偶者と子	$\frac{1}{2}$	$\frac{1}{4}$	子 $\frac{1}{4} \div 人数$

配偶者と親	$\frac{1}{2}$	$\frac{1}{3}$	親	$\frac{1}{6}\div$人数
配偶者と兄弟姉妹	$\frac{1}{2}$	$\frac{1}{2}$	兄弟姉妹	なし
直系尊属のみ	$\frac{1}{3}$	—	直系尊属	$\frac{1}{3}\div$人数

解説

　法定相続分に関わらず、遺言により被相続人が共同相続人の個々の事情を考慮して、**具体的に相続分を指定することができます**。生前に自らの財産の行く末を決めておくというのは、代表的な生前対策です。以下、相続分の指定と遺留分について確認します。

1. 遺言による相続分の指定

(1) 相続分の指定の方法

　相続分を指定するには、必ず**遺言**による方法で行わなければなりません（民902条1項）。遺言によって被相続人自ら相続分を指定するか、これを第三者に委託することができるのです。ここで言う第三者とは遺言執行者に限りません。なお、遺言以外の生前行為による指定は無効であるとされています。 遺言事項 P115

(2) 相続分の指定の内容

　相続分の指定または指定の委託は、一部の相続人の相続分についてのみ行うこともできます。この場合、指定を受けなかった他の相続人の相続分は、法定相続分の規定によるものとされています（民902条2項）。

(3) 相続分の指定の効果

　相続分の指定は、被相続人自身が定めたときは遺言の効力発生時（遺言者の死亡時）から、第三者に委託したときは遺言の効力発生後、第三者が指定することにより相続開始時にさかのぼってその効力を生じます。

(4) 遺留分の規定との関係

相続分の指定および指定の委託は、**遺留分**に関する規定に違反することができないとされています（民902条1項ただし書）。

これについては、遺留分を侵害した相続分の指定があったからといって遺留分を侵害する指定全部が当然無効とされたり、遺留分を侵害する限度で相続分の指定が無効とされたりするということではなく、**遺留分権利者の減殺請求があって初めて侵害する部分が効力を失うものである**、というのが現在の通説です。

2. 遺留分とは

兄弟姉妹以外の相続人は、遺留分として、次の区分に応じてそれぞれに定める割合に相当する額を受けます（民1028条）。

> ① 直系尊属のみが相続人である場合……被相続人の財産の3分の1
> ② ①に掲げる場合以外の場合…………被相続人の財産の2分の1

遺言による財産処分の自由を認める一方で、一定の相続人に最低限の相続権を確保しようという趣旨の制度です。

遺留分は、被相続人が相続開始の時において有した財産の価額にその贈与した財産の価額を加えた額から債務の全額を控除して、これを算定します（民1029条）。

3. 遺留分減殺請求

遺留分を有する相続人は、相続の開始および減殺すべき贈与または遺贈があったことを知った時から**1年間**権利を行使しないときは、その権利は時効によって消滅するとされています。また、相続開始の時から**10年**を経過したときも時効により消滅します（民1042条）。

遺留分を侵害するような贈与や遺贈、相続分の指定があったとしても、遺留分を有する相続人は、この間に遺留分減殺請求権を行使しなければ遺留分に関する権利を失ってしまうということです。

　遺留分減殺請求の方法は特に定められていませんが、口頭や普通郵便では後日遺留分の行使の有無について争いになってしまったときに、証明ができず困ってしまいます。明確に遺留分減殺請求を行ったことが確認できるよう内容証明郵便などによって意思表示をしたほうがよいでしょう。

　遺留分減殺請求の対象となるのは、**遺贈**と**相続開始前1年間にした贈与**、さらに**当事者双方が遺留分権利者に損害を加えることを知って行った贈与**です（民1030条、1031条）。相続開始から1年以上前の贈与であっても、当事者双方が遺留分権利者に損害を加えることを知っていた場合は、遺留分減殺請求の対象になります。

　また、「相続させる旨の遺言」も、その法的性質については諸説ありますが、遺贈に準じて遺留分減殺請求の対象にはなると考えられています。

　贈与と遺贈が行われていた場合、贈与は、遺贈を減殺した後でなければ減殺することができないとされています（民1033条）。

　遺贈が複数ある場合は、遺言に別段の意思表示がない限り、その目的の価額の割合に応じて減殺します（民1034条）。贈与の減殺は、後になされた贈与から順番に前の贈与に対して行います（民1035条）。

　相続放棄は相続開始前に行うことができませんが、遺留分の放棄は、**家庭裁判所の許可**を受けたときに限り、**相続開始前**に行うことができます（民1043条）。遺留分を放棄した者は、遺留分を主張することはできなくなります。ただし、相続を放棄したわけではないので、相続人としての地位は失いません。なお、共同相続人の1人のした遺留分の放棄は、他の各共同相続人の遺留分に影響を及ぼしません。共同相続人の1人が遺留分の放棄をしても、他の相続人の遺留分が増加することはないということです。

生前対策 のヒント

1. 相続分を指定しておくメリット

　遺言によって相続分の指定をしていない場合、原則として**相続人全員の相続手続きへの参加**が必要になります。音信不通の相続人や行方不明の相続人、財産を残したくなかった相続人などを除いて手続きを進めることは基本的にはできず、それらの者にも手続きに参加してもらう必要があるのです。

遺産分割と当事者　P54　相続人全員の協力がなければ、原則として相続財産を動かすことはできません。相続分を指定したい場合や相続財産を残す相続人の負担を少しでも軽くしたい場合は、遺言によって相続分を指定しておくのも有効な選択肢のひとつと言えます。

2. 相続財産が少ないから安心？　相続人同士の仲が良いから安心？

　「我が家は家族の仲が良いから生前対策なんて必要ない」と考えられている方は少なくありません。しかし一方で、近年は毎年12,000件以上の遺産分割事件が裁判所に調停や審判という形で新たに申し立てられています（司法統計）。

　また、裁判所における遺産分割事件のうち、実に**約3割が財産額1,000万円以下の事件**で、**全体の7割以上が財産額5,000万円以下の事件**であることから、必ずしも「財産が少ない＝相続争いにならない」というわけではないことがわかります。財産が少ないことで逆に相続人同士の取合いになってしまうということも考えられるのです（同統計）。

　このように、「仲が良いから」、「財産が少ないから」とたかをくくっていたばかりに、相続争いに発展してしまうというケースは少なくありません。

　家族それぞれの事情の変化（結婚、出産、介護、給与の減少、就職難、リストラなど）によって、家族間の関係が悪化してしまうこともあります。相続人の1人にお金が必要な事情が生じ、相続の場面でその相続人が強硬な主張をしてくる、ということもあります。結婚により、相続人の配偶者が口出しをしてくる、ということもあります。

　遺言による相続分の指定など、家族間の無用な争いを防ぐという視点から

も生前対策を考えてあげたいところです。

3. 遺言の通りに分配されない可能性

仮に遺言が存在しても、相続人全員で合意をすることで、遺言とは異なる内容で遺産分割することができる場合があります。

遺言執行者がある場合には、相続人は、相続財産の処分その他遺言の執行を妨げるべき行為をすることができません（民1013条）。遺言執行者がいるにも関わらず、一部の相続人が遺言に反して相続財産を処分した場合、その行為は絶対的に無効とされています（最判昭62.4.23他）。

しかし、遺言執行者の同意を得られれば、相続人全員の合意に基づく遺言とは異なる処分行為が有効とされた裁判例や、相続人全員で遺産分割協議を行うことは遺言の執行を妨げるべき行為に該当しないという考え方もあります。

このように、遺言を残していても、相続人全員の合意によって遺言とは異なる内容で相続財産が分配されてしまう可能性は残ります。信頼できる者を遺言執行者に定めるとともに、どうしても譲れない部分、絶対に特定の相続人に承継させたいという部分がある場合には、生前に贈与や売買などの方法により財産を承継させてしまう、というのも１つの選択肢かもしれません。

遺言執行者　P157

4. 生前贈与・売買

自らの財産を相手方に無償で与えるのが贈与です。対価を支払ってもらい、有償で自らの財産を相手方に移転するのが売買です。どちらも相手方との合意があって成立します。財産を承継させたい者に、これらの方法であらかじめ財産を移しておく、ということももちろん可能です。ただし、先述の通り、生前の贈与であっても、１年以内のものであれば遺留分の対象になる点には注意が必要です。生前贈与　P107

5. 遺留分を考慮した分配

生前対策という観点からは、遺留分についても考慮しておく必要があります。例えば自宅を相続人の１人にすべて承継させたいと思っていても、その相続人が他の相続人から遺留分減殺請求を受けてしまい、相続争いに発展してしまうということが考えられます。

逆に、兄弟姉妹が相続人になる場合において、兄弟姉妹には遺留分がないという点は、相続財産を残す者にとっては重要なポイントになるかもしれません。例えば、配偶者と兄弟姉妹が相続人である場合で、配偶者になるべく多くの財産を残したいときは、配偶者にそれらの財産を引き継がせる旨の遺言を残しておけば、兄弟姉妹には遺留分がありませんので、配偶者が平穏に財産を引き継ぐことができます。
　このように、遺留分にも配慮した遺言の作成、生前対策が求められます。

全員

テーマ10 遺産分割と当事者

重要度 ★★★

Q 遺言がない場合、遺産はどのように相続することになるのですか？

被相続人が遺言を残さないまま死亡した場合、法定相続分通りに相続財産を分配しなければならないのでしょうか？ 法定相続分とは異なる割合で分配するにはどうしたらよいのでしょうか？

A 相続人全員が参加して遺産分割を行うことにより、法定相続分とは異なる割合で遺産を分割することができます。あくまで**相続人全員が遺産分割に参加する必要がある**ため、行方不明の者がいる場合には不在者財産管理人を選任し、判断能力が不十分な者がいる場合には成年後見人等を選任するなどの手続きが必要になります。 相続人 P13

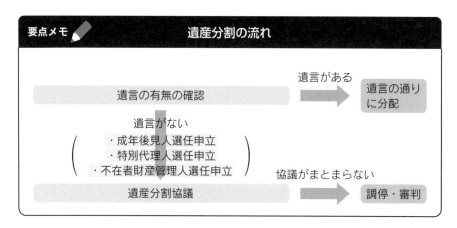

解 説

　被相続人が遺言を残さないまま死亡した場合、相続人全員で**遺産分割**を行うことによって、法定相続分とは異なる割合で相続することができます。

1. 遺産分割の基本

　共同相続人は、被相続人が遺言で禁じた場合を除き、いつでも、**遺産分割**をすることができます（民907条1項）。

　遺産の分割は、遺産に属する物または権利の種類および性質、各相続人の年齢、職業、心身の状態および生活の状況その他の一切の事情を考慮して行うこととされています（民906条）。

　共同相続人間に協議が調わないとき、または協議をすることができないときは、各共同相続人は、その分割を家庭裁判所に請求することができます（民907条2項）。審判と調停、どちらの申立も可能ですが、通常はまず調停が行われます。

2. 遺産分割の当事者

　分割の当事者は、**共同相続人全員**です。共同相続人全員が遺産分割に参加する必要があります。共同相続人のうちの1人でも遺産分割に参加していなかった場合は、その遺産分割は**無効**となります。　相続人　P13

　遺産分割協議は、相続人全員が一か所に集まって行うことができるのであればそれがいちばんよいですが、相続人全員のスケジュールを合わせるのが難しかったり、相続人がそれぞれ離れて住んでしまったりしているなど、全員が集まることが困難な場合は、電話や手紙などの方法により遺産分割協議を行う形でも問題ありません。一か所に集まって行わなければならない、というわけではないのです。

3. 特殊な遺産分割の当事者

共同相続人の中に**胎児**がいる場合、その胎児については、生きて生まれた場合に、相続開始時にさかのぼって相続権を認めるというのが判例です（大判大6.5.18）。これに対し、胎児であっても相続する権利を持ち分割の当事者となるが、死産の場合に、さかのぼって相続権が消滅するという考え方もあります。いずれにしても、胎児がいる場合には、出生まで遺産分割を待つべきであると考えられています。

また、**行方不明者**がいる場合は、**不在者財産管理人**が行方不明者に代わって遺産分割に参加することになります。不在者財産管理人は、利害関係人や検察官の申立により、不在者との関係や利害関係などを考慮して家庭裁判所が選任します。申立の際に親族を候補者として記載することができますが、裁判所の判断で弁護士や司法書士などの専門家が選任される場合もあります。

なお、相続人は、遺産分割の前に第三者に自己の相続分を包括的に譲渡することができます（民905条）。相続分の譲渡を受けた者がいる場合は、その者は相続人の地位をも承継するとされており、遺産分割の当事者となるとされています。

これに対して、遺産の中の特定の財産の持分の譲渡を受けた者は、遺産分割の当事者にはなりません。

4. 遺産分割の効力

遺産の分割は、**相続開始の時にさかのぼって**その効力を生じます。ただし、第三者の権利を害することはできません（民909条）。これは相続開始後、遺産分割が成立する前に相続分につき権利を取得した第三者を保護する規定です。 相続の開始 P8

5. 認知により新たに相続人となった者

相続の開始後認知によって相続人となった者が遺産の分割を請求しよう

とする場合において、他の共同相続人が既にその分割その他の処分をしたときは、価額のみによる支払いの請求権を有します（民910条）。

遺言によって認知された者などがいるときで、既に他の共同相続人の間での遺産分割が終了している場合の規定です。遺産分割成立後、認知によって相続人となった者については価額による遺産の請求権を認めることで、既になされた遺産分割自体を無効にすることなく、法的な安定性と認知された相続人の救済がはかられています。

なお、当初から存在していた一部の相続人を除いてなされた遺産分割は無効となりますので、区別して確認しましょう。

生前対策のヒント

1. 全員参加・全員同意の難しさ

遺産分割の手続きを行う場合、原則として**相続人全員が参加**しなければなりません。そして**相続人全員の同意**がなければ、相続財産を分配することができません。過半数の同意ではなく全員の同意です。

例えば不動産の名義を変更するためには、相続人全員による遺産分割が成立したことを証明するために**遺産分割協議書**を作成することが必要になります。この遺産分割協議書には原則として相続人全員が実印を押し、印鑑証明書を添付することが求められます。

たとえ生前に被相続人の面倒を長年見ていても、また、**口頭**で財産を譲る旨の言葉を受けていたとしても、法律上有効な遺言書がない以上はその者だけで手続きを進めることはできません。

　1人でも参加できない者がいてはならず、1人でも賛成しない者がいれば遺産分割協議は有効に成立しません。相続人が2人以上いれば、遺産分割協議が成立しないリスクは常につきまとうわけです。

　相続人が多い場合、また、相続人が多くなくても全員での話合い・合意が困難であると思われる場合は特に、遺言や生前贈与などを行うことによってできるだけスムーズに財産を承継できるよう考慮しておきたいところです。

生前贈与　P107　遺言事項　P115

2．遺産分割協議が成立しない場合

　遺産分割協議が成立させられない場合は、家庭裁判所に遺産分割を請求することができます。家庭裁判所に請求できる手続きとしては、調停と審判がありますが、通常はまず遺産分割調停を申し立てます。

　遺産分割調停の申立にかかる費用は収入印紙代1,200円分と連絡用の郵便切手代だけですので、それほど大きなものではありません。しかし、遺産分割調停は相続人間の合意を目指す手続きですので、時間がかかる可能性が高くなります。調停が不成立となった場合は自動的に審判手続きに移行し、家事審判官（裁判官）が審判によって結論を下すことになります。審判に納得がいかない場合は、高等裁判所で審理をすることとなり、さらに手続きにかかる期間が長くなり、場合によっては解決まで数年単位で時間がかかることもあります。

　調停や審判の手続きを続けていくとなると**時間的負担**や**精神的な負担**ははかりしれません。生前対策を取らないということは、残される家族にこのようなリスクを残していくということになります。

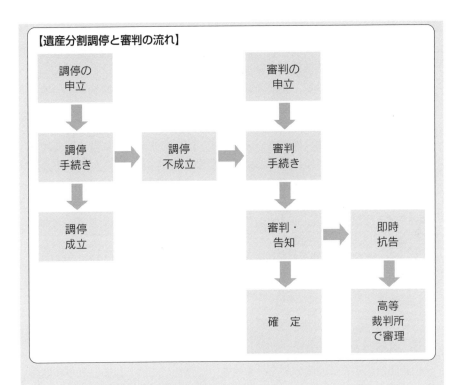

3. 遺産分割事件と当事者数

　平成22年の家庭裁判所の統計によると、遺産分割事件の当事者数は、**4人以下**というのが全体の**60%強**を占めているとされています。
　遺産分割に参加する当事者の数がそれほど多くない場合でも、遺産分割調停になってしまうケースが少なくないことがこのデータから確認できます。「1人でも合意しない者がいれば遺産分割全体が成立しない」という点は、財産を残す者として十分考慮しておかなければならないポイントです。

4. 遺言による認知のリスク

　生前に認知を行っても、遺言で認知を行っても、その子の出生の時にさかのぼって認知の効力を生じる点は変わりません。
　しかし、生前に認知を行うことができない事情があり遺言で認知を行う場合、他の相続人を動揺させ、場合によってはその親子関係の存否が争われる

ということも想定されます。
　そうなってしまうと、残された相続人とその子との間で解決が困難な争いが生じてしまう可能性は高くなります。
　認知をしたい子がいて、生前に認知を行うことができない事情がある場合は、遺言による認知を行うとともに、なるべくその子と他の相続人との間で争いが起こらないよう、遺言やエンディングノートなどを活用して他の相続人への配慮（他の相続人の相続分を増やす・認知をすることになった経緯を伝えるなど）を忘れずに行っておいたほうがよいでしょう。 付言事項　P117
エンディングノート　P163

【遺言による認知を行う場合の文例】

> 第〇条　遺言者は、東京都品川区大崎六丁目88番地（本籍）田中花子（昭和47年9月9日生）の分娩した子・田中一郎（平成12年3月15日生）を認知する。

5. 遺産分割の禁止

　相続開始後すぐに遺産分割を行うと争いが深刻になってしまいそうな場合や、相続人の中に未成年の者がいてその者が成年になるのを待たせたい場合などに、遺言によって5年を超えない期間を定めて遺産分割を禁止することができます。ただし、その間の相続財産の管理方法など、相続人にとって不利益を生ずることがありますので、慎重に判断しましょう。

遺言のない相続人

テーマ 11　遺産分割の具体的な方法

重要度 ★★

Q　遺産分割をする場合の具体的な分け方を知りたい

遺産の種類は様々で、不動産など１つずつに分けられない相続財産もありますが、残された相続財産はどのように分けたらよいですか？　分割方法に決まりはありますか？

A　遺産分割には、現物分割・代償分割・換価分割・共有分割という４つの代表的な方法があります。基本的には相続人全員でどのように分配するかを決定します。全員が同意すれば、事情に応じた分割方法で遺産を分けることができます。なお、債務についても相続の対象にはなりますが、金銭債務のような可分債務は遺産分割の対象にはならず、法定相続分に従って、当然にそれぞれが分割して承継することになります。

要点メモ　　　遺産分割の種類

● **現物分割**

〈遺産を現物のまま分ける方法〉

不動産は長男、預金は配偶者…というように、遺産ごとに相続人を決める形式

不動産

預金

株式

● 代償分割

〈特定の相続人が他の相続人に代償する方法〉

　長男が不動産を相続する代償として他の相続人に代償金を支払う…というように、特定の相続人が遺産を相続する代わりに、他の相続人に金銭を支払う等債務を負担する形式

● 換価分割

〈相続財産を換価する方法〉

　相続財産を売却して現金にしたうえで分配する、といった形式

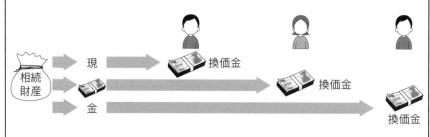

● 共有分割

〈相続財産を共有する方法〉

　相続財産である不動産を複数の相続人で共有する、といった形式

解説

　遺産の分割は、遺産に属する物または権利の種類および性質、各相続人の年齢、職業、心身の状態および生活の状況その他一切の事情を考慮して行います（民906条）。以下、代表的な遺産分割の方法を確認します。

1. 具体的な分割方法

　遺産分割の方法は、大きく分けて下記の4種類とされています。これらのうちのどれかの方法で分けなければならないということではなく、一部は現物分割、一部は代償分割というように組み合わせることも可能です。

(1) 現物分割

　不動産はA、預貯金はB、株式はCが相続するというように、遺産を現物のまま分割する方法です。

(2) 代償分割

　唯一の相続財産である自宅不動産をAがすべて相続する代償として、他の相続人であるB、Cに対して現金を支払うというように、特定の1人または複数の相続人が相続財産を相続する代償に、他の相続人に対して金銭などを交付する方法です。

(3) 換価分割

　唯一の相続財産である自宅不動産を売却して、売却代金を分割するというように、遺産を売却、現金化して、その現金を分割する方法です。

(4) 共有分割

　相続財産である自宅不動産を共同相続人であるA、B、Cがそれぞれ3分の1ずつの割合で共有取得するというように、共同相続人が共有持分を取得する方法です。

　ただし、共有になるとその後の処分や利用につき全員の同意が必要になること、また、全員の同意に至らない場合は共有状態を解消するために共有物分割の手続きを検討しなければならない可能性も出てくることなどか

ら、できるだけ他の分割方法を取ることが望ましいでしょう。

2. 債務に関して

　金銭債務などの可分債務（分割できる債務）については、相続の対象にはなりますが、法定相続分に従って、当然に分割承継されるというのが判例です（最判昭34.6.19）。

　相続人全員で各種債務についても遺産分割協議の中で合意（債務引受）をすることがありますが、これは相続人間での内部的な約束に過ぎず、債権者はその約束に従わずに法定相続分に応じた請求を行うことができます。債権者の承諾があれば、相続人の一部が他の相続人から債務を引き受ける免責的債務引受によって、引き受けた相続人のみが債務負担を負う形にすることもできます。

3. 協議がまとまらない場合

　遺産分割に関し、相続人間の協議にがまとまらない場合は、調停や審判の申立をすることになります。まず調停を申し立て、調停が不成立の場合に審判に移行するというのが一般的な流れです。遺産分割協議が成立しない場合　P58

生前対策のヒント

1. 不動産を共有する場合のリスク

　例えば、主な相続財産が自宅不動産しかない場合、不動産を相続人全員で共有する、ということが考えられます。配偶者が4分の2、長男が4分の1、長女が4分の1といった具合です。

　このように登記をした場合、仮に将来この不動産を売却したり、担保に入

れたり（抵当権を設定したり）する場合は、共有者全員の同意が必要になります。1人でも同意しなかったり、同意できない状況になってしまったりすると、すみやかな売却や担保設定ができなくなります。

　不動産を共有名義にする場合には、このような点にも注意しましょう。

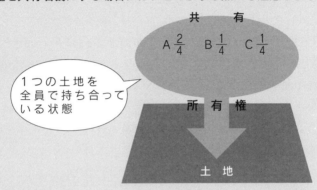

2. 不動産を分筆して分けるという選択

　上記の通り、不動産を共有することにはリスクが伴います。そこで、現物分割の一態様として土地の場合はその土地を**分筆**して、それぞれ単独の所有権を取得するという方法が考えられます。こうすることで、それぞれの土地につき各相続人が単独で管理処分できる形になります。ただし、分筆の登記を土地家屋調査士に依頼する場合、その土地の状況、測量・境界調査の有無などにもよりますが、数十万円単位で（場合によってはそれ以上）費用がかかることもありますので、あらかじめその費用のことも頭に入れたうえで相続に備えるとよいでしょう。

3. 負担付遺産分割

　例えば、1人の相続人が親の面倒を見る代わりに、不動産を相続するというように、負担付きの遺産分割を行うことも可能です。この場合、もし、その相続人が親の面倒を見なかったとき、遺産分割協議を解除することはできるでしょうか。

　この点、最高裁は、遺産分割協議の債務不履行による解除を否定しています（最判平元.2.9）。債務不履行を理由に、いったん成立した協議を解除することはできないということです。この点は、注意が必要です。

【遺産分割協議書サンプル（現物分割）】

遺産分割協議書

　平成26年1月1日、東京都世田谷区三軒茶屋三丁目3番3号　鈴木一郎（最後の本籍　川崎市中原区小杉町四丁目4番地）の死亡によって開始した相続の共同相続人である妻鈴木花子および同長男鈴木太郎は、本日、その相続財産について、次の通り遺産分割の協議を行った。

1．次の遺産は、鈴木花子がすべて単独で取得する。
　（1）　所　　在　　世田谷区三軒茶屋三丁目
　　　　　地　　番　　3番3
　　　　　地　　目　　宅地
　　　　　地　　積　　105.15m^2

2．次の遺産は、鈴木太郎がすべて単独で取得する。
　　　ABC銀行世田谷支店　普通預金　口座番号7654321　金100万円
　　　三茶信用金庫本店　定期預金　口座番号9876543　金200万円
本遺産分割協議の成立を証するため、本協議書2通を作成し、それぞれ署名捺印のうえ各自1通を保有する。

平成26年3月3日
　住所　東京都世田谷区三軒茶屋三丁目3番3号
　氏名　鈴木花子　㊞
　住所　東京都世田谷区三軒茶屋三丁目3番3号
　氏名　鈴木太郎　㊞

子も親も兄弟姉妹もいない方

テーマ 12 相続人不存在

重要度 ★★

Q 相続人が誰もいない場合の相続財産の行方は？
法律で定められた相続人が誰もおらず、遺言も残されていない場合、相続財産は誰のものになりますか？

A 相続人が存在しない場合は、段階を踏んで最終的には相続財産は国庫に帰属することになります。亡くなられた方を特別に世話したなど一定の関係にあった者（**特別縁故者**）は、相続人が存在しない場合に限り、家庭裁判所に請求することによって相続財産の全部または一部を取得することができます。国庫に帰属させてしまうよりも、何らかの縁故関係のある者に取得させるのが望ましいなどの理由から特別縁故者への分与制度があります。また、共有財産は、共有者が取得できることがあります。

要点メモ 相続人不存在の場合の一連の流れ

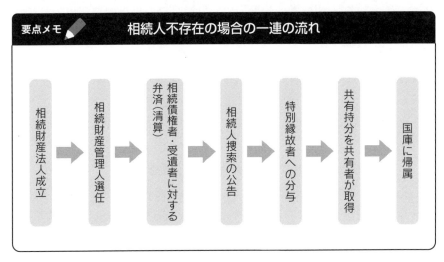

相続財産法人成立 → 相続財産管理人選任 → 相続債権者・受遺者に対する弁済（清算）→ 相続人捜索の公告 → 特別縁故者への分与 → 共有持分を共有者が取得 → 国庫に帰属

解 説

　少子化や未婚率の上昇の影響から、今後は相続人が存在しないというケースは増えていくものと予想されています。相続人が存在せず、また、遺言などがない場合、相続財産はどうなってしまうのでしょうか。

1. 相続人が不存在の場合の流れ

(1) 相続財産法人の成立

　相続人の存在・不存在が明らかでないときは、被相続人死亡の時から、法律上当然に**相続財産法人**の成立が擬制されます（民951条）。相続人全員が相続放棄をして、結果として相続する者がいなくなった場合もこれに含まれます。 相続人 P13　相続放棄 P77

(2) 相続財産管理人の選任

　相続人の存在、不存在が明らかでない場合、被相続人に債権を有していた相続債権者などの利害関係人または検察官が家庭裁判所に請求することにより、**相続財産管理人**が選任され、家庭裁判所からその旨の公告がなされます（民952条）。相続財産管理人は、財産目録の提出義務、相続財産状況の報告義務、管理計算義務などを負います。

　相続財産管理人になることにつき特別な資格は必要ありませんが、被相続人との関係や利害関係の有無などを考慮して適任と思われる者が家庭裁判所から選任されます。弁護士や司法書士などの専門家が選ばれることもあります。相続財産管理人は相続財産の管理・保存に関する権限を持ち、それを超える行為については家庭裁判所の許可が必要になります。

(3) 相続債権者・受遺者に対する弁済、相続人捜索の公告

　不在者財産管理人の選任に関する公告があった後、2か月以内に相続人のあることが明らかにならなかったときは、相続財産管理人は、遅滞なく、すべての相続債権者および受遺者に対し、一定の期間内にその請求の申出をすべき旨を公告しなければなりません。この期間は、**2か月**を下ること

はできません（民957条）。

　上記公告の期間満了後、なお相続人のあることが明らかでないときは、相続財産管理人はその時点で判明している相続債権者・受遺者らに対して弁済をしなければなりません。一方、家庭裁判所は、相続財産管理人または検察官の請求によって、相続人があるならば一定の期間内にその権利を主張すべき旨を公告しなければなりません。この期間は**6か月**を下ることはできません（民958条）。この公告期間の満了をもって、相続人の不存在が確定します。

(4) 特別縁故者への相続財産分与

　相続債権者・受遺者に対する弁済、相続人捜索の公告などの手続きを経て、なおも相続財産が存在する場合、**被相続人と生計を同じくしていた者（同居していた内縁の妻など）、被相続人の療養看護に努めた者、その他被相続人と特別の縁故があった者**は、家庭裁判所に請求することによって、相続財産の全部または一部を取得することができます（民958条の3）。

(5) 共有者への分配

　共有者の1人が死亡し相続債権者や受遺者に対する清算手続きが終了して、相続人の不存在が確定したときは、その持分は、民法958条の3に基づく特別縁故者に対する財産分与の対象となり、この財産分与がされないときに、同法255条により**他の共有者に帰属する**とされています（最判平元.11.24）。

(6) 国庫への帰属

　上記の手続きを経てもなお残存する相続財産は、**国庫に帰属します**（民959条）。相続人や受遺者、特別縁故者などが誰もいなければ、最終的に相続財産は国庫に帰属してしまうのです。

2. 生死不明

　なお、相続人が所在不明または生死不明の場合は、相続人不存在として相続財産法人が成立するのではなく、不在者財産管理人制度や失踪宣告の手続きによって進めるものとされています。

生前対策のヒント

1. 相続人がいない人が珍しくない時代に

　平成23年の合計特殊出生率（1人の女性が一生に産む子供の平均数）は1.39でした。この数字から、兄弟姉妹のいない、いわゆる「一人っ子」の割合が増えていることがわかります。

　また、生涯未婚率（50歳時点で1度も結婚したことがない人の割合）も平成に入って以降高くなり、平成17年には男性は約16％となり、平成23年には20％を超えたとされています。

　社会情勢の変化や価値観の多様化など、原因は様々だろうと思いますが、今後「一人っ子で生涯未婚のまま相続開始を迎える」という方は増えていくだろうと思います。生涯未婚の方だけでなく、子供がいないまま配偶者に先立たれてしまった方の相続の場面でも、やはり同様の問題が出てくることが想定されます。

　つまり、「相続の場面で誰も相続人がいない」というケースは決して特殊なことではなくなるものと思われます。併せて生前対策の重要性もますます高まっていくことでしょう。

2. 相続人不存在の手続きは時間がかかる

　相続財産管理人が選任されると家庭裁判所から公告がなされます。公告から2か月経過してから、相続財産管理人がすべての相続債権者および受遺者に対して、一定の期間内にその請求の申し出をすべき旨の公告を行います。この公告期間は2か月以上であることを要します。

　さらにその公告が満了した後もなお、相続人のあることが明らかでないときは、家庭裁判所は相続財産管理人または検察官の請求により、相続人があるならば一定の期間内にその権利を主張すべき旨を公告します。この公告期間は6か月以上であることを要します。

　それでも相続人としての権利を主張する者が現れなかったときは、特別縁故者が前記公告期間満了から3か月以内に特別縁故者としての相続財産の分与を請求することができます。

　このように、最終的に特別縁故者に分与されるまでには相当の日数を要することになるのです。

3. 相続人がいる場合の特別縁故者には遺言を

　特別縁故者は、**相続人がいない場合に限り**、家庭裁判所に請求することによって相続財産を受け取る権利を有しています。相続人がいる場合で、相続人以外の特別縁故者に財産を残したい場合は、遺贈などを利用しましょう。

4. 国庫に帰属するということ

　国庫に帰属するとは、文字通り国の所有になるということです。上記以外の場合でも、特定の者や特定の団体に財産を残したい場合は、遺言あるいは生前の贈与・寄附などを行うことを検討してみてもよいでしょう。

相続させたくない相続人がいる方

テーマ 13 相続欠格・廃除

重要度 ★★

Q 相続人でも相続する権利を失ってしまう場合とは？
法律上相続人となる者は、必ず相続人となるのでしょうか？
被相続人の遺言を偽造した者や破棄した者も相続人になるのでしょうか？

A 法律上相続人となる者であっても、当然に相続する権利を奪われる場合があります。故意に被相続人を死亡させたり、被相続人の遺言書を偽造したり、破棄したりした者は相続人にはなれません。

また、配偶者や子、直系尊属などの遺留分を有する推定相続人から虐待などを受けていた場合は、家庭裁判所にその推定相続人の廃除を請求することで、相続資格を奪うこともできます。 指定相続分と遺留分　P47

相続欠格と廃除の比較

	相続欠格	廃除
手続き	当然に相続資格を失う	被相続人の家庭裁判所への申立によって廃除される
対象	相続人	遺留分を有する推定相続人
原因	被相続人を殺害等	被相続人への虐待・重大な侮辱
効果	相続資格を失う	相続資格を失う

代襲相続	する	する
戸籍の記載	されない	される
取り消し	できない	できる

解説

　法律上相続人となる者でも、当然に相続する権利を失う場合（相続欠格）と、被相続人の請求によって相続する権利を失う場合（廃除）があります。以下、それぞれ具体的に確認します。

1. 相続欠格

　第1編第1章テーマ3で相続人について確認しましたが、次に掲げる者は、法律上相続人となる立場であったとしても、相続人となることができません（民891条）。 相続人　P13
① 故意に被相続人または相続について先順位もしくは同順位にある者を死亡するに至らせ、または至らせようとしたために、刑に処せられた者。
② 被相続人の殺害されたことを知って、これを告発せず、または告訴しなかった者（ただし、その者に是非の弁別がないとき、または殺害者が自己の配偶者もしくは直系血族であったときを除く）。
③ 詐欺または強迫によって、被相続人が相続に関する遺言をし、撤回し、取り消し、または変更することを妨げた者。
④ 詐欺または強迫によって、被相続人に相続に関する遺言をさせ、撤回させ、取り消させ、または変更させた者。
⑤ 相続に関する被相続人の遺言書を偽造し、変造し、破棄し、または隠匿した者。
　次ページ以降の相続人の廃除とは違い、被相続人の意思を問わず、法律

上当然に相続資格を奪うのが**相続欠格**です。相続資格の喪失はその被相続人との関係においてのみ生じ、他の被相続人との関係にまでは及ばないとされていますが、①の欠格事由に該当した場合は、事実上、他の被相続人との関係にも及ぶ可能性があります。

なお、相続欠格に該当しても、戸籍には何らその旨は記載されません。

また、欠格に該当して相続資格を失った者を許して資格を回復させる制度（宥恕）がない点にも注意が必要です。

2. 廃除

遺留分を有する推定相続人(相続が開始した場合に相続人となるべき者)が、被相続人に対して虐待をし、もしくはこれに重大な侮辱を加えたとき、または推定相続人にその他の著しい非行があったときは、被相続人は、その**推定相続人の廃除**を家庭裁判所に請求することができます（民892条）。

これは、被相続人の意思によって兄弟姉妹以外の推定相続人の相続資格を奪う制度です。この廃除は、被相続人が遺言によって行うことも可能です。この場合は遺言執行者が遺言の効力発生後、遅滞なく家庭裁判所に請求しなければならず、廃除の効果は被相続人の死亡時にさかのぼって生じます（民893条）。相続人 P13

被相続人の兄弟姉妹は遺留分を有しませんので、兄弟姉妹に何らの財産も承継させたくない場合は、全財産を第三者に遺贈するなどすれば足り、あえて廃除の請求をする必要はないため、廃除の対象となっていません。

(1) 被相続人に対する虐待・重大な侮辱・著しい非行とは

判例では、虐待や重大な侮辱とは、被相続人に対し精神的苦痛を与え、または名誉棄損する行為であってそれにより被相続人と当該相続人との家族的共同生活関係が破壊され、その修復を著しく困難ならしめるものとされています（東京高決平4.12.11）。

虐待・重大な侮辱・著しい非行というのはもちろん好ましいものではありませんが、廃除は相続人の相続資格を奪うことになるだけに、裁判所も

慎重に判断をする傾向にあります。

(2) 廃除の効果

被廃除者はあくまで当該被相続人との関係でのみ、相続資格を失うに過ぎず、他の者との相続関係には廃除による影響は及びません。

例えば、推定相続人である長男が被相続人である父から廃除された場合、母の相続関係においてはその長男は父から廃除された影響はない、ということです。

(3) 廃除に伴う戸籍への記載

被相続人が家庭裁判所に廃除の申立を行い、審判が確定（または調停が成立）したときは、被相続人は戸籍届をしなければなりません。したがって、廃除については戸籍に記載されることになります。相続欠格については、戸籍上からは確認できない点に注意が必要です。

(4) 廃除の取消し

被相続人は、いつでも、廃除の取消しを家庭裁判所に請求できます（民894条）。

3. 相続欠格・廃除と代襲相続

被相続人の子が相続開始よりも前に相続欠格に該当し、もしくは廃除によって相続権を失ったときは、その者の子が代襲して相続人となります。

代襲相続　P15

生前対策 のヒント

1. 遺言書を安全に管理すること

遺言書を破棄したり偽造・変造した者は相続欠格に該当し、相続する資格を失う旨が定められていますが、実際に破棄されたり変造されたりしてしま

うと、遺言の通りに相続財産を分けることが困難になってしまうと考えられます。遺言を残す者としては、遺言書の変造、偽造、隠匿、破棄に備えて公正証書遺言による方法を選択する、貸金庫に保管するなど、遺言書の管理方法には十分注意しましょう。 公正証書遺言 P130

また、遺言書は厳重に保管するに越したことはないですが、相続発生後に遺言書の存在が誰にも見つけられなくては意味がありません。相続発生をすぐに知ることができる者のうち信頼できる者に、遺言書の存在と保管場所は知らせておいたほうがよいでしょう。

2. 相続させる旨の遺言と廃除

遺言で相続分を指定することによっても廃除と類似の効果を持たせることができます。相続させたい者に相続させる旨の遺言を書く方法などです。しかし、廃除が認められるとその者は遺留分についての権利も失いますので、廃除のほうがより強力と言えます。遺言による廃除の場合、相続開始後、遺言執行者が家庭裁判所に対し廃除の請求を行います。

そのため、相続人を廃除する遺言を残す場合には、併せて信頼できる者を遺言執行者とする旨の文言も加えておいたほうがよいでしょう。 遺言執行者 P157

【廃除をしたい場合の遺言の文例】

第〇条　遺言者の長男田中一郎（昭和30年9月23日生）は、遺言者に日常的に暴言や暴行を加えるなどの虐待を続け、再三忠告してもおさまることがないので、遺言者は長男田中一郎を相続人から廃除する。
第〇条　遺言者は、本遺言の遺言執行者として次の者を指定する。
　　　　住所　東京都足立区綾瀬八丁目8番8号
　　　　職業　司法書士　山田　太郎
　　　　　　　昭和52年3月17日生

借金が多くある方

テーマ 14 相続放棄

重要度 ★★★

Q 借金を相続しないようにするにはどうすればよいですか？

被相続人にめぼしい財産がなく、多額の借金だけを残していた場合など、相続をしたくない場合はどうしたらよいでしょうか？

A 相続人は**相続放棄**をすることで相続人にならなかったものとみなされます。借金なども含めて一切相続をしたくない場合は、他の相続人に相続を放棄する旨を伝えるだけでは足りず、家庭裁判所での手続きが必要になります。

消極財産しか相続財産がないような場合には、相続放棄は非常に有効ですが、反面、相続人とならなかったものとみなされてしまう強力な効果を持ちますので、相続財産の慎重な調査が求められます。

要点メモ　　　　　相続放棄とは

〈手続き〉被相続人の最後の住所地の家庭裁判所への申述
〈効　果〉相続人とならなかったものとみなされる
〈想定される行使場面〉多額の借金が相続財産として残っている場合
　　　　　　　　　　　他の相続人と関わり合いたくない場合

解説

　ここでは、相続放棄の基本について確認します。預貯金や不動産などのプラスの財産がほとんど存在せず、多額の借金だけが残ってしまうような場合にも、相続人が必ず相続しなければならないとすると相続人にとっては酷なことになります。そのような相続人のために**相続放棄**が認められています。

　しかし、適宜の方法で相続放棄ができてしまったり、期限なくいつでも相続放棄ができてしまったりすると、権利関係がいつまでも不安定な状態となってしまい、法的安定性を保てなくなってしまいます。そこで法律上、手続きの要件と期限が定められています。

1. 相続放棄の効果

　相続の放棄をした者は、その相続に関しては、**初めから相続人とならなかったものとみなされます**（民939条）。法定相続人 P13

　初めから相続人とならなかったものとみなされますので、何も相続しないことになります。また、欠格や廃除の場合とは違い、たとえ相続放棄をした者に子が存在したとしても、代襲相続は発生しません。相続欠格・廃除 P72

2. 相続放棄の申述

　相続の放棄をしようとする者は、その旨を**家庭裁判所に申述**しなければなりません（民938条）。相続放棄の申述は、被相続人の最後の住所地の家庭裁判所に対して行います。

3. 相続放棄と利益相反

　未成年者や成年被後見人などが相続人の場合、その者の法定代理人などが、相続放棄の代理や同意を行います。これらの法定代理人なども自身が

相続人としての立場を有する場合に、利益相反関係になるのでしょうか。

この点につき最高裁は、後見人自身も放棄した後か同時になされた場合は、利益相反行為に当たらないとしています（最判昭53.2.24）。

4．相続放棄の申述方法

申述人	相続人
申述先	被相続人の最後の住所地の家庭裁判所
申述期間	自己のために相続の開始があったことを知った時から3か月以内
申述に必要な費用	収入印紙800円分 連絡用の郵便切手
申述に必要な書類	申述書、被相続人の住民票の除票または戸籍の附票 申述人が相続人であることを証する戸籍、除籍、改製原戸籍謄本など

5．次順位の相続人

先順位の相続人が全員相続放棄をした場合、次の順位の者が相続人になることになります。次の順位の者も相続放棄をしたい場合、同じように家庭裁判所に対して相続放棄の申述を行うことで、初めから相続人にならなかったものとみなされます。 相続人　P13

生前対策のヒント

1．遺留分の放棄と遺言による相続分の指定

相続を前にした本人やそのご家族から、相続が始まる前に相続人の1人に相続放棄をしてもらうことはできますかという相談を受けることがあります。これができるのであれば、特定の者にすべてを相続させたい場合や、特定の者に相続させたくない場合、生前対策の観点からは有効のように思え

すが、相続放棄は相続開始後でないと行うことはできません。

　生前に相続を放棄すると一部の相続人が言っていたとしても、相続開始後にその者が正式な相続放棄を行わなければ、法律的な相続放棄の効力は生じません。

　相続放棄は相続開始後でないとできませんが、遺留分の放棄は家庭裁判所の許可を受けて相続開始前に行うことができます。遺留分を放棄し、遺言により相続分の指定を受けなかった者は、相続財産を引き継ぐ権利を失います。つまり、相続分の指定と遺留分の放棄がセットで行われれば、特定の者にすべての相続財産を相続させることが可能になると言えます。

2. 財産と借金の大きさがわからないときは？

　プラスの財産とマイナスの財産の多寡がわからず、相続放棄すべきか否か判断に迷う場合には**限定承認**の手続きが有効です。限定承認をした相続人は、相続によって得た財産の範囲内で債務および遺贈の負担を受け継ぎ、弁済をすればよいとされます。ただし、限定承認は申立後の手続きが若干複雑です。また、相続人全員が共同して行わなければならない点にも注意が必要です。

　最高裁司法統計資料によると、相続放棄の申述件数166,463件に対して、限定承認の申述件数は889件（ともに平成23年度）と、申述件数に大きな差があることが確認できます。制度自体の複雑さや手続きの煩雑さなどが理由であると考えられています。しかし、状況によっては非常に有効な制度です。

年　度	相続放棄	限定承認	期間伸長
19	150,049	1,013	4,597
20	148,526	897	5,045
21	156,419	978	5,658
22	160,293	880	6,150
23	166,463	889	7,014

出典：「最高裁司法統計資料」申立件数

借金が多くある方

テーマ 15 熟慮期間と単純承認

重要度 ★★

Q 相続放棄ができなくなってしまうことはありますか？
相続放棄をしないまま、相続開始から時間が経ってしまいました。相続放棄はいつでもできるものなのでしょうか？

A 相続放棄や限定承認はいつでも申述できるわけではなく、期間が定められています。事情があって間に合わないような場合は熟慮期間を伸長することもできますが、伸長するためには期間内に熟慮期間伸長の申立を行う必要があります。

熟慮期間を経過した場合は**単純承認**したものとみなされます。単純承認とは被相続人の権利義務すべてを承継することです。相続財産の全部または一部を処分（売却・消費など）したときや、背信行為があったときも、熟慮期間が経過したときと同様に単純承認したものとみなされる点に注意が必要です。

要点メモ 相続放棄・限定承認の熟慮期間

「自己のために相続の開始があったことを知った時から3か月以内」
（※必ずしも相続開始（死亡日）から3か月以内ということではない。）
（※期間伸長の申立は可能。ただし、熟慮期間内に申し立てることが必要。）

単純承認
限定承認 } どれを選択するのかをこの間に決定しないといけない
相続放棄

解説

　相続放棄や限定承認の手続きについては、いつまでにしなければならないという期間があるのでしょうか。相続人は、**自己のために相続の開始があったことを知った時から3か月以内**に、単純承認もしくは限定承認または相続放棄をしなければならないとされています。相続開始から3か月以内というわけではない点に注意が必要です。

　また、この期間は、利害関係人または検察官の請求によって、家庭裁判所において**伸長**することができます（民915条1項）。

1. 熟慮期間

(1) 熟慮期間の起算点

　上記の通り、相続人は、「自己のために相続の開始があったことを知った時」から3か月以内に、単純承認するか、限定承認するか、相続放棄を行うか、選択をしなければなりません。では、「自己のために相続の開始があったことを知った時」とは、具体的にどの時点なのでしょうか。

　この点について、判例は、「**相続人が相続財産の全部又は一部の存在を認識した時又は通常これを認識しうべき時から起算すべき**」ものとしています（最判昭59.4.27）。

　その後の下級審でも、3か月の熟慮期間内に限定承認または相続放棄をしなかった場合であっても、特別な事情があれば、限定承認または相続放棄を認めている、つまり、熟慮期間の認定を拡大するものがあります。

(2) 熟慮期間の伸長

　利害関係人（相続人を含む）または検察官は、熟慮期間中であれば、**熟慮期間の伸長**を家庭裁判所に申し立てることができます。相続財産の調査などに時間がかかってしまう場合には、期間内に承認するか放棄するかの判断ができないことも考えられます。申立は相続開始地（被相続人の最後の住所地）の家庭裁判所に行います。また、申立の際には、伸長の必要性

を明らかにします。申立によって熟慮期間を伸長することができますが、3か月を過ぎてしまった後に伸長の申立を行うことはできません。伸長の申立を3か月以内に行うことが必要です。

(3) 再転相続と熟慮期間の起算点

相続人が相続の承認または放棄をしないで死亡したときは、その者の相続人が自己のために相続の開始があったことを知った時から3か月の期間を起算し（民916条）、また、相続人が未成年者または成年被後見人であるときは、その法定代理人が未成年者または成年被後見人のために相続の開始があったことを知った時から起算します（民917条）。

(4) 熟慮期間伸長の申立方法

申立人	相続人を含む利害関係人、検察官
申立先	被相続人の最後の住所地の家庭裁判所
申立期間	自己のために相続の開始があったことを知った時から3か月以内
申立に必要な費用	・収入印紙800円分 ・連絡用の郵便切手
申立に必要な書類	申立書、被相続人の住民票の除票または戸籍の附票 申立人の戸籍謄本、申立人が相続人であることを証する戸籍、除籍、改製原戸籍謄本など

2. 単純承認

相続人は、**単純承認**をしたときは、無限に被相続人の権利義務を承継するとされています（民920条）。つまりプラスの財産もマイナスの財産もすべて相続することになります。 相続財産の範囲 P40

それでは、どのような場合に単純承認となるのでしょうか。民法上、次に掲げる場合には、相続人は単純承認をしたものとみなされるとしています（民921条）。

(1) 相続財産の全部または一部の処分

相続人が相続財産の全部または一部を処分することによって、単純承認する意思が黙示的に表示されたものとされます。

ただし、この処分は相続人が自己のために相続の開始があったことを知りながら、または確実に予想しながらなされることを要し、相続人が相続の開始を知らずに相続財産を処分した場合は、単純承認の効果は生じないとされています（最判昭42.4.27）。

では、具体的にどの程度の処分が単純承認とみなされるのでしょうか。

葬儀費用については、相続財産からの支出が身分相応のものであれば、単純承認には当たらないと考えられています。

いわゆる遺品の**形見分け**については、過去の判例において単純承認とされましたが、相続財産全体の規模や、その中で占める処分の位置づけ、性質などから判断されるべきものであり、必ずしもすべてが単純承認に当たるわけではないと考えられています。

相続財産中の**債権の取立て**については、判例において、相続人が被相続人の有していた債権を取り立て収受領得した行為は、相続財産の処分に該当すると判断しています（最判昭37.6.21）。

債務の弁済については、判例において、相続財産である不動産で相続債務を代物弁済した行為に関し、処分行為に該当すると判断しています（大判昭12.1.30）。

保険金の受取人である相続人が**保険金を請求する行為**については、そもそも相続人が受取人となっている保険金は相続財産に当たらないため、単純承認には当たらないとされています。 生命保険金 P42

なお、相続財産の修繕や時効中断手続きなどの保存行為や短期賃借については、「処分」に当たりません。

(2) 熟慮期間内に限定承認または相続の放棄をしなかったとき

相続人が、限定承認も相続放棄もしないで熟慮期間を過ぎてしまったときは、単純承認したものとみなされ、被相続人の権利義務をすべて承継します。熟慮期間内に判断を下すことが難しい場合は、熟慮期間伸長の申立を行うことが求められます。 熟慮期間の経過 P81

(3) 背信行為があったとき

相続人が、限定承認や相続放棄をした後であっても、限定承認や相続放棄の趣旨や義務に反する**背信行為**があった場合には、単純承認とみなすとされています。

このような相続人には限定承認や相続放棄の利益を享受させる必要はなく、背信行為・不正行為に対する制裁的な意味合いで単純承認の効果を負わせることを適切としています。

背信的行為としては、相続財産の全部もしくは一部を隠匿し、ひそかにこれを消費し、または悪意でこれを相続財産の目録中に記載しなかったときというのが条文上列挙されています。

生前対策 のヒント

1. 熟慮期間を経過するリスク

残される家族にとって、「自己のために相続の開始があったことを知った時」から3か月以内に相続財産を把握するという作業は相当な負担となります。通夜や葬儀、初七日、四十九日と法要の準備や手配に追われていると、あっという間に3か月という月日は経ってしまいます。消極財産も含めて、自分の財産はどれくらいあるのかをいざというときに残される家族が容易に把握できるようにしておくことも、身近な生前対策・相続対策の1つと言えます。　エンディングノート　P163

2. 特別な事情と熟慮期間

何らかの事情で亡くなられた方と長年疎遠であった相続人の場合、カード会社などからの請求が来て初めて相続の開始や借金の存在を知る、ということもあり得ると思います。そして請求が届いた時点で既に被相続人の死後3か月以上経過しているということも考えられます。

しかし、あくまで死後3か月以内ではなく、自己のために相続の開始があっ

たことを知った時から3か月以内であれば相続放棄は可能です。

　このケースのように長年疎遠であって、請求が来て初めて相続の開始や借金の存在を知ったような場合は、死後3か月を経過していても相続放棄が認められる可能性は高いと言えます。しかし相続人にとっては負担になることは変わりないので、やはり相続財産を少しでも早く確認できるような工夫をしておきたいところです。

認知症になるのが不安な方

テーマ 16 成年後見制度と相続

重要度 ★★★

Q 母が認知症ですが、遺産分割協議はできますか?

相続人の中に認知症の者がいる場合、遺産分割協議はできるのでしょうか? できない場合はどうすればよいのでしょうか?

A まず前提として、遺産分割は、相続人全員で行う必要があります。

 遺産分割 P54

もし、相続人の中に遺産分割を行うための判断能力を欠く者がいる場合はどうしたらよいでしょうか。

この場合、判断能力を欠く者は遺産分割協議を行うことができませんので、その者のためにその者の代理人となる成年後見人を選任し、選任された成年後見人が本人の代わりに遺産分割協議に参加します。これにより、判断能力を欠く相続人が法律的に保護されることになります。

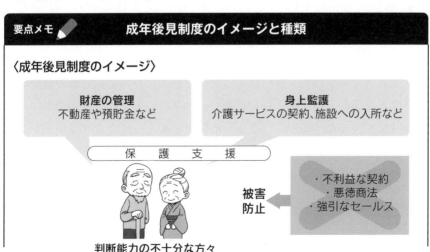

〈成年後見制度の種類〉

法定後見制度			任意後見制度
既に判断能力が衰えた者のために支援者を定める制度 本人の状態に合わせて後見・保佐・補助の類型がある			本人が元気なうちに将来の支援者（任意後見人）を定め、契約をしておく制度
後　　見	保　　佐	補　　助	
判断能力を欠く状態	判断能力が著しく不十分な状態	判断能力が不十分な状態	

解説

　認知症などによって判断能力を欠く者も、相続人である以上は遺産分割の当事者となります。しかし、判断能力を欠く状態では遺産分割の協議を行うことができません。こうした者の代わりに、遺産分割に限らず財産管理や契約などの法律行為を行うのが**成年後見人**です。本人や配偶者、四親等内の親族などの申立によって家庭裁判所に選任された成年後見人が、本人の代わりに遺産分割協議に参加します。　遺産分割　P54

1. 成年後見制度とは

　認知症や知的障害、精神障害などの理由で判断能力の衰えた方々は、不動産や預貯金などの財産を管理したり、身の回りの世話のために介護などのサービスや施設への入所に関する契約を結んだり、遺産分割の協議をしたりする必要があっても、自分自身でこれらのことを行うのが難しい場合があります。また、このような方々の財産をめぐって、様々な争いや不正が発生しているという問題があります。このように判断能力の衰えた方々を保護し、支援するのが**成年後見制度**です。

2. 成年後見制度の種類

　成年後見制度には、大きく分けると、法定後見制度と任意後見制度の2

種類があります。法定後見制度は、精神上の障害により事理を弁識する能力が十分でない方々のために、家庭裁判所が成年後見人等を選任し、選任された成年後見人等が本人を支援するという制度です。事理を弁識する能力（事理弁識能力）とは、契約等の法律行為を適切に行うための判断能力のことです。

　法定後見制度は、事理弁識能力の程度によって、後見、保佐、補助とさらに3つの類型に分けられ、本人の状態に応じて類型を選択できるようになっています。そして、それぞれの類型に応じて家庭裁判所で選ばれた成年後見人等（成年後見人・保佐人・補助人）が、本人の利益を考えながら、本人を代理して契約などの法律行為をしたり、本人が自分で法律行為をするときに同意をしたり、本人が同意を得ないでした不利益な法律行為を取り消したりすることによって、本人を保護・支援します。

　任意後見制度は、本人に十分な判断能力があるうちに、将来判断能力が不十分な状態になった場合に備えて、あらかじめ自ら選んだ将来の代理人（任意後見受任者）に、自身の生活、療養看護や財産管理に関する事務について代理権を与える契約（任意後見契約）を、公証人の作成する公正証書で結んでおくというものです。実際に判断能力が衰えたとき、任意後見受任者などの申立により、家庭裁判所が任意後見監督人を選任することで任意後見が開始します。これにより本人の自己決定権を尊重した保護や支援を行うことが可能になります。　任意後見制度　P167

3. 法定後見制度の3つの類型と利用者

　法定後見制度は、本人の事理弁識能力の程度によって、後見、保佐、補助の3つの類型に分けられます。また、支援する者をそれぞれの類型に応じて成年後見人、保佐人、補助人と呼びます。

後　見	本人の判断能力を欠く状態
保　佐	本人の判断能力が著しく不十分な状態
補　助	本人の判断能力が不十分な状態

以上を踏まえたうえで、法定後見制度の具体的な利用者を代表的な症例と共に検討しましょう。

(1) 認知症

一般的に法定後見制度の利用が最も多い事例となります。

知的能力が低下して障害が生じる認知症ですが、ひとくちに認知症と言っても、その原因や進行の度合いによって、症状は様々です。判断能力の程度は、記憶力障害、見当識障害、認知障害などの各症状から判断されます。

(2) 身体障がい者

法定後見制度は、あくまで精神上の障害により判断能力が低下した者を保護する制度ですので、身体上の障害があっても、精神上の障害のない者は対象になりません。

(3) 精神障がい者・知的障がい者

先天的・後天的にかかわらず、精神障害や知的障害によって判断能力が低下した者は、法定後見制度の対象になります。

(4) 浪費者

昔の禁治産・準禁治産制度では浪費者も対象となっていましたが、現行の法定後見制度では判断能力を有する浪費者は対象外とされました。

ただし、その浪費がなんらかの精神疾患により判断能力が低下したことに基づくものであると判断される場合は、補助や保佐によって本人の財産管理を制限する形でのサポートが検討されます。

4. 法定後見制度の申立方法

法定後見制度を利用するには、管轄の家庭裁判所に申立を行う必要があります。申立をできる人は法律で定められています。また、申立の際には、医師の診断書をはじめとして、様々な書類を用意する必要があります。

申立人	本人、配偶者、四親等内の親族、成年後見人等、任意後見人、成年後見監督人等、市区町村長、検察官
申立先	本人の住所地を管轄する家庭裁判所
申立に必要な費用（※1）	・申立費用（収入印紙）　　　800円　※2 ・登記費用（収入印紙）　　2,600円　※2 ・郵便切手　　　　　　家庭裁判所により異なる　※2 ・鑑定費用　　　50,000円〜100,000円程度　※2 ・専門家に依頼した場合は、専門家の報酬は別途
申立に必要な書類	・申立書 ・申立事情説明書 ・親族関係図 ・親族の同意書 ・財産目録および資料 ・収支状況報告書および資料 ・後見人等候補者事情説明書 ・戸籍謄本、住民票 ・登記されていないことの証明書 ・診断書および診断書付票 ・療育手帳など

※1　金額は平成26年1月1日現在。
※2　原則として申立人負担ですが、家庭裁判所への上申によって認められた場合には、本人の財産の中から費用の償還を求めることができます。

5. 成年後見制度の利用にかかる時間

　現在では、申立からおおむね2か月程度で成年後見人が選任されています（最高裁判所事務総局家庭局によると、平成23年既済事件のうち、2か月以内に終局したものが全体の約79.1％、4か月以内に終局したものが全体の約94.5％）。

　ただし、申立に必要な書類やそれぞれの書類の書式、申立手続きの運用は、家庭裁判所によって若干異なりますので、管轄の家庭裁判所に事前に確認するようにしましょう。

生前対策のヒント

1. 認知症などで判断能力を欠く推定相続人がいる場合は遺言を

　相続人に認知症などにより判断能力を欠くものがいるときで、その時点でその者に成年後見人が選任されていない場合、遺産分割協議の前提として成年後見人の選任が必要になります。

　もともと必要性を感じていたのであれば、成年後見人を選任するよい機会となりますが、家庭裁判所での手続きを要するため、実際に遺産を分配することができるまでに時間がかかってしまいます。

　しかし、財産を残す者が遺言によって相続分を指定したり、遺贈したりしておくことで、遺産分割協議をせずに財産を分配することが可能になり、それぞれの者は財産をスムーズに引き継ぐことができるので、この点においても遺言は有効です。

2. 成年後見人等の業務は原則、成年被後見人等が死亡するまで続く

　遺産分割や保険金の受領、預貯金の払戻しなどが、法定後見申立のきっかけとなる主な場面です。これらの場面において成年後見人等を選任することが必要になり、申立を行うという形です。

　しかし、注意しなければならないのは、成年後見人等の業務は、原則として本人（成年被後見人等）の死亡まで続くということです。つまり、これらのきっかけとなった行為・手続きが終了したからといって成年後見人等としての業務が終了するわけではないのです。申立を行う場合には頭に入れておきましょう。

認知症になるのが不安な方

テーマ 17 成年後見人の資格と役割

重要度 ★★

 誰でも成年後見人になれますか？

成年後見人（保佐人・補助人）になるには何か資格が必要なのでしょうか？　誰でもなれるのでしょうか？　また、成年後見人（保佐人・補助人）は、どのようなことをすればいいのでしょうか？

 成年後見人等になるには特に資格の制限はありませんが、以下に該当する者は成年後見人等になることができません。

① 未成年者
② 家庭裁判所で免ぜられた法定代理人、保佐人または補助人
③ 破産者
④ 被後見人に対して訴訟をし、またはした者ならびにその配偶者および直系血族
⑤ 行方の知れない者

また、成年後見人等の権限は、その類型に応じて異なります。

要点メモ　成年後見人等の権限

	後 見	保 佐	補 助
対象となる者	判断能力を欠く者	判断能力が著しく不十分な者	判断能力が不十分な者
成年後見人等の名称	成年後見人	保佐人	補助人

成年後見人等に必ず与えられる権限	全般的な代理権、取消権、追認権（日常生活に関する行為を除く）	特定の事項についての同意権、取消権、追認権（日常生活に関する行為を除く）	
成年後見人等に申立により与えられる権限		特定の事項以外の事項についての同意権、取消権、追認権（日常生活に関する行為を除く）特定の法律行為についての代理権	特定の事項の一部についての同意権、取消権、追認権（日常生活に関する行為を除く）特定の法律行為についての代理権

解説

　本人（成年被後見人等）の代わりに法律行為や契約などを行う成年後見人等（成年後見人、保佐人・補助人）は、重要な役割を担います。本人のために様々な権限を与えられ、義務を負う成年後見人等ですが、どのような者が就任できるのでしょうか。

1. 成年後見人等の資格

　成年後見人等になるには弁護士や司法書士といった資格は必要ありません。しかし、下記の欠格事由に該当する者は成年後見人等になることができません（民847条）。

(1) 未成年者

　未成年者は、判断能力が未成熟であるため、成年後見人等の職務に就くにはふさわしくないとされています。

(2) 家庭裁判所で免ぜられた法定代理人、保佐人、または補助人

　これまでに家庭裁判所で成年後見人等を解任されたことのある人は、成年後見人等になることができません。

(3) 破産者

ここで言う破産者とは、破産手続開始決定を受けて未だ復権していない者のことをいい、既に免責許可決定が確定している者については、成年後見人等になることができます。

(4) 被後見人に対して訴訟をし、またはした者ならびにその配偶者および直系血族

訴訟によって成年被後見人等と利害の対立する者は、本人（成年被後見人等）の利益保護の観点から、成年後見人等にはなれないとされています。

(5) 行方の知れない者

行方不明の者は、実質的に成年後見人等としての職務を行うことができないため、成年後見人等になることができません。

2. 成年後見人等の役割

成年後見人等の役割は、大きく分けると**財産管理**と**身上監護**になります。その類型に応じて役割が異なります。

(1) 成年後見人

成年後見人は、成年被後見人の生活、療養看護および財産の管理に関する事務を行うにあたっては、成年被後見人の意思を尊重し、かつ、その心身の状態および生活の状況に配慮しなければなりません（民858条）。

また、成年後見人は、成年被後見人の財産を管理し、かつ、その財産に関する法律行為を代表します（民859条）。さらに、成年後見人は、日用品の購入その他日常生活に関する行為を除き、成年被後見人のなした行為を取り消すことができます（民9条）。判断能力を欠く状況にある者を保護するため、後見・保佐・補助の中で最も広い権限が与えられています。

財産管理	預貯金、株式等証券、不動産の管理
	収入・支出の管理
	医療に関する管理　　　など
身上監護 （現実の介護行為等は職務には含まれません）	医療に関する契約
	介護に関する契約
	施設への入所契約　　　など

(2) 保佐人

　保佐開始の審判があると、被保佐人が不動産の売買などの民法13条1項に定められている重要な財産行為を行うには、**保佐人の同意**が必要になります。法律で定められている行為以外の行為についても、請求によって同意権を付与することができます（ただし、日常生活に関する行為は除く）。

　保佐人は、これらの同意が必要な行為を被保佐人が同意なしに行った場合、その行為を取り消すことができます（民13条）。また、代理権付与の申立により、特定の法律行為について代理権が付与された場合は、その特定の法律行為については、保佐人が被保佐人を代理することができます(民876条の4)。なお、代理権付与の審判には**本人(被保佐人)の同意**が必要です。

　保佐人は、被保佐人の意思を尊重し、かつ、その心身の状態および生活の状況に配慮しなければならないとされています（民876条の5）。

(3) 補助人

　補助人は、同意権付与の申立てにより、民法13条1項に定められている行為の一部について、**同意権・取消権・追認権**を付与されます（民17条）。また、代理権付与の申立により、特定の法律行為について代理権が付与された場合は、その特定の法律行為については、補助人が被補助人を代理することができます（民876条の9）。

　なお、補助開始の申立の際は、必ず同意権付与の申立または代理権付与の申立（もしくは両方）が必要となり、本人以外の申立による補助開始、

同意権付与、代理権付与の審判には**本人（被補助人）の同意**が必要になります（民15条2項）。また、補助人にも被補助人の身上配慮義務があります。

生前対策のヒント

1. 成年後見人等候補者について

　成年後見人等となる者については、申立の際に申立人が親族などを成年後見人等候補者として推薦することができます。しかし、財産関係が複雑であったり、紛争性の高い事案などについては、申立人による候補者ではなく、裁判所の判断で専門職後見人等が選任されたり、成年後見監督人等が就任する場合があります。専門職後見人等や成年後見監督人等は、一般的に弁護士や司法書士、社会福祉士、税理士など、裁判所の後見人候補者名簿に登載されている者の中から選ばれることになります。
　「平成23年度裁判所統計」によると、配偶者や子、兄弟姉妹などが成年後見人等に選任されたケースが全体の約55.6％を占めています。専門職後見人等第三者が選任されたケースは全体の44.4％です。成年後見制度施行当初は親族後見人等が全体の80％を占めていたことに比べると、専門職後見人等が選任されるケースが増えている傾向が確認できます。
　成年後見人等には大きな権限が与えられるだけに、親族を成年後見人等候補者として成年後見人等選任申立を行ったとしても、必ずしもその候補者が成年後見人等として選任されるとは限らない点、成年後見監督人等が選任される可能性がある点は念のため押さえておきましょう。

2. 親族が後見人に選ばれない代表的な理由

　上記**1.** の通り、紛争性が高い場合、例えば申立時に要求される親族の同意書を添付できないときは、その親族が成年後見人等となることに争いがあるものとして、専門職後見人等が選任される可能性が高くなります（親族を成年後見人等とし、専門家など第三者が成年後見監督人等として選任される場合もあります）。
　また、成年被後見人等となる者の財産が多額であったり、権利関係が複雑

であったりする場合など成年後見人等としての事務に専門知識を有するような場合も、親族ではなく専門職後見人等や成年後見監督人等が選任される可能性が高いです。この他、成年後見人等候補者が高齢の場合も、専門職後見人等が選任されることがあります。

3．特別代理人の選任

　相続の場面において相続人のうちの1人につき成年後見人が選任されると、成年後見人がその者のために遺産分割協議に参加することになります。成年後見人は他の相続人や申立人のためではなく、あくまでその者の権利・利益を保護することを目的として選任され、遺産分割協議に参加します。そのため、もし選任された成年後見人も共同相続人の1人である場合、成年後見人は相続人としての立場と成年後見人としての立場で利益が相反することになります。

　この場合は、成年被後見人のためにさらに特別代理人を選任する必要があります。 未成年の場合　P99

　選任された特別代理人が成年被後見人および成年後見人に代わって、成年被後見人のために遺産分割協議に参加します。成年被後見人の利益を保護するための規定です。

4．成年後見人・特別代理人が参加する遺産分割と法定相続分

　特別代理人の選任申立の際には、一般的に家庭裁判所から遺産分割協議書案の提出を求められます。

　本人（成年被後見人）にとって不利益な協議を行わないか、法定相続分は確保されるかといった点が特別代理人選任の時点で家庭裁判所に確認され、場合によっては遺産分割協議書案に指摘が入ることもあります。

　特別代理人を選任する必要がない場合は成年後見人が本人（成年被後見人）のために遺産分割協議に参加しますが、その場合でも成年後見人は本人の利益を保護するための存在ですので、何の理由もなく本人（成年被後見人）が一切相続しないというような協議を行うことはできないと考えたほうがよいでしょう。

　このように、成年後見人や特別代理人が選任された後の遺産分割協議には、事実上一定の制約が課せられますので注意が必要です。

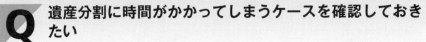

テーマ18 未成年・行方不明の相続人

重要度 ★★

Q 遺産分割に時間がかかってしまうケースを確認しておきたい

なるべくスムーズに遺産分割を行いたいのですが、遺産分割に時間がかかってしまうのはどのようなケースでしょうか？

A 遺産分割協議を行う場合、相続人全員が協議に参加し、全員で分割内容に合意する必要があります。そのため、分割内容に1人でも合意しない者がいれば、協議は成立しないということになってしまいます。認知症などにより判断能力が低下した相続人がいる場合も、成年後見人等や場合によっては特別代理人を選任する手続きが必要になりますので、通常よりも時間がかかってしまいます。　成年後見制度　P87

また、未成年の子については、法定代理人である親が財産に関する法律行為を代理することになりますが、しかし、そうすると夫が死亡し、妻と子が相続人である場合、被相続人の妻は、妻としての相続人の立場と子の法定代理人としての立場で利益が相反してしまいます。

この場合は、未成年の子の利益を保護するために家庭裁判所において**特別代理人**を選任し、特別代理人が遺産分割に参加します。

それ以外にも、行方不明の者がいる場合には、行方不明の者に代わって遺産分割に参加する**不在者財産管理人**の選任申立が必要になります。

いずれにしても、これらのケースは通常の遺産分割に比べると、家庭裁判所での手続きが必要になる分、時間がかかってしまう点に注意しましょう。

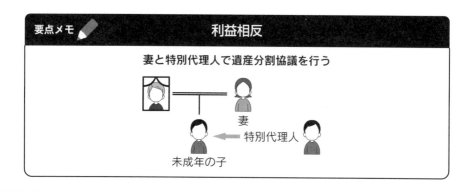

解説

　成年後見人等の選任（および特別代理人の選任）を要する場合以外にも、相続人の代わりに遺産分割に参加する者を選任してもらうために時間がかかってしまうケースがあります。以下、代表的なケースを確認します。

遺産分割　P54　成年後見制度　P87

1. 相続人に未成年がいる場合

（1）利益相反と特別代理人

　親権を行う者は、子の財産を管理し、かつ、その財産に関する法律行為についてその子を代表します（民824条）。

　遺産分割の場面において、相続人が妻と未成年の子である場合、妻は自らの相続人としての立場と、未成年の子の親権者という立場で**利益が相反してしまいます**。

　そこで、親権を行う父または母とその子との利益が相反する行為については、親権を行う者は、その子のために**特別代理人**を選任することを家庭裁判所に請求しなければならないとされています（民826条）。

　選任された特別代理人が、未成年の子と親権者に代わって遺産分割協議に参加します。これにより未成年者の利益を保護することができます。

　一方、代襲相続などで母が相続人にならず、未成年の子２名が相続人になるときは、１名については母が親権者として子を代理し、もう１名につ

いては特別代理人を選任する、という形になります。

(2) 特別代理人の申立方法

申立人	親権者、利害関係人
申立先	子の住所地の家庭裁判所
申立に必要な費用	収入印紙800円分（子1人につき） 連絡用の郵便切手
申立に必要な書類	申立書、未成年者・親権者の戸籍謄本 特別代理人候補者の住民票、利益相反に関する資料など

2. 相続人に行方不明の者がいる場合

(1) 不在者

不在者とは、従来の住所または居所を去り、容易に戻る見込みのない者のことを言います。このような不在者に財産管理人がいない場合、不在者および不在者の財産について利害関係を有する第三者の利益を保護するため、利害関係人や検察官は**不在者財産管理人**の選任を家庭裁判所に申し立てることができます（民25条）。

選任された不在者財産管理人は、不在者の財産を管理・保存する権限を有する他、家庭裁判所の許可を得て、不在者に代わって遺産分割や不動産の売却等を行うことができます。

(2) 不在者財産管理人の申立方法

申立人	利害関係人、検察官
申立先	不在者の従来の住所地または居所地の家庭裁判所
申立に必要な費用	収入印紙800円分 連絡用の郵便切手
申立に必要な書類	申立書、不在者の戸籍謄本・戸籍の附票 財産管理人候補者の住民票、不在の事実を証する資料 不在者の財産に関する資料など

(3) 失踪宣告との兼ね合い

不在者についてその生死が**7年間**明らかでないとき、または戦争、船舶の沈没、震災などの死亡の原因となる危機に遭遇しその危難が去った後その生死が**1年間**明らかでないときは、利害関係人は家庭裁判所に失踪宣告

の申立を行うことができます。 失踪宣告 P8

生前対策のヒント

1. 特別代理人の選任にかかる時間、負担

相続人の中に成年後見人と成年被後見人がいる場合や、親権者と未成年の子がいる場合は、遺産分割をするにあたり特別代理人の選任申立を家庭裁判所に行う必要があります。そのうえで選任された特別代理人が成年被後見人や未成年の子のために遺産分割に参加します。 成年後見人 P93

特別代理人の選任は家庭裁判所での手続きになりますので、手間や時間がかかります。遺言を残しておいたり、生前に財産を承継したりしておくことで、特別代理人の選任をせずに相続の手続きを進めることが可能になります。 遺言事項 P115

相続人の中に成年被後見人や未成年の子がいる場合は、それらの者の利益保護のため、また、手続的な負担の軽減のために上記のような対策を検討してもよいでしょう。

2. 不在者とは

不在者とは、従来の住所または居所を去り、容易に戻る見込みのない者のことですが、ただ連絡先や住所がわからないというだけでは、基本的には不在者とは言えません。そのような者については住民票や戸籍の附票から現在の住所を確認し、手紙を書いたり直接訪問をしたりして連絡を取る、という手順を踏んでいく必要があります。

また、行方不明でなく単純に遺産分割の交渉に応じてもらえない場合や、電話や手紙に対応してもらえない、というような場合は、最終的に遺産分割調停、審判を申し立てなければならないことになってしまいます。

推定相続人の中に行方不明者や長年連絡が取れていない者がいる場合、財産を残す者としては、一部の相続人の行方不明によって他の相続人の手続負担が増えてしまわないよう、行方不明でない他の相続人に対して生前贈与や相続させる旨の遺言を残すなどの準備をしておくとよいでしょう。 生前贈与 P107 遺言 P115

第2章 生前対策

テーマ1 生前対策とは

全員

重要度 ★★★

Q 生前対策の概要を知りたい

生前対策とは具体的にどのようなものなのでしょうか。実際にどのような生前対策が考えられるのでしょうか。

A 自らの老後、そして相続を円満な形で実現するための方法や手段を検討し、対策をとることをこの本では総称して「**生前対策**」と言います。

相続税対策や相続争いの予防策なども個別にそれぞれ重要ですが、この章で述べる生前対策というのはより広い視点から、すなわち老後に発生し得る様々なリスクについても検討材料に加えて、対策を考え実現していこうというものです。

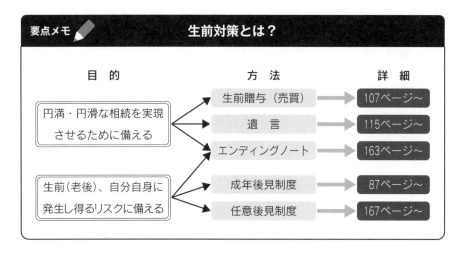

要点メモ：生前対策とは？

目的	方法	詳細
円満・円滑な相続を実現させるために備える	生前贈与（売買）	107ページ～
	遺言	115ページ～
	エンディングノート	163ページ～
生前（老後）、自分自身に発生し得るリスクに備える	成年後見制度	87ページ～
	任意後見制度	167ページ～

解説

　この章で述べる生前対策は、その目的から大きく2種類に分類されます。それぞれの目的についてどのような対策が考えられるのか、ここで簡単に確認します。

1. 円満な相続実現のための生前対策

　相続人など残される者になるべく負担が少ない、円満な形で相続をしてもらうにはどうしたらよいか。機械的で無機質な対策ではなく、残される者の心情にも配慮した立体的な対策を考える必要があります。

　相続の対策として最も一般的なのが**遺言**です。相続分の指定や遺贈など、遺言により様々なことを行うことができます。残される者の心情面への配慮という意味では付言事項の検討も欠かせません。 付言事項 P117

　エンディングノートも活用することができるでしょう。 エンディングノート P163

　また、事情によっては、**生前に財産を贈与（売買）**しておくということも考えられます。 生前贈与 P107

2. 生前（老後）のための生前対策

　相続後のことだけでなく、万が一判断能力が衰えてしまったときのためにどのようなことができるのか、また、自らの老後をいかに充実したものにするか。このような観点から対策を考えることも大切です。

　まず、実際に判断能力が衰えてしまった方のための制度として**法定後見制度**と、判断能力が衰える前に自らの意思で支援者や委任内容を定めておくことができる**任意後見制度**があります。さらに、元気なうちに準備しておくことができるものとして、**見守り契約・財産管理等委任契約・死後事務委任契約など**があります。 法定後見制度 P89　任意後見制度 P167　いざというときのための契約 P174

また、円満な相続実現のための生前対策と同様、**エンディングノート**も生前（老後）のリスクに備えるものとして挙げることができます。エンディングノート　P163

生前対策のヒント

1. 税務面からの検討も重要

相続税や贈与税など、相続の場面においては様々な種類の税金が発生します。生前対策を考えるうえで税務面からの検討は欠かせません。「**第2編 生前対策・相続対策の税務**」とも照らし合わせながら、読み進めてみてください。

2. 様々な角度からの検討が必要

上記1.の通り、税務面での検討は生前対策において非常に重要度の高いものですが、検討するのはそれだけにとどまりません。**法的なリスク対策や関係者の心情面への配慮など**、様々な角度から検討していく必要があります。また、相続の場面という**狭い視点（点）**で捉えると、取るべき対策・判断を誤ってしまう可能性もあります。現在から相続の場面、そして相続後のこと……という、**より広い視点（線・面）**で考えていくことが重要です。

3. 特に生前対策をしたほうがよい方

一般的に以下のような要件に該当する場合は、特に、遺言による相続分の指定、遺贈、生前贈与、エンディングノートなどの生前対策をしたほうがよいと考えられます。

① 特に財産を残したい相続人（候補者）がいる場合
② 夫婦の間に子がいない場合
　→残された配偶者と両親または兄弟姉妹の間での相続手続きとなります。配偶者にとっては、義理の両親や兄弟姉妹との間での相続手続きとなりますので、精神的にも負担は大きくなります。
③ 先妻（先夫）との間に子がいる場合

→先妻（先夫）との間の子も相続人となります。遺言がない場合、その先妻（先夫）との間の子の協力がないと遺産を分配できなくなります。
④ **孫や長男の嫁など、相続人でない者に財産を残したい場合**
⑤ **内縁の妻（内縁の夫）がいる場合**
→これらの者にも法律上の相続分はありません。
⑥ **自営業を含む経営者の場合**
→事業の円滑な承継のために必須です。
⑦ **相続人（候補者）が全く存在しない場合**
→財産が国庫に帰属してしまいます。遺言によって遺贈や寄附を行うことを考えてみてもよいでしょう。
⑧ **相続人（候補者）に行方不明者がいるとき**
→1人でも行方や居所の知れない相続人がいると、他の相続人は相続手続きの際に非常に苦労することになります。
⑨ **相続人（候補者）同士の仲が良くないとき**
→相続人（候補者）同士の仲が良くないと、話し合いがまとまらず、相続人同士で残された遺産について泥沼の争いに発展してしまうこともあります。 遺産分割　P54

　最近では上記のようなケースに限らず、残される方々のことを気遣ったより豊かな相続を行うために、遺言を中心とした生前対策の活用が注目されています。
　遺言によってできることを確認したうえで、付言事項やエンディングノート、生前行為などによる生前対策も併せて検討するとよいでしょう。

少しでも財産をお持ちの方

テーマ 2 生前贈与

重要度 ★★★

Q 今のうちに自分の財産を贈与しておきたい

相続時に相続人がもめないよう、生前に自分の財産の一部を贈与しておきたいと考えています。どのような点に注意しておく必要がありますか?

A **贈与**は法律上、必ずしも書面(契約書など)によって行う必要はなく、贈与する者の意思表示と贈与を受ける者の受諾によって成立します。しかし、後日の紛争防止および税務的な観点から、贈与契約書は作成しておくべきです。また税金面からの検討も大切です。

場合によっては相当の対価を支払ってもらい、**売買**によって財産を移すというのも選択肢として考えられます。

要点メモ ✏️ 贈与とは

- **贈与する人**
  自己の財産を無償で相手方に与える意思表示
- **贈与を受ける人**
  贈与する人の意思表示を受諾

あげるからね! / ありがとう
Aさん ⇔承諾⇔ Bさん

解説

　生前に自らの財産を相続人などに移しておくというのは、最もシンプルな生前対策の方法の1つと言えます。

　以下、贈与に関する法律上のポイントと、生前対策としての贈与を考えるうえでのポイントを確認していきましょう。

1. 贈　与

　贈与は、当事者の一方が自己の財産を**無償**で相手方に与える意思を表示し、相手方がこれを受諾することによってその効力を生じます(民549条)。法律上は口約束でも有効に成立するものとされており、必ずしも書面によって行うことは求められていません。

　書面によらない贈与は、履行の終わった部分を除いて、各当事者が撤回することができます（民550条）。

　また、贈与者は、贈与の目的物または権利の瑕疵または不存在について、契約の解除や損害賠償などの担保責任を負いません（民551条）。ただし、それらを知りながら贈与を受ける者に知らせなかった場合には、担保責任を負うことになります。

2. 定期贈与・負担付贈与・死因贈与

　定期贈与とは、贈与する者が定期的に一定の財産を贈与することをいいます。定期贈与は、贈与する者または贈与を受ける者の死亡によって効力を失います（民552条）。

　負担付贈与とは、受贈者に一定の債務を負担させる贈与のことを言います（民553条）。例えば、不動産を贈与する代わりに毎月の生活費の面倒を見てもらうというようなことが考えられます。

　1. の通り、贈与者は原則担保責任を負いませんが、負担付贈与の贈与者は、その負担の限度において、売買における売主と同様の担保責任を負

う点には注意が必要です。

死因贈与とは、「自分が死んだら贈与する」というように、贈与する者の死亡によって効力が生じる贈与のことを言います（民554条）。

3. 死因贈与と遺贈の違い

死因贈与については、その性質に反しない限り、遺贈に関する規定を準用する、とされています（民554条）。

条文上で準用している点や、贈与する者の死亡によって効力を生ずる点、執行者を定めることができる点を見ても、死因贈与と遺贈は共通点が多くあります。 遺贈 P142

大きな違いは、死因贈与はあくまで「贈与」の一種であるため、贈与する者と受ける者が（生前に）**合意**する必要があるのに対し、遺贈は遺言によって遺言者が**一方的**に意思を表示することで足りる点です。

また、遺贈は遺言によって行う必要があるため書面（遺言書）によることが求められますが、死因贈与は必ずしも書面によって行う必要がない点にも違いがあります。

4. 贈与と売買

このテーマでは贈与で財産を移すことを前提としていますが、必要に応じて対価を支払って売買をするということも考えられます。

売買は、当事者の一方（売主）が、ある財産権を相手方に移転することを約し、相手方（買主）がこれに代金を支払うことを約することにより効力を生じます（民555条）。

贈与との大きな違いは、**有償**であるか、**無償**であるか、という点です。

どちらも口約束でも成立しますが、後日の紛争防止のため**書面**によって行うようにしましょう。

生前対策のヒント

1. 贈与税と相続税

「相続税は高い」という漠然としたイメージから、相続税対策という趣旨で贈与を検討される方もいらっしゃいますが、場合によっては、贈与にかかる各種税金のほうが相続時にかかる税金よりも高くなることもあります。実際に贈与をする場合は、贈与時にかかる税金のシミュレーションも忘れないように行うことが大切です。　贈与税の仕組み　P262

2. 紛争防止のための贈与

生前贈与というとどうしても**税金対策**というイメージが先行しますが、**紛争防止**の観点からも有効な手段です。性質上、遺言は遺言の内容が間違いなく実現されたかどうかを本人が確認することはできません。一方、生前贈与であれば、自らの手で贈与を行い、すぐに実現させることができます。生前に本人が贈与することにより、確定的にその時点で財産を移転するので、相続の時点において贈与を受けなかった相続人と贈与を受けた者の間での当該財産をめぐる争いを未然に防ぐことができる可能性は高くなります。

また、生前に有効に贈与を済ませておくことで、相続時の手続きを省くことができるという、**負担軽減**の意味合いもあります。

このように、さまざまな観点から生前贈与は検討しましょう。

3. 贈与と売買

無償で贈与するのではなく、売買によって相当の対価を支払ってもらって不動産や株式などの財産を渡す、ということも考えられます。

自宅の不動産や自社の株式など、どうしても引き継がせたい者がいて、贈与してしまうと莫大な贈与税がかかってしまうという場合は、相当の対価を支払ってもらい、売買によってそれらの所有権を移すということを検討してみてもよいでしょう。

4. 書面によらない贈与・死因贈与の落とし穴

　贈与や死因贈与は、書面によらなくても当事者双方が合意することで契約自体は有効に成立します。しかし、書面によらない贈与や死因贈与について、後日ほかの相続人などから契約の成立について争われた場合、契約の成立を主張・立証できなければ、「契約は成立していなかった」と覆されてしまう可能性もあります。

　こうした問題は贈与や死因贈与に限らず、日常生活のあらゆる場面で想定されます。特に一定の財産やお金が絡むような場合は、「書面を作る必要がないから作らない」とするのではなく、後日の紛争に備えて**契約書などの文書を作成するよう心掛けておきましょう**。

【契約書作成の一般的な留意点】
　５Ｗ１Ｈ（誰が・何を・いつ・どこで・なぜ・どのように）に注意する。
例）● 契約の**当事者**を明確に特定する
　　　……誰と誰の契約なのか、住所・氏名・生年月日などで特定します。
　● 契約の**目的**を明確に特定する
　　　……当事者が契約で何をどのように行うのかをはっきり特定します。
　● **目的物**を明確に特定する
　　　……対象となる物がある場合は、その物を特定します。
　● それぞれの**日付**を明示する
　　　……契約日の前後が争いになる場合もあります。法務局や公証役場で確定日付を付与してもらうことで、「その文書がその日付の時点で存在した」という事実の証明になります。契約書を公正証書で作成してしまう、という方法もありますが、作成日や存在が争いになりそうな場合は、最低限この確定日付を付与してもらうだけでも後日の紛争防止に役立ちます。確定日付の付与にかかる手数料は１件700円です。
　● 当事者の**意思表示**を明確にする
　　　……契約の当事者が署名捺印することで、間違いなく本人が契約に関わったということを明確にします。本人が署名し、実印を押し、印鑑証明書を添付することでより明確になります。公正証書により契約書を作成するという方法もあります。

【贈与契約書サンプル】

贈 与 契 約 書

　贈与者：加藤春男（以下、「甲」という。）と、受贈者：加藤夏子（以下、「乙」という。）は、本日、下記の通り贈与契約を締結する。

第1条　甲は、乙に対し、本日付で下記不動産（以下、「本件不動産」という。）を贈与し、乙はこれを受諾した。

記

　　　　所　　在　　横浜市中区石川町六丁目
　　　　地　　番　　14番14
　　　　地　　目　　宅地
　　　　地　　積　　259.32m²

第2条　甲は、乙に対し、平成26年3月20日までに、本件不動産を引き渡し、所有権移転登記を行う。

第3条　本件不動産に賦課される公租公課については、本件不動産引渡日までを甲の負担、本件不動産引渡日以降を乙の負担とする。

　以上の通り契約が成立したことを証するため本書を2通作成し、甲及び乙が署名捺印し、各1通を保管するものとする。

平成26年3月1日

　贈与者：甲　住　所　横浜市中区石川町六丁目14番14号
　　　　　　　氏　名　加藤　春男　㊞
　受贈者：乙　住　所　横浜市中区石川町六丁目14番14号
　　　　　　　氏　名　加藤　夏子　㊞

5. 公正証書による死因贈与契約と執行者

　死因贈与は、贈与が効力を生じたときには贈与者は亡くなっているという性質上、その有効性をめぐって後日争いになる可能性が特に高いです。

　死因贈与契約を書面にて締結し、公証役場や法務局で**確定日付**をもらうことで、確定日付の時点で書面が存在したことの証明になりますので、契約書作成と併せて行っておいたほうがよいでしょう。

　また、費用はかかってしまいますが、死因贈与契約書自体を公正証書で締結すれば公証人が契約書作成に関与することになりますので、契約書の内容漏れを防止することができます。

　遺言における遺言執行者と同様に、死因贈与契約においても執行者を定めることができます。例えば、死因贈与によって不動産の所有権を移転する際に執行者が定められている場合は、実務上受贈者と執行者の共同申請により登記手続きを行うことが可能になります。このとき、執行者の権限を証する書面として、当該契約が公正証書による場合は公正証書で足りるのに対し、公正証書によらない場合は贈与者の印鑑証明書付の当該契約書または相続人全員の印鑑証明書付の承諾書等が必要になるとされています。公正証書を作成しておくことで相続人の関与が不要になるというのは大きなポイントです。

　なお、執行者が定められていない場合は、贈与者の相続人全員が登記義務者として登記申請に関与しなければなりません。死因贈与契約を締結する際は、公正証書を作成し執行者まで定めておくと、受贈者としては手続きをスムーズに進めることができます。

【死因贈与契約特有の文言サンプル】

> 第○条　本件贈与は、贈与者の死亡を停止条件として効力を生じ、かつ、贈与不動産の所有権は当然に受贈者に移転する。

【死因贈与契約に執行者を定める場合特有の文言サンプル】

> 第○条　贈与者は下記の者を死因贈与の執行者に指定する。
> 　　　　川崎市川崎区宮前町三丁目8番18号
> 　　　　山田　幸一（昭和37年10月9日生）

6. 約束事を確実に実行してもらうための負担付死因贈与

死因贈与の有効な活用方法を確認してみましょう。

死因贈与は贈与する人の死亡によって効力を生じますが、その贈与に負担を付けた贈与を、負担付死因贈与と言います。

「**同居して面倒を見てほしい**」というような希望や、「**死ぬまでの身の回りの世話をしてほしい**」というように、財産を譲る代わりに履行をしてもらいたいことがあるときは、負担を付けて死因贈与契約を結ぶことで、贈与をする者の思いを実現できる可能性は高まります。

負担が履行されない場合は、契約を取り消すこともできます。逆に、負担の全部またはこれに類する程度の履行がなされた場合には、原則として負担付死因贈与契約を取り消すことができなくなる点に注意が必要です。

【負担付贈与契約特有の文言サンプル】

> 第○条　受贈者は、本件贈与を受けることの負担として、贈与者の妻である山田洋子に対し、その生存中、扶養料として金5万円を毎月末日限り山田洋子の指定する口座に振り込む方法により支払う。

遺言を検討している方

テーマ3 遺言事項

重要度 ★★★

Q 遺言でできることを知りたい
相続時に財産をスムーズに引き継いでもらおうと、遺言を検討しています。遺言によってどのようなことができるのでしょうか？

A 遺言によってできることというと、相続分の指定や遺贈などが代表的ですが、それ以外にも遺言によって法的な効力を持たせられる事項はいくつかあり、それぞれ法律で定められています。また、法的な効力を持たせることはできませんが、付言事項という形で遺言事項以外の内容（遺言を残した意図や思いなど）を遺言に残すことができます。遺言事項はもちろんのこと、この付言事項を上手に活用するのも有効な生前対策の1つです。

要点メモ　　遺言事項の確認

●**遺言事項**
法律で定められている事項について、遺言に残すことで法的な効力を持たせることができる。
　　例：相続分の指定・遺贈、遺言執行者の指定・認知など

●**法定外事項・付言事項**
法律で定められていない事項についても、付言事項として遺言に書き残すことは可能。
　　例：遺言を残した意図や思い、相続人に対する願いなど

解説

遺言の制度は、遺言を残した者（遺言者）が死亡した後に、遺言者の意思を尊重し、その意思の実現を保障するために設けられたものです。

遺言は、遺言者の一方的な意思によって効力を生じさせる、相手方のない単独行為で、**遺言者の死亡の時**にその効力が生じます（民985条）。

自分の死後、財産をできるだけ負担なく引き継ぐには**遺言**が有効です。

遺言がない場合に比べて、遺言がある場合は相続に関する手続きの負担が軽くなる場面が多くあります。例えば、不動産の名義変更などにあたって、遺言がない場合は相続人全員による遺産分割が必要となり、原則として全員が遺産分割協議書などに押印をしなければならなくなるのに対し、法律上有効な遺言があれば、そのような遺産分割が原則不要になります。また、取得する戸籍関係の書類についても、遺言がある場合のほうが少なくて済むことが多いです。

1. 遺言事項

遺言によってできる事項（**遺言事項**）は、法律によって定められているものに限定されています。以下、代表的な遺言事項を列挙しておきます。

① 認知（民781条2項）
② 未成年後見人・未成年後見監督人の指定（民839条・848条）※
③ 廃除・廃除の取消し（民893条・894条2項）
④ 祭祀財産の承継者の指定（民897条1項）
⑤ 相続分の指定・指定の委託（民902条）※
⑥ 特別受益の持戻免除（民903条3項）
⑦ 遺産分割方法の指定・指定の委託、遺産分割の禁止（民908条）※
⑧ 遺産分割における相続人相互間の担保責任の定め（民914条）※
⑨ 遺贈（民964条）※

⑩　遺言執行者の指定・指定の委託（民1006条）※
⑪　遺贈の減殺方法の指定（民1034条）※
⑫　財産の拠出（一般社団法人・一般財団法人法158条2項）
⑬　信託の設定（信託法3条2号）
⑭　生命保険金の受取人の変更（保険法44条）
　　※印は遺言でしかできない事項

2. 法定外事項・付言事項

　上記以外の法律で定められていない事項（**法定外事項・付言事項**）でも、公序良俗に反するものを除いて遺言に残すことができます。
　遺言を残した目的や意図、思い、また、法的な効力を持たせることはできなくてもこうして欲しいというような希望、願いなどをメッセージとして遺言に残すことができるのです。どのような思いでそのような遺言を残したのか、遺言に残すことで相続人にその思いを伝えることができます。そして、それらが残された相続人の円満な相続に大きな影響を与えることも少なくありません。また、法的な効力を持たせることができなくても、遺言に残されたメッセージを尊重して相続人全員が協力することによって、その思いを実現させることができる可能性も高まります。
　生前対策の観点から、遺言者の最終の意思の実現、残された方々の精神的な平穏、そして相続人間における円滑で円満な相続手続きの実現のためにも、付言事項にまで心を配った遺言の作成を心掛けるとよいでしょう。

生前対策のヒント

● 気持ちを伝えることで紛争を防止（付言事項の活用）

　法律的に有効な遺言を残すことを考えると、どうしても無機質な遺言になってしまいがちです。もちろん、法律的な要件を最低限押さえるのは大事なことですが、「どうしてこのような内容の遺言を書いたのか」という遺言者の思いを**付言事項**として遺言に加えることで、残される方々の心情にも配慮した円満な相続が実現できる可能性が高まります。

　例えば、相続人の1人に全部または大部分の相続財産を引き継がせる遺言の場合、どうしてそのような遺言を残したのかということが他の相続人に伝わらないと、相続開始後に相続人同士で様々な争い（遺言の有効性の争い、遺留分の主張など）が起こることが想定されます。

　生前に十分にすべての相続人にその思いを伝えたり、付言事項にその思いを残したりすることで、他の相続人が遺言の意図を理解し、結果として無用な争いごとを予防することができるかもしれません。

例）遺言を残した意図を伝えたい場合の付言事項
　　（妻の姪に遺産を残したいとき）

> 　私は、私の亡き後、私の財産の相続をめぐって争いとなったり、問題が生じたりすることがないように願い、○○家の行く末や家族のことなどをよくよく考えて、このような内容の遺言をしました。
> 　私の妻□□の兄の長女である△△は、私と妻の面倒をよく見てくれ、本当に感謝しています。△△は、私の亡き後、妻の面倒を見ることや妻や私の葬儀を行い、弔ってくれることも約束してくれていますので、私は、私亡き後のことはすべて△△に託すこととし、大変迷惑をかけることになるので、できる限りのことをしたいと思い、この遺言をしました。
> 　ですから、他の相続人は、この私の気持ちをよく理解して、この遺言に従ってください。

遺言を検討している方

テーマ 4 遺言能力

重要度 ★★★

Q 母親が軽度の認知症なのですが、遺言を残すことはできますか？

成年被後見人など、判断能力が衰えてしまった者でも遺言を残すことはできるのでしょうか？　また、中学生や高校生など未成年でも有効な遺言を残すことができるのでしょうか？

A 遺言は、年齢的には**15歳以上**であれば残すことができます。また、仮に成年被後見人等であっても、制限はありますが遺言を残すことができます。しかし、あくまで遺言を残す意思能力があることが前提です。つまり、成年被後見人等の制限行為能力者であっても遺言を残すことはできますが、それらの者に遺言を残すことができるだけの能力がなければ遺言を残すことができません。

要点メモ　　未成年者・成年被後見人等の遺言

● 遺言を残すことができる者
　・15歳に達した者

● 遺言を残すことができない者
　・15歳に達しない者
　・遺言を残す意思能力のない者

解説

　遺言は、自分の意思を死後に実現させるための最も有効な手段の1つです。遺言者自身の最終の意思を尊重するため、「遺言を残すことができる人」というのは法的に広く認められています。
　ここで、未成年、成年被後見人等を中心に、遺言を作成することができる者について確認します。

1. 未成年

　未成年であっても、**15歳に達した者**は遺言をすることができます（民961条）。
　未成年であっても、死に臨んだ者の最終の意思をなるべく尊重しようという趣旨から、法律上は15歳に達していれば遺言をすることができるとされています。したがって、高校生であっても、15歳に達した者は有効な遺言を残すことができるのです。

2. 成年被後見人等

　では、成年被後見人や被保佐人、被補助人など、判断能力が衰えてしまった者はどうでしょうか。
　原則として、遺言については、制限行為能力者制度が適用されません（民962条）。**1.** と同様に、遺言者の最終の意思を尊重しようという趣旨からこのような規定になっています。
　したがって、**成年被後見人や被保佐人、被補助人**などの制限行為能力者であっても、後述する遺言能力に留意する必要はありますが、成年後見人や保佐人、補助人それぞれの同意を必要とせず、単独で有効に遺言を残すことができます。また、それぞれの同意がないことを理由に遺言を取り消されることもありません。
　ただし、成年被後見人の遺言には制限があります。

成年被後見人が事理を弁識する能力を一時回復した時において遺言をするには、**医師２人以上の立会い**がなければならず、遺言に立ち会った医師は、遺言者が遺言をする時において精神上の障害により事理を弁識する能力を欠く状態になかった旨を遺言書に付記して、これに署名し、印を押さなければならないとされています。秘密証書による遺言にあっては、その封紙にその旨の記載をし、署名し、印を押さなければならないとされています（民973条）。

　さらに、被後見人が、後見の計算の終了前に、後見人またはその配偶者もしくは直系卑属の利益となるべき遺言をしたときは、その遺言は、無効となります。ただし、直系血族、配偶者または兄弟姉妹が後見人である場合には、適用されません（民966条）。

3．意思能力と行為能力

　このように、未成年や成年被後見人であっても、遺言を残すことが可能です。しかし、遺言者は、遺言をする時においてその能力（**遺言能力**）を有しなければならないとされています（民963条）。

　この規定は、**制限行為能力者**であっても有効な遺言を残すことができますが、遺言をする時において遺言を残すことができるだけの**意思能力**が必要であることを確認する規定です。つまり、仮に制限行為能力者でなくても、遺言をする時において意思能力がなければ、有効な遺言を残すことができないとも言えます。

　高齢者の遺言については、この点で遺言能力の有無について後日争いになることが多く、事案によって裁判所の判断も分かれています。注意しておきましょう。

生前対策のヒント

1. 遺言能力の争いに備えて

「遺言が作成された時に、（遺言を作成した者に）遺言能力があったかどうか」という点は、遺言の有効性が後日争いになる場合の代表的な争点の1つです。せっかく遺言を残しても、相続開始後に裁判でその遺言が無効とされてしまうこともあります。

遺言能力が争いになることがないよう、なるべく早い段階（**遺言を残す意思能力に何らの疑いのない時点**）で遺言を残すのがベストですが、仮に意思能力が低下してきている段階で遺言を残す場合は、公証人が関与する公正証書遺言の方式にしたり、場合によっては複数人の立会いを求めたりするなど、遺言を残した時点で遺言能力があったことの証明となるような材料を少しでも多く残しておいたほうがよいでしょう。

2. 公証人の出張による公正証書遺言作成

公正証書遺言の場合、一般的には公証人のいる公証役場に証人と共に出向いて作成します（このときの公証役場は住所地を管轄する公証役場に限らず、全国どこの公証役場でも構いません）。

しかし、体の自由がききづらくなってしまっているなど、場合によっては公証役場まで出向くことが困難なことがあります。このようなときは、公証人に病院や自宅まで**出張**してもらうこともできます。公証役場に出向く場合よりも費用が多くかかってしまう点、また、出張してもらう場所を管轄する公証人に依頼をしなければならない点に注意が必要ですが、自宅や病院にいながらにして公正証書遺言が作成できるというのは非常に便利です。事情によっては検討してみてもよいでしょう。 公正証書遺言 P130

3. 遺言は遺言者本人が残すもの

専門家として受けた相談や依頼を分析してみると、必ずしも遺言を残したい本人からの相談や依頼ではなく、相続財産を引き継ぎたい者からの相談や依頼も少なくないことに気付きます。

各種資料の取寄せなど、高齢の本人に代わって遺言作成の準備を他人が手伝うこと自体は差し支えないと思いますが、あくまで本人に遺言を作成する能力そして意思があることが大前提です。そして、その能力に基づいて本人が残したいと思う内容を、本人が過不足なく遺言によって伝えることが最も重要です。

本人の要望を受けて遺言作成の準備を手伝う場合は、「**遺言は本人が残すものである**」というポイントを忘れないようにしましょう。

4. 成年被後見人と生前対策

遺言については、遺言を残す意思能力（遺言能力）があれば、一定の制限はありますが、成年被後見人でも有効に残すことができます。しかし、生前贈与であったり売買であったりといった生前対策については、同じようにはいきません。成年後見人が本人（成年被後見人）に代わってこれらの行為を行う、ということになりますが、成年後見人が本人の居住用の不動産を処分（売却、担保設定など）する場合には事前に**家庭裁判所の許可**を要する（民859条の3）など、積極的な財産処分というのは難しくなります。

積極的な生前対策を行うことができる元気なうちに、検討を重ねて対策を取っていくということが重要です。　成年後見制度　P87

5. 知らない相続人が見つかった

相続の手続きのために戸籍を取り寄せて相続関係を確認してみたら、知らない相続人が見つかった、というケースは実は少なくありません。存在は知らされていてもお互いに連絡は取ったことがないというケースも含めると、相続発生後に相続人間でのやり取りがスムーズにできずに困ってしまうケースというのは意外に多いものです。

様々な事情があると思いますが、先妻（先夫）との間に子がいる場合で、生前に今の家族に伝えたり、贈与をしたりすることが難しい場合などは、やはり遺言による相続分の指定や遺贈などを活用して、少しでも残される家族の負担を減らしてあげたいところです。　相続人調査　P36

遺言を検討している方

テーマ 5 自筆証書遺言

重要度 ★★

Q 最も簡単な遺言の書き方と注意点を知りたい

自筆証書遺言とはどのようなものでしょうか？ 有効に自筆証書遺言を残すにはどのような点に注意したらよいでしょうか？

A 遺言を残すことを考えた場合、最も手軽な遺言は**自筆証書遺言**です。自筆証書遺言は、費用をかけず、公証人や証人の関与なく１人で比較的容易に残すことができる反面、法的な要件を満たさず、後日その有効性について争いになってしまう可能性が高い遺言の方法です。加除、訂正の方法も含めて、ひとつひとつのポイントを確認しておくことが大切です。

要点メモ 自筆証書遺言の基本的な要件

- ●**全文、日付および氏名の自書**
    - ・ワープロやパソコンによる印字は無効
    - ・テープやビデオ、DVDによる録音・録画も無効
    - ・日付は具体的な日付が特定できないと無効
- ●**押印**
    - ・実印に限らず、認印や拇印でもOK
- ●**加除訂正方法**
    - ・遺言者が、その場所を指示し、これを変更した旨を付記して特にこれに署名し、かつ、その変更の場所に印を押すことによる

解 説

　自筆証書によって遺言をするには、遺言者が、その**全文、日付および氏名を自書**し、これに**印**を押さなければなりません。そして、自筆証書中の加除その他の変更は、遺言者が、その場所を指示し、これを変更した旨を付記して特にこれに署名し、かつ、その変更の場所に印を押さなければ、その効力を生じないとされています（民968条）。
　以下、それぞれの要件を細かく分けて注意事項を確認したうえで、自筆証書遺言のポイントを押さえましょう。

(1) 自 書

　「自書」とは、遺言者自身が文字を書くことを言います。筆跡によって遺言者自身が書いたものであることが確認でき（偽造・変造の防止）、自書により遺言が本人の真意に基づいて作成されたものであることが確認できるようにするためです。
　自書することが自筆証書遺言の要件となっていますので、パソコンやワープロによる印字では、法的に有効な自筆証書遺言としては認められません。また、テープやビデオ、DVDなどに録音・録画する方法による遺言についても、相続人への思いは伝わるかもしれませんが、法律上は自筆証書遺言とは認められません。逆に、カーボン紙によるカーボン複写の方法による自筆証書遺言については、判例上、自書の方法として有効とされています（最判平5.10.19）。
　また、他人が添え手をして書かれた自筆証書遺言については、判例において添え手をした他人の意思が介入した形跡のないことが、筆跡のうえで判定できる場合には、有効な自書があったものとされています（最判昭62.10.8）。しかし、添え手をした自筆証書遺言は後日争いになる可能性が高くなってしまいますので、自筆証書遺言は身体に自由がきく間に残しておきたいところです。添え手をしないといけないような場合は、公正証書遺言による方法を検討しましょう。　公正証書遺言　P130

(2) 日付

日付の記載は、遺言が成立した時期を特定し、その時点での遺言能力の有無や、複数の遺言が存在する場合の先後を特定するために必要とされています。ただし、必ずしも具体的な特定の日付が記載される必要はなく、例えば、「60歳の誕生日」というような記載でも客観的に具体的な日付が特定できるので問題ありません。

ただし、年月のみ記載があって日付の記載がない場合は、日付の記載を欠き無効とされ（最判昭52.11.29）、また、年月の記載の後に「吉日」と記載されている場合も、特定の日を指すものとは言えず、同じく日付の記載を欠くものとして無効とされています（最判昭54.5.31）。遺言を残す際には、遺言を書いた日付を正確に記載するようにしましょう。

(3) 氏名

遺言者を特定するために当然必要とされています。しかし、遺言者が特定できるのであれば、戸籍上の氏名でなく、ペンネームや芸名、雅号などでもよいとされており、「親治郎兵衛」という名のみの表示でも有効とされたことがあります（大判大4.7.3）。しかし、円滑で円満な相続のためには争いのもとになるような表記は避け、戸籍上の氏名を記載したほうがよいでしょう。

(4) 押印

押印は、間違いなく遺言者自身の意思で遺言が書かれたことと、文書の作成が完結したことを示すために必要とされています。ここでの押印は、必ずしも実印（役所に登録した印鑑）である必要はなく、認印でも構いませんし拇印でも問題ないとされています。

また、遺言書が複数枚に及んでいる場合、契印（割印）がなくても、全体として一通の遺言書として作成されたものであることが確認できるならば、そのうちの一枚に、日付、署名、捺印がされていれば有効であるとされています（最判昭36.6.22）。

さらに、遺言書自体に押印がなかった場合で、遺言書本文が入れられた

封筒の封じ目の押印をもって自筆証書遺言の押印として足りるとした判例があります（最判平6.6.24）。ただし、書面と封筒が一体のものとして作成されたと認めることができなければなりません。

　後日遺言が無効とされてしまうことがないよう、遺言書には確実に押印し、複数枚に及んだ場合には、契印をしておくようにしましょう。

(5) 加除訂正

　他人が遺言を変造してしまうことがないよう、加除訂正の方法も厳格に規定されています。加除その他の変更は、遺言者が、その場所を提示し、変更した旨を付記して特にこれに署名し、変更の場所に印を押さなければならないとされています。一般的な文書の加除訂正方法とは違い、訂正箇所に押印するだけでは足りず、署名も要するなど要件が厳格である点に注意が必要です。

【加除訂正の例】

```
　　　　　　遺　言　書

　　　　　　　　　　　　　花江㊞
　第1条　遺言者は遺言者の全財産を妻である花子に　　本行2字削除
　　相続させる。　　　　　　　　　　　　　　　　　2字加入
　　　　　　　　　　　　　　　　　　　　　　　　　山田太郎

　　　　　　　　　平成25年1月1日
　　　　　　　　　遺言者　山田太郎　㊞
```

生前対策のヒント

1. 確実な遺言を残すことの重要性

　それぞれの要件について代表的な判例の要旨をこれまで確認してきましたが、生前対策という観点から考えるのであれば、なるべく後日争いになる可能性が高くなってしまうような遺言の残し方は避けるべきです。せっかく生前対策のために遺言を残したにも関わらず、後日遺言の有効性自体が争いになってしまうと、場合によっては遺言を残した意味がなくなってしまいます。

　例えば、自筆証書遺言なのに、要件の1つである押印がなければ遺言としては無効となってしまいます。そうすると、遺言がないものとして、原則として相続人は全員で遺産分割を行わなければならなくなります。相続が開始した後に遺言の有効性が争いになってしまうことのないよう、それぞれの要件をしっかり確認して遺言を作成し、後日の争いを予防しましょう。

2. 独立した遺言を作成する必要性（共同遺言の禁止）

　夫婦や親子が生前対策について学び、同じ時期に遺言を残すというのはもちろん問題ありませんが、2人以上の者が同一の証書で遺言を残すことはできないとされています（民975条）。それぞれの者が独立した遺言を作成する必要があるのです。

　お互いに遺産を残し合うというような内容の遺言であっても、同一の証書で行うことはできませんので、注意しておきましょう。

3. 加除訂正の難しさ

　自筆証書遺言については、本人でない者の加筆や修正を避けるため、加除訂正の方法が細かく規定されています。1～2か所程度の間違いならよいですが、加除訂正箇所が多くなってしまった場合や加除訂正の箇所が遺言の中でも重要な要素の部分である場合は、改めて最初から書き直してしまったほうがよいでしょう。

4. 遺言から死因贈与への転用

自書や日付の記載など、自筆証書遺言としての要件を満たしておらず、遺言としては無効とされてしまうものでも、死因贈与としては有効と判断される場合もあります。ただし、そのようなケースでは、遺言で指定を受けた者とそうでない者との間でその有効性などについて争いになる可能性は高いので、自筆証書遺言の方式には細心の注意を払うようにしましょう。

5. 遺言書の保管方法

せっかく遺言を残しても、**相続開始後に遺言を見つけてもらうこと**ができなければ仕方ありません。自宅の金庫や戸棚に保管する、貸金庫に保管する、信頼できる人に託すなどの方法がありますが、自らの相続開始後に遺言をすぐに見つけてもらえるように、あらかじめ準備しておきましょう。

【自筆証書遺言のサンプル】

遺言書

遺言者である小川正夫は、この遺言書により、次の通り遺言する。
1. 遺言者は遺言者の所有する下記の不動産を妻小川正子（昭和14年6月6日生）に相続させる。
   (1) 土地
       所在　東京都品川区大崎七丁目
       地番　8番9
       地目　宅地
       地積　179.25㎡
2. 遺言者は遺言者の所有する下記の預金全部を長女小川花子の長男小川幸一（平成元年2月19日生）に遺贈する。
   (1)大崎信用金庫　普通預金　口座番号7126354
       品川支店
       この行
       2字削除
       4字加入
       小川正夫
3. 遺言者はこの遺言の遺言執行者として下記の者を指定する。
   東京都品川区中延七丁目7番7号　司法書士　山野幸男
                          昭和50年10月10日生

平成26年1月15日
　　東京都品川区大崎七丁目8番9号　遺言者　小川　正夫 ㊞

※ 人（財産を取得する者や遺言執行者）やモノ（不動産については、登記簿上の記載を確認、預貯金については支店名や種別、口座番号など）についてはしっかりと特定し、意思表示（誰に何をどうしたいか）はあいまいな表現は避けて明確にしましょう。

それぞれについて特定方法が不十分な場合、相続手続きの際に遺言が存在することによるメリットを受けられないことがあります。

> 遺言を検討している方

テーマ 6　公正証書遺言

重要度 ★★★

Q 最も確実な遺言の方法と注意点を知りたい

公正証書遺言とはどのようなものでしょうか？　有効に公正証書遺言を残すにはどのような点に注意したらよいでしょうか？

A **公正証書遺言**とは、法務大臣に任命された**公証人**が作成に関与する遺言の方式です。公証人は公証役場で執務しています。自筆証書遺言に比べると、作成に費用はかかってしまいますが、生前対策のための遺言作成という点においては、公正証書遺言が最も安心できる遺言の作成方法です。公証人が介在することで、法的に問題のある遺言が残ってしまうことを未然に防ぐことができ、公証役場に原本が保管されるので偽造や破棄の恐れもありません。

要点メモ　　　　**公正証書遺言とは**

●基本的な要件
・証人2人以上の立会い
・公証人による手続き

●公正証書遺言作成の流れ

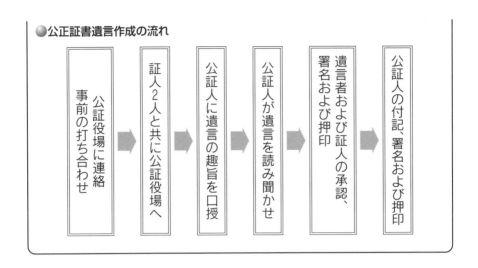

解説

　公正証書遺言は、公証役場で執務する公証人が作成に関与する遺言の方式です。
　遺言を活用しての生前対策という意味では、最も安心できる方法と言えます。公正証書遺言の作成方法を解説すると共に、生前対策として活用するうえでのポイントを確認していきましょう。

1. 公正証書遺言の要件と手続きの流れ

　公正証書によって遺言をするには、次に掲げる方式に従わなければなりません（民969条）。

(1) 証人2人以上の立会い

　公正証書遺言の作成においては、**2人以上の証人の立会い**が要件となっています。
　証人について、弁護士などの資格は求められていませんが、未成年者や推定相続人および受遺者ならびにその配偶者および直系血族、公証人の配

偶者、四親等内の親族、書記および使用人は証人になることはできません（民974条）。

(2) 遺言者が口授すること

口授とは、直接口頭で伝えることです。実務上の運用では、あらかじめ遺言者が作成した下書きを公証人に渡し、公証人がそれに基づいて文書を整え、その後に遺言者による口授を受け、それが書面と一致していることを確認するなど、法定の順序と異なる流れによることもあります。

判例においても、たとえ順序の変更があっても全体として方式を踏んでいるならば、遺言は有効であるとしています（最判昭43.12.20）。

(3) 公証人による筆記・読み聞かせ、または閲覧させること

公証人による筆記については、遺言者の口授をそのまま書き写す必要はなく、遺言の趣旨が明確に記載されていればよいとされています。筆記した内容を遺言者に読み聞かせ、または閲覧させることで内容に間違いがないか確認します。

(4) 遺言者および証人の承認・署名・押印

遺言者および証人は、筆記の正確なことを承認した後、各自がこれに署名し、押印しなければならないとされています。

遺言者が署名することができない場合は、公証人がその事由を付記して、署名に代えることができます。証人については、必ず署名・押印をする必要があります。

(5) 公証人の付記・署名・押印

最後に、公証人が上記の方式に従って遺言が作成されたことを付記し、署名、押印します。これをもって公正証書遺言の作成は完結します。

2. 聴覚・言語機能障害者の特則

口がきけない者が公正証書遺言をする場合には、口授に代えて、遺言の趣旨を通訳人の通訳または自書により伝えることができること、遺言者または証人が耳の聞こえない者であるときは、通訳人の通訳により伝えるこ

とで、公証人の読み聞かせに代えることができる旨が定められています(民969条の2)。

3. 公正証書遺言作成にあたって必要な資料

公正証書遺言を作成するにあたっては、一般的に以下のような書類の準備が求められます（他の情報の提示が求められる場合もあります）。
・遺言者本人の印鑑証明書
・遺言者と相続人との続柄のわかる戸籍謄本等
・財産を受ける者が相続人以外の場合はその者の住民票の写し等
・登記事項証明書・固定資産評価証明書または固定資産税・都市計画税納税通知書中の課税明細書（不動産がある場合）
・金融機関名・口座番号等を特定できるメモなど（預貯金がある場合）
・証人予定者の名前・住所・生年月日・職業をメモしたものなど

4. 公正証書遺言作成にかかる基本手数料

目的の価額	手数料
～100万円まで	5,000円
100万円超～200万円まで	7,000円
200万円超～500万円まで	11,000円
500万円超～1,000万円まで	17,000円
1,000万円超～3,000万円まで	23,000円
3,000万円超～5,000万円まで	29,000円
5,000万円超～1億円まで	43,000円
1億円超～3億円まで	43,000円に5,000万円ごとに13,000円を加算
3億円超～10億円まで	95,000円に5,000万円ごとに11,000円を加算
10億円超～	249,000円に5,000万円ごとに8,000円を加算

公正証書遺言の作成手数料は、遺言により相続させまたは遺贈する財産の価額を目的価額（不動産は固定資産評価額）として計算します。

遺言は、相続人・受遺者ごとに別個の法律行為として扱われます。したがって、各相続人・各受遺者ごとに、相続させまたは遺贈する財産の価額により目的価額を算出し、それぞれの手数料を算定し、その合計額がその証書の手数料の額となります。

　なお、全体の財産が1億円以下のときは、遺言加算として1万1,000円が加算されます。

　公証人が出張して公正証書遺言を作成する場合の手数料は、遺言加算を除いた目的価額による手数料額の1.5倍が基本手数料となり、これに、遺言加算手数料を加えます。この他に、旅費（実費）、日当（1日2万円、4時間まで1万円）が必要になります。

生前対策のヒント

1. 余裕をもった準備

　遺言を残す人の思いを安全に伝えるという観点から見ると、公正証書遺言による方法が最も信頼できる方法と言えます。実際に公正証書遺言を作成する場合は、基本的に各種資料（戸籍謄本など相続関係を証する資料、通帳の写しなど相続財産を証する資料など）の収集を求められますので、時間に余裕を持って準備するようにしましょう。

　公正証書遺言作成の準備に時間がかかってしまう場合は、取り急ぎ自筆証書遺言の方法によって遺言を残しておき、万が一、公正証書遺言の作成が間に合わなかった場合に備えるという方法もあります。事情によっては検討してみてもよいでしょう。

2. 公証人は法律のプロフェッショナル

　公証人は、裁判官・検察官・弁護士・法務局長など長年法律実務に携わった者の中から任命されます。公証人は法律のプロフェッショナルと言えます。公正証書遺言作成にあたり、遺言の内容が固まっているが、具体的な表現・

文言がわからないというような場合などは公証人に相談してみるとよいでしょう。

3. 公正証書遺言検索システム

昭和64年1月1日以後に公正証書で作成された遺言は日本公証人連合会でデータベース化され、全国の公証人が確認できるようになっています。遺言者が生きている間は**遺言者のみ**が照会・閲覧・謄本請求を行うことができます。遺言者が死亡した後は、**相続人等の利害関係人**が戸籍謄本や本人確認資料を提出することで照会・閲覧・謄本請求ができます。

公正証書遺言であれば、どこの公証役場で作成されたものでもデータベース化されていますので、容易に検索できます。これも公正証書遺言のメリットの1つと言えます。なお、閲覧や謄本の請求は実際に遺言が保管されている公証役場に対して行います。

4. 誰を証人に？

法律上、未成年者や推定相続人および受遺者ならびにその配偶者および直系血族は証人になることはできません。証人は公正証書遺言作成に立ち会いますので、結果的に遺言の内容を知ることになります。信頼できる人に依頼をするようにしましょう。例えば、生前対策について相談をしている専門家がいれば、その専門家に依頼するのもよいでしょう。また、公証役場によっては証人を紹介してもらえることがあります。証人になる人が見つからない場合は確認してみてください。

5. 作成する公証役場

公正証書遺言を作成したい場合、作成したい者が公証人のいる公証役場に出向く方法によるのが一般的です。この場合、公証役場の管轄に制限はなく、全国どこの公証役場に出向いてもよいとされています。

また、公証役場に出向くことができない場合など、公証人に自宅や病院へ出張してもらうことができます。ただし、この場合は、公証人法の規定により、出張してもらう先を管轄する法務局の管轄区域内の公証人に依頼をしなければならないものとされています。

遺言を検討している方

テーマ7 秘密証書遺言

重要度 ★★

Q 誰にも知られずに遺言を残したいとき
秘密証書遺言とはどのようなものでしょうか？ 有効に秘密証書遺言を残すにはどのような点に注意したらよいでしょうか？

A 自筆証書遺言による方法でも誰にも知られずに遺言を残すことができますが、他の者にその内容を知られずに遺言を残す方法がもう一つあります。**秘密証書遺言**の方法です。自筆証書遺言や公正証書遺言に比べると、利用されるケースは少ないですが、自筆証書遺言とは違い、全文を手書きによって作成する必要はないという秘密証書遺言特有のメリットもあります。

逆に、遺言の内容については公証人が関与しませんので、自筆証書遺言と同様、法律的に問題のある遺言が残されてしまう可能性があります。

要点メモ　秘密証書遺言の基本的な要件

- 遺言者の署名、押印（本文はパソコン入力でもOK）
- 遺言者の封印
- 公証人1名および証人2名以上の前での申述・公証人がその証書を提出した日付および遺言者の申述を封紙に記載し、遺言者および証人が署名、押印

解説

　秘密証書遺言は、内容を誰にも知られずに済むという自筆証書遺言のメリットと、公証人や証人が介在することで間違いなく遺言者本人が書いた遺言書であることが確認されるという公正証書遺言のメリットを兼ね合わせた遺言の方式です。秘密証書遺言によって遺言をするには、次に掲げる方式に従わなければなりません（民970条）。

(1) 遺言者の署名・押印

　遺言者は、証書に署名・押印する必要があります。ただし、文言自体は自筆でなくても問題ありません。また、遺言者自身が日付を記載することも要件にはされていません。最終的に公証人が日付を封紙に記載することで、日付は特定できるからです。例えば、全文はパソコンなどで入力したものをプリントアウトし、自筆での署名と印を押せば、秘密証書遺言としての要件は満たすことになります。

(2) 遺言者の封印

　遺言者は、遺言書を封筒に入れ、証書に押した印鑑と同じ印鑑を、封をした箇所に押印する必要があります。

(3) 公証人および証人の関与

　遺言者は、**公証人1人および証人2人以上**の前に封書を提出して、自己の遺言書である旨ならびにその筆者の氏名および住所を申述しなければなりません。公証人および証人の関与が求められています。

(4) 公証人の署名・押印

　最後に公証人が、その証書を提出した日付および遺言者の申述を封紙に記載した後、遺言者および証人と共にこれに署名し、押印します。

　また、加除訂正の方法は、自筆証書遺言における加除訂正の方法を準用するとしています。 加除訂正 P127

生前対策のヒント

1. 自筆証書遺言への転換

秘密証書遺言としての方式を欠いていても、自筆証書遺言としての方式を具備しているときは、自筆証書遺言としてその効力を有するとされています（民971条）。自筆であることが求められていない点が秘密証書遺言のメリットの1つですが、万が一に備えて、すべて自筆しておくというのもリスク対策としては有効な選択肢かもしれません。 自筆証書遺言 P124

2. メリットを生かした活用方法

公証人および証人2人以上の関与は必要になりますが、内容を知られずに遺言を残すことができる点や、全文を自書する必要がない点など、秘密証書遺言特有のメリットもあります。

それぞれの遺言のメリット・デメリットを把握したうえで、事案に応じて最適な方法で遺言を作成しましょう。 自筆証書遺言 P124 公正証書遺言 P130

【それぞれの遺言方法のメリット・デメリット】

	自筆証書遺言	公正証書遺言	秘密証書遺言
メリット	・1人で作成できるため、気軽に作成できる。 ・内容を誰にも知られない。 ・費用がかからない。	・遺言の内容や様式に不備が生じる可能性が低い。 ・偽造・変造・破棄の恐れがない。 ・検認が不要。	・内容を誰にも知られない。 ・全文を自筆する必要がない。
デメリット	・偽造・変造・破棄の恐れがある。 ・内容や様式に不備が生じる可能性が高い。	・公証人手数料がかかる。 ・準備に時間がかかる。 ・証人が必要。 ・内容を知られる。	・公証人手数料がかかる。 ・内容や様式に不備が生じる可能性が高い。 ・証人が必要。

遺言を検討している方

テーマ 8 特別の方式による遺言

重要度 ★★

Q 緊急の場面で遺言を残すとき
自筆証書遺言、公正証書遺言、秘密証書遺言以外に遺言の方法はあるのでしょうか？ それらの遺言はどのような場面で利用できるのでしょうか？

A ここまでで説明した自筆証書遺言、公正証書遺言、秘密証書遺言という3つの普通方式の遺言以外に、特別な方式による遺言（**特別方式遺言**）が認められる場合があります。特別方式遺言は、死亡が危急に迫っているなどやむを得ない状況においてのみ認められる例外的な遺言方法です。

要点メモ 特別方式の遺言

特別方式遺言		
遺言の種類	定　義	代表的な要件
死亡危急者遺言	疾病などにより死亡の危急に迫った者	証人3人以上の立会い 裁判所の**確認**
船舶遭難者遺言	船舶遭難により死亡の危急に迫った者	証人2人以上の立会い 裁判所の**確認**
伝染病隔離者遺言	行政処分により交通を断たれた場所にある者	警察官1人および証人1人以上の立会い
在船者遺言	船舶中にある者	船長または事務員1人および証人2人以上の立会い

139

解 説

　自筆証書遺言、公正証書遺言、秘密証書遺言という3つの遺言の方式(普通方式)についてここまで説明しました。

　基本的には上記3つのいずれかの方法で遺言を残すことになりますが、特別な事情があって普通方式で遺言を残すことが困難な場合があります。そのような方のための特別な方式による遺言の方式（特別方式遺言）が、法律で認められています。以下、簡単に確認しておきます。

1. 特別方式遺言の要件

(1) 死亡危急者遺言

　疾病その他の事由によって死亡の危急に迫った者が遺言をしようとするときは、証人3人以上の立会いをもって、その1人に遺言の趣旨を口授して、遺言をすることができます。この場合には、その口授を受けた者がこれを筆記して、遺言者および他の証人に読み聞かせ、または閲覧させ、各証人がその筆記の正確なことを承認した後、署名し、印を押さなければなりません（民976条1項）。

　死亡危急者遺言については、作成した遺言書を、遺言の日から20日以内に、証人の1人または利害関係人から家庭裁判所に請求してその**確認**を得なければ、効力を生じません（民976条4項）。

(2) 船舶遭難者遺言

　船舶で遭難した場合に、船舶の中で死亡の危急に迫った者が遺言をしようとするときは、証人2人以上の立会いをもって口頭で遺言をすることができます。そして、証人は、その趣旨を筆記して、これに署名し、印を押します（民979条）。

　証人の1人または利害関係人は遅滞なく家庭裁判所に請求してその**確認**を受けなければ、遺言の効力は失われます。

(3) 伝染病隔離者遺言

　伝染病などのため行政処分によって交通を断たれた場所にある者は、警察官１人および証人１人以上の立会いで遺言を作ることができます（民977条）。

　遺言者・筆者・立会人・証人が各自遺言書に署名・押印する必要があります（民980条）。

(4) 在船者遺言

　船舶中にある者は、船長または事務員１人および証人２人以上の立会いで遺言を作ることができます（民978条）。

　上記 **(3)** と同様、遺言者・筆者・立会人・証人が各自遺言書に署名・押印する必要があります（民980条）。

生前対策のヒント

1. 状況を脱したら、すみやかに普通方式の遺言を

　特別方式遺言は、あくまで緊急の場合に認められる例外的な遺言方法です。普通の方式で遺言ができるようになった時から**６か月で効力を失ってしまいます**（民983条）。６か月を経過する前に公正証書遺言や自筆証書遺言など普通方式の遺言を改めて書き直すようにしましょう。

2. 特別方式遺言を使わなくて済むよう準備を

　特別方式による遺言の方法が認められているとはいえ、緊急時に遺言を残すというのは困難であるということに変わりはありません。万が一のための知識として確認するだけにしておきましょう。生前対策としての遺言は、余裕をもって設計していくことが大切です。

相続人以外の者に財産を残したい方

テーマ9 遺贈

重要度 ★★

相続人ではない者に財産を残したい
相続人ではない者に財産を引き継がせたい場合、どのような方法があるでしょうか。

まず、贈与（死因贈与）や売買によって生前に財産を移す方法が考えられます。 生前贈与　P107

それ以外の方法としては**遺贈**による承継があります。

要点メモ　遺贈とは

遺贈とは、遺言によって相続財産を無償で譲与すること。

遺贈は、相続人に対しても行うことができるが、実務上は相続人以外の者に遺言で財産を承継させたい場合に用いるのが一般的。

遺贈には特定遺贈と包括遺贈の2種類がある。

- ●特定遺贈……「○○の土地」というように遺贈する財産を特定
- ●包括遺贈……「全財産の2分の1」というように割合を示す

解説

相続人ではない者に、自らの死後に財産を引き継がせる方法として、最も一般的なのが遺贈による方法です。

1. 遺贈

遺言者は、包括または特定の名義で、その財産の全部または一部を処分（遺贈）することができます（民964条）。相続人以外の者に対しても行うことができますので、相続権のない子の配偶者や内縁の配偶者、代襲相続しない孫などに財産を承継させたい場合に用いられます。遺贈の相手方は個人である必要はありませんので、法人に対して遺贈をすることもできます。

遺贈には、特定の遺産を譲与する特定遺贈と、遺産の全部または何分の1というような割合で遺産を譲与する包括遺贈の方法があります。

死亡に伴って財産を引き継がせるという点で、死因贈与と類似の効果を持たせることになります。 死因贈与 P108

2. 特定遺贈と包括遺贈の違い

特定遺贈とは、「○○の土地を遺贈する」というような、特定の財産を譲与する遺贈です。**包括遺贈**とは、「全財産の2分の1を遺贈する」というように、遺産の全部または割合を示した遺贈です。

特定遺贈を受けた者（特定受遺者）は、遺贈の効力発生後、遺贈義務者（相続人など）に意思表示することで、いつでも遺贈の放棄をすることができます（民986条）。

ただし、一度、承認または放棄をした場合は、それを撤回することはできません（民989条）。

これに対して包括遺贈を受けた者（包括受遺者）は、相続人と同一の権利義務を有することになりますので（民990条）、相続人と同じ資格で遺産分割に参加することができ、包括遺贈の割合と同じ割合で遺言者の債務を負担することになります。 遺産分割 P54

また、相続の承認や放棄、遺産分割などの相続人についての規定も適用されることになります。つまり、自己のために遺贈があったことを知ったときから3か月以内でなければ、包括受遺者は遺贈の放棄または限定承認をすることができません。 相続放棄 P77

3. 相続させる旨の遺言

遺言によって特定の相続人に財産を承継させたい場合には、「○○に相続させる」という遺言を残す方法が一般的になっています。

このような**相続させる旨の遺言**の性質について、判例では遺産分割方法の指定であることを前提に、相続の開始と同時に相続財産の権利がその特定の相続人に移転するものとしています（最判平3.4.19他）。

4. 遺贈と相続させる旨の遺言の違い

遺贈と相続させる旨の遺言にはいくつかの違いがあります。

① 相続させる旨の遺言の場合、不動産の所有権移転登記手続きの際に、基本的には相続させると指定された相続人が単独で手続きを行うことができます。しかし遺贈の場合、受遺者は、遺言執行者が指定されている場合は遺言執行者と、指定されていない場合は相続人全員と共同して手続きを行う必要があります。 遺言執行者 P157

② 同じく不動産の所有権移転登記の際の登録免許税が、相続人に相続させる旨の遺言の場合は不動産の価額の1000分の4の税率であるのに対し、相続人以外の者への遺贈の場合は、不動産の価額の1000分の20という税率になります。

生前対策のヒント

1. 負担付遺贈を活用するメリット

遺贈によって財産を譲与するのと引き換えに、遺贈を受ける者（受遺者）に一定の義務を負わせるのが**負担付遺贈**です。

例えば高齢の配偶者が心配な場合、信頼できる第三者に対し、配偶者に毎月生活費を渡したり、身の回りの面倒を見てもらったりするのを負担として遺産の全部または一部を遺贈する、というのが代表的な活用方法です。

2. ペットの面倒を見ることを託したい

　負担付遺贈の活用方法として最近注目を集めているのが、自分の死後の**ペットのための遺贈**です。

　本人にとってペットが家族同様、ときに家族以上の存在になることがありますが、犬や猫などかわいがっていたペットに財産を残すことはできるのでしょうか。遺贈は個人・法人を問わず行うことができますが、ペットに対して直接遺贈するということはできません。

　この場合、信頼できる人にペットの世話をお願いすることと併せて遺贈をするという方法（負担付遺贈）によって、その思いを実現することができます。上記**1.** と同様、ペットの面倒を見てもらいたいときにも負担付遺贈を活用してみてはいかがでしょうか。

【負担付遺贈のサンプル】

> 　第○条　遺言者は、遺言者の孫（長男田中正樹の長女）である田中聖子（昭和48年３月31日生：札幌市中央区旭ヶ丘七丁目２番３号在住）に対し、現金300万円を遺贈する。
> 　第○条　前条の遺贈の受遺者である田中聖子は、遺贈を受けることの負担として、遺言者の愛犬チョビ（トイプードル）を引き取り大切に飼育するものとする。また、チョビの死後は、相当な方法でチョビを埋葬するものとする。

3. 遺贈と死因贈与の使い分け

　遺贈は遺言によって遺言者が単独で行い、死因贈与は生前に本人（贈与者）と贈与を受ける者の間の契約を行う点などの違いはありますが、どちらも自らの死後に効力を生じさせるものであるという点で共通します。

　それぞれにメリットがあり、一概にどれを選択したほうがよいとは言えません。死因贈与の場合、不動産について所有権移転仮登記をしておくことができますので、贈与を受ける者にとっては死因贈与のほうが安心と言えます。相続人以外の者に財産を引き継がせたい場合でどの方法も選択できる状況の

ときは、財産を引き継がせたい者との関係や他の相続人の状況、財産の種類など、様々な角度から検討を加え、判断しましょう。 死因贈与 P108

【遺贈と死因贈与の比較】

	遺 贈	死因贈与
成 立	遺言による単独行為	贈与者と受贈者の契約
形 式	必ず遺言による	口頭でも可
効力発生	遺言者の死亡	贈与者の死亡
税 金	相続税	相続税

4. 願い事を確実に実行してもらうために

2.でペットのための負担付遺贈について触れましたが、遺贈は放棄できるという性質上、託したい願い事が放棄によって果たされない可能性が残ってしまいます。願い事を託すために負担付遺贈を検討する際は、あらかじめ受遺者に承諾を得ておくことが大切です。

あるいは、遺贈ではなく、信頼できる方との間で負担付死因贈与契約を締結するのもよいでしょう。

条件が成就したら遺贈する、もしくは、条件が成就したら遺贈の効力を失うという条件付遺贈の方法もあります。

5. 遺留分への配慮

遺贈や相続させる旨の遺言によって、財産の承継方法を生前に自由に定めることができます。ただし、遺留分に関する規定には配慮する必要があります。特定の相続人のみに財産を承継させる遺贈や相続させる旨の遺言に対しては、他の相続人（兄弟姉妹は除く。兄弟姉妹には遺留分がないため）から遺留分減殺請求が行われる可能性があります。遺留分のことにも考慮しながら、承継方法を検討しましょう。 遺留分 P47

遺言を検討している方

テーマ 10 検 認

重要度 ★★

Q 遺言があればすぐに相続手続きができますか？
金庫から自筆証書遺言が見つかりました。これを銀行に持っていけばすぐに相続の手続きができるのでしょうか？

A 相続発生後、公正証書遺言以外の遺言書に基づいて各種手続きを行う場合、家庭裁判所での**検認**の手続きが必要になります。検認が遺言成立の要件となるわけではありませんが、検認がないと遺言に基づいて預貯金の相続手続きや不動産の名義変更手続きなどを進めることができません。

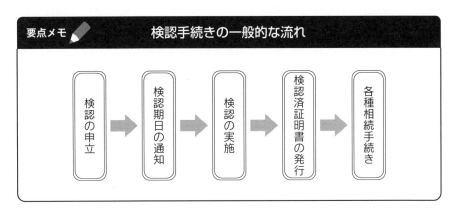

要点メモ　検認手続きの一般的な流れ

検認の申立 → 検認期日の通知 → 検認の実施 → 検認済証明書の発行 → 各種相続手続き

解 説

検認とはどのようなものなのか、検認をするためにどのような作業が必要になるのか確認しましょう。

1. 検認とは

公正証書遺言以外の遺言書の保管者は、相続の開始を知った後、遅滞なく、これを**家庭裁判所**に提出して、その**検認**を請求しなければなりません。遺言書の保管者がない場合において、相続人が遺言書を発見した後も同様です。また、封印のある遺言書は、家庭裁判所において相続人またはその代理人の立会いがなければ、開封することができません（民1004条）。

家庭裁判所以外の場所で勝手に遺言を開封した者は、5万円以下の過料に処せられます（民1005条）。

公正証書遺言については検認の必要はありませんが、それ以外の遺言についてはすべてこの検認という手続きが義務付けられています。

検認は、遺言書の現在の状況を確認することで、遺言書の偽造・変造を防ぐことと、遺言書の存在と内容を相続人に知らせるために必要とされています。

検認は、あくまで現在の状況を確認するという証拠保全的な手続きに過ぎず、手続きの中で内容の相当性や効力等について判断がされるわけではありません。つまり、検認によって遺言の有効性が判断されるわけではなく、遺言が真正に成立したことが推定されるわけではないという点に注意が必要です。

相続発生後に遺言書に基づいて不動産の名義変更や預貯金の相続手続きなど各種の相続手続きを進めるためには、その前提として検認の手続きが完了していること、加えて法的に有効に成立した遺言書であることが求められます。検認の手続きと併せて、遺言の形式や内容の有効性も確認するようにしましょう。

2. 遺言書検認の申立方法

申立人	遺言書の保管者、遺言書を発見した相続人
申立先	遺言者の最後の住所地の家庭裁判所

申立に必要な費用	収入印紙800円分、 連絡用の郵便切手
申立に必要な書類	申立書、 相続人全員の戸籍謄本、被相続人の相続関係を証する戸籍、除籍、改製原戸籍謄本など

生前対策のヒント

1. 公正証書遺言は検認手続きが不要

検認の申立の際には相続関係が特定できる戸籍謄本などの提出が求められます。また、手続きの中で相続人全員に対して検認期日が通知されます。公正証書遺言の場合のみ、これらの検認手続きが不要になります。この点も公正証書遺言の大きなメリットの1つと言えます。　公正証書遺言　P130

2. 過料に注意

家庭裁判所以外で遺言書を開封してしまった場合と同様に、遺言書の保管者や発見した相続人が家庭裁判所に遺言書を提出しなかった場合や、検認手続きを経ないで遺言を執行した場合も5万円以下の過料に処せられます。

遺言書を入れた封筒に、次のような注意書きを残してあげると親切です。

遺言を検討している方

テーマ 11 遺贈の無効・予備的遺言

重要度 ★★

遺言で指定した者が先に死亡した場合はどうなりますか？

特定の者に相続させる旨の遺言について、その特定の者が遺言者よりも先に死亡した場合、相続財産はどうなるのでしょうか？

特定の者に遺贈または相続させる旨の遺言を残していて、先にその特定した者が死亡してしまった場合、この相続財産は当然にその特定の者の子が代わりに相続できるということにはなりません。

遺言によって指定した者が先に死亡してしまうことも想定した遺言（**予備的遺言**）を作成しておくと安心です。

要点メモ　遺言で指定した者が先に死亡したとき

● **遺　贈**
　受遺者が先に死亡　→　効力を生じない
● **相続させる旨の遺言**
　指定した者が先に死亡　→　効力を生じない

解説

遺言によって特定の者に相続財産を譲る代表的な方法として、遺贈と相続させる旨の遺言があります。遺贈とは、遺言によって遺言者の財産を無

償で譲ることを言います。実務上の運用としては、一般的に遺言によって相続人以外の者に無償で財産を譲りたいときに用いられます。相続人に対して財産を譲りたいときは、通常は**「相続させる」旨の遺言**によって行われます。 遺言事項 P115

遺贈の場合、遺言者の死亡以前に受遺者が死亡したときは、その効力を生じないとされています（民994条）。その場合、受遺者が受けるべきであった遺産は、遺言者がその遺言で別段の意思を表示したときを除いて、**遺言者の相続人**に帰属するものとされています（民995条）。**受遺者の相続人**が相続するわけではないことに注意が必要です。

また、特定の遺産を特定の相続人に**「相続させる」旨の遺言**については、最高裁において、「相続させる」旨の遺言は、当該遺言により遺産を相続させるものとされた推定相続人が遺言者の死亡以前に死亡した場合は、遺言者が代襲者等に遺産を相続させる旨の意思を有していたとみるべき特段の事情のない限り、その効力は生じないものとされました（最判平23.2.22）。

こちらについても、相続させる旨の遺言により指定された者の相続人が当然にそれを引き継ぐものではない、ということになります。

生前対策のヒント

● 予備的遺言を活用するメリット

遺贈における受遺者や「相続させる旨」の遺言で指定した者が先に死亡した場合、その部分は効力を生じないものとされてしまいます。その段階で改めて遺言を作成する方法もありますが、あらかじめそれらの者が死亡した場合の遺産の取扱いを予備的に定めておくことができます。このようにしておくことで、それを理由に遺言を改めて作成する必要がなくなります。

遺言を作成する際には、遺言の効力が発生するまでの間に想定される一定

のリスクを盛り込むことをお勧めします。

【予備的遺言（抜粋）のサンプル】

> 第1条　遺言者は、遺言者の所有する下記の預金全部を、遺言者の妻田中啓子（昭和25年1月14日生、以下「妻啓子」という。）に相続させる。
> 　(1)　ABC銀行　　田町支店　普通預金　口座番号2934567
> 　(2)　山手銀行　浜松町支店　定期預金　口座番号1834923
>
> 第2条　遺言者は、遺言者の死亡以前に妻啓子が死亡した場合には、前条に基づき妻啓子が相続を受けるべき財産につき、遺言者の長男田中匠（昭和57年2月22日生、以下「長男匠」という。）にすべて相続させる。

　妻が先に死亡していた場合に備えるだけでなく、妻と長男が先に死亡していた場合、さらに妻と長男と長男の長男が先に死亡していた場合……といったように、何段階にもリスクを想定して予備的遺言を残すことができます。
　あまり考えたくないところかもしれませんが、あらゆるリスクを想定して一歩進んだ遺言を残しておくと安心です。

| 妻○○に相続させる。 | → | 妻○○が遺言者よりも先に死亡していた場合は、長男△△に相続させる。 | → | 妻○○と長男△△が遺言者よりも先に死亡していた場合は、長男の長男××に遺贈する。 |

遺言を検討している方

テーマ 12 遺言の撤回

重要度 ★★

Q 気が変わったので遺言を書き直したい
一度作成した遺言を撤回したい場合はどうしたらよいでしょうか？

A 遺言はいつでも**撤回**することができます。ただし、撤回は遺言の方法によることが求められます。
　なお、いわゆる撤回の方法以外にも、生前行為や内容の抵触する遺言の作成、遺言の破棄（公正証書遺言を除く）によって事実上撤回することができます。

要点メモ 　　遺言を撤回する方法

● 遺言の方法によることが求められる。

● 同一の方式による必要はない。

　例えば、公正証書遺言を自筆証書遺言によって撤回することも可。

　　遺言書　　　←撤回←　　遺言書
　①公正証書遺言　　　　　②自筆証書遺言

解説

　遺言はいつでも撤回することができますが、その方法は法律で定められています。以下、その方法を確認します。

1. 遺言の撤回

　遺言者はいつでも、遺言の方式に従って、その遺言の全部または一部を**撤回**することができます（民1022条）。

　遺言は、遺言者の死亡まで効力が発生しないので、一度書いた遺言に遺言者が拘束される必要はありません。遺言とは、そもそも遺言者の最終の意思を尊重しようというものだからです。 遺言能力 P119

　しかし、例えば口頭による撤回を認めてしまうと、撤回の有無について後日の紛争につながる恐れがあることなどから、遺言の方式に従って撤回を行う必要がある旨が定められています。

　ちなみに、撤回は、遺言の方式に従ってなされることで足り、撤回される遺言と同一の方式による必要はありません。

　例えば、公正証書遺言の方式によってなされた遺言を、公正証書遺言の方式で撤回する必要はなく、自筆証書遺言や秘密証書遺言の方式に従って撤回することも認められています。

　なお、遺言者は、その遺言を撤回する権利を放棄することはできません（民1026条）。

2. 前後する2通の遺言

　同じ人物が残した遺言が2通以上見つかった場合は、それぞれの遺言はどのような扱いになるのでしょうか。

　前の遺言が後の遺言と抵触するときは、その抵触する部分については、後の遺言で前の遺言を**撤回**したものとみなします。また、遺言をした後の生前処分その他の法律行為と抵触する場合も同様です（民1023条）。

「抵触する」とは、要約すると前の遺言と後の遺言や生前贈与の内容が重なり、矛盾することです。

例えば、①「長男であるAに不動産を全部相続させる」という遺言を残し、数日後に、②「長女であるBに不動産を全部相続させる」と遺言をした、というような場合です。①の遺言の後に③不動産をBに全部生前贈与したときも抵触するということになります。

また、遺言者が**故意**に公正証書遺言以外の**遺言書を破棄**したときは、その破棄した部分については、遺言を撤回したものとみなされます。遺言者が**故意**に遺贈の**目的物を破棄**したときも、同様とします(民1024条)。このように、「遺言者の故意による」ことが撤回とみなされる要件とされています。

なお、公正証書遺言については遺言書の原本は公証役場で保管されているため、遺言者の手元にある正本や謄本を故意に破棄したとしても、撤回には当たらないと考えられています。したがって、公正証書遺言の内容を撤回したい場合には、破棄以外の方法によって行うことになるでしょう。

では、第一の遺言を第二の遺言で撤回している場合において、第三の遺言で第二の遺言を撤回した場合、第一の遺言が復活することになるのでしょうか。この点について、原則として第一の遺言は復活しないとしています（民1025条）。ただし、第二の遺言が詐欺または脅迫によって作られたものであった場合、第三の遺言で第二の遺言を撤回することで、例外的に第一の遺言が復活するとしています。また、遺言者の意思が第一の遺言の復活を希望するものであることが明らかなときも、例外的に第一の遺言が復活するとされています（最判平9.11.13）。

生前対策のヒント

1. 100%万全な遺言は存在しない

生前対策は一度対策を取ればそれで100%万全である、というものではあ

りません。なぜなら、万全の生前対策を取ったと思っていても、自らの相続開始の時までには時間があり、その間に事情・状況が変わってしまうことがあるからです。

例えば、遺産を相続させたい、または、遺贈させたいと思っていた者が先に死亡してしまったり、遺産の内容や価格が変わってしまったり、法改正があったり、ということが想定されます。

【想定される変動リスク】

- ・自分自身の状況・感情の変化
- ・相続人や受遺者、遺言執行者が先に死亡
- ・予備的遺言で指定した者が先に死亡
- ・不動産価格や株価の急騰、下落
- ・法改正

150ページで説明をした通り、予備的遺言などでなるべくそのような変化にも対応できるような生前対策の手段はありますが、それでも予備的遺言でも想定できない事態が生じる可能性もあり、100％問題のない生前対策というのは困難です。

生前対策を考える際には、その時点で100％問題のない方法を模索すると共に、状況や事情の変化に応じて、その都度生前対策を見直すのがベストだと言えます。

2. 抵触する部分以外の文言は有効

同一人物の遺言が2通以上見つかった場合、内容が抵触する部分について後の遺言で前の遺言を撤回したものとみなします。しかし、内容が抵触しない部分については、前の遺言は撤回したものとはみなされません。

そもそも、複数の遺言が存在するということは、それだけで混乱を招く元となってしまいます。

前に書いた遺言のすべてを撤回したい場合は、後の遺言で撤回の意思をきちんと明確にしたうえで、可能であるならば先の遺言書を破棄しておくのが望ましいでしょう。

遺言を検討している方

テーマ 13 遺言執行者

重要度 ★★

Q 私が死んだあと、誰が遺言の内容を実現してくれるのですか？

遺言を残しましたが、誰がその遺言の内容を実現してくれるのでしょうか？ 実現してくれる人をあらかじめ定めておくことはできるのでしょうか？

A 遺言を残す際には、その遺言を実現する**遺言執行者**を指定したり、遺言執行者の指定を第三者に委託したりすることができます。遺言執行者は必ず指定しなければならないわけではないですが、遺言執行者が選任されることで、遺言の執行手続きはスムーズに進められます。反面、遺言執行者には遺言執行に関する重要な権限が与えられますので、信頼できる者を遺言執行者に選任する必要があります。なお、相続発生後、相続人などが遺言執行者の選任を家庭裁判所に申し立てることもできます。

遺言執行者が選任されない場合は、遺言執行者の選任を要する行為を除いて、原則として相続人全員が協力して遺言の内容を実現することになります。

　　　　　遺言執行者とは

遺言執行者とは、遺言者に代わり遺言の内容を実現させる者。
相続財産の管理その他遺言の執行に必要な一切の行為をする権利義務を有する。

解説

遺言執行者は、相続財産の管理その他遺言の執行に必要な一切の行為をする権利義務を有します。遺言を残す者にとって、遺言に残した自らの意思を実現してもらう重要な存在です。以下、概要を確認しましょう。

1. 遺言執行者とは

(1) 遺言執行者の指定または指定の委託

遺言者は、遺言で、１人または数人の**遺言執行者を指定**し、または**その指定を第三者に委託**することができます（民1006条）。

遺言執行者とは、遺言者に代わって、その遺言の内容を実現するために必要な一切の行為をする権限を持つ者のことです。遺言者は、遺言において遺言執行者を指定、または第三者に遺言執行者の指定を委託することができるのです。

(2) 遺言執行者の選任請求

遺言によって遺言執行者が定められていないときや遺言執行者がいなくなったときは、利害関係人は、家庭裁判所に対して遺言執行者の選任を請求することができます（民1010条）。

(3) 遺言執行者の任務の開始

遺言執行者がその就任を承諾したときは、直ちにその任務を行わなければなりません（民1007条）。遺言執行者に指定されたからといって就任の義務が生じるわけではありませんが、就任を承諾した場合には、直ちにその任務を行わなければならないのです。

(4) 遺言執行者に対する就職の催告

相続人その他の利害関係人は、遺言執行者に対し、相当の期間を定めて、その期間内に就職を承諾するかどうかを確答すべき旨の催告をすることができ、この場合に、遺言執行者が、その期間内に相続人に対して確答をしないときは、就職を承諾したものとみなします（民1008条）。

指定された遺言執行者がいつまでも就職するかどうかの意思をはっきりさせないまま時間が経過してしまうと、相続人や利害関係人は法律的に不安定な状態に置かれてしまいますので、このような催告権が認められています。

(5) 遺言執行者になれない人（欠格事由）

未成年者および**破産者**は、遺言執行者となることができません（民1009条）。なお、遺言の効力発生時に未成年者および破産者であっても、就任承諾時に成年に達していたり、復権していたりすれば遺言執行者の指定は有効であるという説が有力です。

2．遺言執行者の権限・地位・職務など

(1) 遺言執行者の権利・義務

遺言執行者は、相続財産の管理その他**遺言の執行に必要な一切の行為**をする権利義務を有します（民1012条）。

また、委任に関する受任者の注意義務（民644条）、受任者による報告義務（民645条）、受任者の受取物の引渡義務（民646条）、受任者の金銭の消費についての責任（民647条）、費用等の償還請求権（民650条）の各規定が準用されています。

(2) 遺言の執行の妨害行為の禁止

遺言執行者がある場合には、相続人は、相続財産の処分その他遺言の執行を妨げるべき行為をすることができません（民1013条）。

判例では、遺言執行者が管理する相続財産について、相続人が処分をしてしまった場合は、遺言執行制度の趣旨から考えて、管理処分権のない者の処分行為として絶対的に無効であり、第三者にも対抗できるとされています（最判昭62.4.23）。

(3) 相続財産の目録の作成

遺言執行者は、その就任後、遅滞なく、相続財産の目録を作成して、相続人に交付しなければなりません。相続人の請求があるときは、その立会

いのもと、相続財産の目録を作成し、または公証人に目録を作成させなければなりません（民1011条）。遺言執行にあたって、遺産の内容や状況を明らかにするために財産目録の作成が義務付けられています。

(4) 特定財産に関する遺言の執行

遺言が特定の相続財産に関する場合には、上記**(1)**〜**(3)**の各規定は、その相続財産についてのみ適用され、それ以外の相続財産については、適用されません（民1014条）。

(5) 遺言執行者の地位

遺言執行者は、**相続人の代理人**とみなされます（民1015条）。

(6) 遺言執行者の復任権

遺言執行者は、やむを得ない事由がなければ、第三者にその任務を行わせることができません。ただし、遺言者がその遺言に反対の意思を表示したときは、この限りではありません（民1016条）。遺言執行者の復任権（第三者に包括的に任務を行わせること）は原則的に否定されており、例外的に「やむを得ない事由」がある場合や、あらかじめ遺言者が復任を認めている場合のみ、遺言執行者を復任することができます。

(7) 遺言執行者が数人ある場合

遺言執行者が数人ある場合には、その任務の執行は、**過半数**で決定します。ただし、遺言者がその遺言に別段の意思を表示したときは、その意思に従います。遺産の不法占拠者に対する妨害排除や時効中断手続きなどの保存行為については、各遺言執行者が単独で行うことができます（民1017条）。

(8) 遺言執行者の報酬

家庭裁判所は、遺言執行者の申立があったときは、相続財産の状況その他の事情によって**遺言執行者の報酬**を定めることができます。ただし、**遺言者**がその遺言に報酬を定めたときは、この限りではありません（民1018条）。

(9) 遺言執行者の解任および辞任

遺言執行者がその任務を怠ったときその他正当な事由があるときは、利害関係人は、その解任を家庭裁判所に請求することができます。また、遺言執行者は、正当な事由があるときは、家庭裁判所の許可を得て、その任務を辞任することができます（民1019条）。

生前対策のヒント

1. 受遺者を遺言執行者にするメリット

不動産を孫などに遺贈する場合で、遺言執行者を受遺者である孫などにしておくと、受遺者は事実上単独で不動産の名義変更（遺贈による所有権移転登記）を行うことができます。仮に遺言執行者が選任されていない場合は、登記義務者として相続人全員の関与（署名捺印など）が必要です。

遺言執行者の権限を確認したうえで、遺言執行者の指定にも気を配るとよいでしょう。

2. 予備的遺言の活用

遺言執行者は、相続財産の管理その他遺言の執行に必要な一切の行為をする権限を有します。信頼できる者を遺言執行者に選任しましょう。

また、遺言執行者についても、遺言者より先に遺言執行者が死亡した場合に備えた**予備的遺言**を残しておくと安心でしょう。　予備的遺言　P150

【遺言執行者に関する予備的遺言（抜枠）のサンプル】

第○条　遺言者は、この遺言の遺言執行者として、下記の者を指定する。
記
川崎市川崎区宮前町三丁目8番18号
司法書士　山　田　幸　一（昭和37年10月9日生）

第○条　前項の遺言執行者が就職できない場合、遺言者は、この遺言の遺言執行者として、下記の者を指定する。
記
東京都港区芝六丁目26番6－305号
司法書士　山　田　　真　一（昭和60年1月14日生）

第○条　前2項の各遺言執行者に対し、預貯金の名義変更、解約、払戻し、その他この遺言の執行に必要な一切の行為をする権限を付与する。

3. 遺言執行者と締結しておいたほうがいい契約

　死後の葬儀や埋葬に関する希望についても遺言に書き残すことはできますが、法定の遺言事項ではありません。つまり、法的な効力は生じません。葬儀や埋葬に関する希望を確実に実現してもらいたい場合は、遺言執行者との間で死後事務委任契約を締結しておくとよいでしょう。そうすることで遺言執行者が死後事務委任契約に基づいて短期的な死後事務を受任し、実現します。　**死後事務委任契約**　P174

全員

テーマ 14 エンディングノート

重要度 ★★★

Q エンディングノートって何ですか？

最近あちこちで耳にする「エンディングノート」という言葉。そもそもエンディングノートとはどのようなものなのでしょうか。エンディングノートを書いておけば、遺言は必要ないのでしょうか？

A **エンディングノート**は、自分が認知症や重大な病気になってしまった場合や亡くなったときなど、万が一の場合に備えて、自分のことや財産のことなどをまとめたノートのことです。遺言とは違いますので、死後の希望を記していたとしても、法律的な遺言の要件を満たさない限りは、遺言としては認められません。

しかし、遺言だけでは伝えきれないことや知らせておきたいことを自由に書き残すことができるという点で、とても有効な生前対策と言えます。相続が開始した場合、残された相続人は細かいことでも頭を悩ませることになります。葬儀はどのような規模で行って欲しいのか、どのような財産を持っているのか、といったことは、意外と相続人はわからないものです。

これらのことをエンディングノートに記し、相続が開始したときやいざというときに確認してもらえるよう、信頼できる者に（エンディングノートの）存在を知らせておくというのがエンディングノートの一般的な活用方法です。

要点メモ　遺言とエンディングノートの違い

	遺　言	エンディングノート
法的要件	厳密に定められている	なし
法的拘束力	あり	なし
内　容	死後のこと	死後に限らず、生前の希望も

解説

最近は、遺言とともに**エンディングノート**というものが注目されるようになっています。そもそもエンディングノートとはどのようなものなのでしょうか。

法律上遺言でできることは限られています。付言事項として遺言者の思いなどを書き残すこともできますが、それでもやはり遺言に残すことができる事柄には制限があります。 遺言事項　P115

しかし、1人の人間が家族や周りの方々に残しておきたいこと、知らせておきたいことというのは遺言だけに書き残すことができるものではありません。また、遺言はあくまで相続が発生した時に確認するものであり、認知症などで判断能力が低下してしまったり、病気で意識不明になってしまったりした時点では、その内容を伝えることも実現することもできません。

残される家族や周りの人間が、遺言に書かれた事柄以外のことをもっと知りたかった……と思う場面は少なくありません。

例えば、本人が老後をどのように過ごしたかったのか、相続時にどのように葬儀を執り行いたかったのか、というような本人の思い・気持ちに関することが代表的な事柄として挙げられます。また、財産管理や相続手続きにあたって、本人がどのような財産を持っていて債務を抱えている(いた)のかというようなことも、本人以外の者が把握するのは大変な作業です。

さらに細かいところで言えば、金庫やポストなどの暗証番号もわからないと苦労しますし、最近はパソコンのログインパスワードやホームページやブログ、SNSのパスワードなど、パソコン・インターネット関係の情報も把握するのが面倒なものとして挙げられます。

　先立たれる方と残される方の思いや情報を埋めるのがエンディングノートの役割です。エンディングノートには法律的な強制力はありません。しかし、エンディングノートによって円満で安らかな老後、そして相続を実現させることができる可能性をより高められるのです。

　エンディングノートには決まった方式というものはありませんので、いざというときに家族や周りの方々に知らせておきたいことや願望・要望などを自由に書き残すことができます。

生前対策のヒント

1. エンディングノートの有効活用

　エンディングノートを遺言とセットで活用することで、より立体的な生前対策が可能になります。

　しかし、これは遺言書の保管方法の注意事項とも重なりますが、遺言やエンディングノートには財産に関する事項以外にも重大な個人情報が数多く含まれることになります。

　第三者などに見られてしまうことのないよう、また、相続が発生したときやいざというときにはすみやかに見つけてもらえるよう、重要なものを保管している場所に保管しておくようにしましょう。

2. インターネット時代のエンディングノート活用

　最近では、パソコンやインターネット関連の相続手続きも問題になりつつあります。ネット銀行での取引の場合、自宅に郵便物が送付されてこないことも多いので、相続が発生しても存在が確認されないまま放置されてしまう、

ということがあります。
　また、インターネット上のサービスの利用料などが問題になるケースも今後は増えてくるのではないかと思います。サービスが相続発生後も継続していて、知らない間に滞納額が膨れ上がってしまう、というようなことも起こり得ますので、これらについてもエンディングノートなどでその存在を知らせておいてほしいところです。
　ネット銀行やインターネット上のサービスに限らず、個人で使用しているパソコンの中には様々な個人情報が詰め込まれています。伝えたい情報と知られたくない情報。これらの情報の取扱いについても、エンディングノートに記載しておくのもよいでしょう。

【エンディングノートに記載すべき情報の例】

- 本人の基本情報
  （氏名、住所、本籍地、生年月日、血液型、生活様式、持病、かかりつけの病院など）
- 緊急連絡先
  （親族、勤務先、病院などの緊急連絡先）
- 老後の生活・もしものときの希望
  （老後の生活場所、治療（延命措置等）に関しての要望、臓器提供や検体の希望など）
- 葬儀の希望
  （葬儀を希望するか否か、行いたい場合は規模、方式など）
- 財産状況、各種契約状況一覧
  （不動産、預貯金、保険、株式、負債などの財産目録・電話、インターネット、クレジットカードなどの契約状況）
- 重要書類等の保管場所一覧
  （通帳、不動産の権利証、保険証など重要書類等の保管場所一覧）

> 将来が不安な方

テーマ15 任意後見制度の概要

重要度 ★★

Q 独り身の老後、適切な財産管理を行うにはどうしたらよいですか？

独り身で老後のことが心配です。適切な財産管理と生前対策を行うためには、どのような方法があるでしょうか？

A 将来の財産管理が心配な場合に、有効な選択肢として考えられるのが**任意後見制度**です。任意後見制度は、本人がまだ元気なうちに、将来判断能力が低下した場合に備えてあらかじめ支援してくれる人と任意で契約を結び、支援してもらう内容を定めておく制度です。遺言は相続発生時に備えたものですが、任意後見は自らの判断能力低下に備えた制度です。

要点メモ　　　　　　　　**任意後見制度とは**

本人の判断能力が低下したときに任意後見監督人の監督のもとに、あらかじめ契約を結んでいた任意後見人が本人を保護・支援する。

解説

　任意後見制度とは、自らの判断能力が低下する前にあらかじめ将来の後見人（任意後見受任者）を選任し、将来自らの判断能力が不十分な状況になったときの委任事項（支援の内容）を定め契約を締結しておく制度です。このとき締結される契約を**任意後見契約**と言います。任意後見契約の内容は法務局に登記されることになります。本人の「自己決定権」を尊重しながら、判断能力が不十分となった本人を保護する制度です。

　自らが元気なうちに本人の意思により任意の契約を締結する点が、法定後見制度と異なります。　法定後見制度　P87

1. 任意後見制度の利用の流れ

(1) 公正証書による契約

　任意後見契約は、適法かつ有効な契約が締結されることを担保するため、公証人の作成する**公正証書**によって締結する必要があります。任意後見受任者については資格制限はありませんので、本人が自由に決めることができますが、任意後見受任者が後見人の欠格事由に該当する場合などは、**(3)の任意後見監督人が選任されません**（申立が却下されます）ので、そのような者を選ぶのは避けたほうがよいでしょう。

(2) 任意後見の登記

　任意後見契約が締結されると、公証人は法務局に任意後見契約の登記を嘱託し、**登記**がなされます。

(3) 任意後見監督人の選任

　本人の判断能力が不十分になったときは、本人、配偶者、四親等内の親族または任意後見受任者は、家庭裁判所に対し、**任意後見監督人選任の申立**を行います。

　任意後見監督人が選任されて初めて、任意後見契約の効力が発生し、任意後見受任者は任意後見人になります。そして任意後見監督人の監督のも

とに任意後見人による後見事務が開始されることになります。なお、任意後見監督人は、家庭裁判所の監督を受けて任意後見人の職務を監督します。

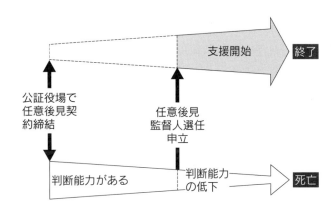

2. 任意後見制度の種類

任意後見制度は本人の状態や希望に応じて、将来型・移行型・即効型の大きく3つの種類に分類されます。

(1) 将来型

将来判断能力が低下した時点で初めて任意後見人による後見事務を受けようとする契約形態で、最も基本的な任意後見契約の類型です。任意後見契約が発動するまでは、受任者と本人の間に委任関係は存在しません。

(2) 移行型

判断能力が低下する前から財産管理を必要とする事情がある場合などは、財産管理等の事務を委託する旨の委任契約である財産管理等委任契約を任意後見契約と同時に締結することもできます。判断能力低下前は財産管理等委任契約に基づいた保護を行い、本人の判断能力が低下した後には任意後見契約による保護に移行する類型です。

(3) 即効型

軽度の認知症や知的障害、精神障害など契約締結の時点で判断能力が不

十分になりつつある者が、即時に任意後見人による保護を受けようとする類型です。契約締結後すみやかに任意後見監督人を選任してもらうことによって、契約締結の当初から任意後見人による保護を受けることができます。ただし、任意後見人に大きな権限を与えることになる任意後見契約の内容について十分理解できる状態であることが求められますので、その点に少しでも疑いのある場合は法定後見制度の利用を検討したほうがよいでしょう。 法定後見制度 P87

3. 任意後見契約の範囲

任意後見契約では、判断能力が不十分になった後の自分の生活、療養看護（医療や介護など療養のために必要なサービスを手配することなど）、財産管理（不動産や預貯金の管理、税金や公共料金の支払いなど）等についての事務を信頼できる任意後見受任者に委任します。委任事項は、法律の趣旨に反しない限り本人と任意後見受任者との契約によって自由に定めることができます。ただし、契約等の法律行為に限られ、介助や清掃、身の回りの世話などの"事実行為"は含まれません。

4. 任意後見制度にかかる費用

(1) 選任にかかる費用

任意後見契約は、公証人が作成する公正証書によることが求められます。したがって、公正証書作成の手数料がかかります。

また、公証人が法務局に任意後見契約の登記を嘱託します。その登記にも費用がかかります。

- 将来型・即効型の場合　　11,000円
- 移行型の場合　　　　　　11,000円（＋委任契約手数料）
- 正本・謄本作成手数料　　250円（1枚につき）
- 登記手数料　　　　　　　1,400円
- 法務局への郵送費　　　　600円程度
- 収入印紙代　　　　　　　2,600円

※公証人に出張してもらう場合、1～2万円の日当と交通費が別途かかります。
※平成27年2月現在

(2) 任意後見人・任意後見監督人にかかる費用

　任意後見人の報酬は**任意後見契約**において定めることになります。親族が任意後見人になる場合は無償であることが多いですが、契約において報酬を定めることができます。弁護士や司法書士、税理士、社会福祉士などの専門家が任意後見人となる場合は契約において報酬に関する定めを置き、報酬を支払う形になるケースが一般的です。

　また、任意後見監督人が選任された場合、任意後見監督人の報酬は**家庭裁判所**が決定します。本人の財産の額、監督事務の内容、任意後見人の報酬額その他の諸事情を考慮して、本人に無理のない金額が決定されているようです。決定された報酬は、任意後見人が管理する本人の財産から支出されます。

　任意後見人・任意後見監督人に対する報酬以外に、任意後見事務の処理に必要な費用が本人の財産から支出されます。

5. 任意後見人・任意後見監督人の義務と職務

　任意後見人が任意後見契約に基づいて後見事務を行うにあたり、様々な

義務があります。代表的な義務は以下の通りです。

① 財産調査・財産目録の作成
② 本人の意思確認・心身の状態や生活状況の確認
③ 委任事務の処理・報告

また、任意後見監督人の職務には以下のようなものがあります。

① 任意後見人の事務の監督
② 家庭裁判所への報告
③ 急迫の事情がある場合の必要な処分
④ 利益相反行為について本人を代表

生前対策 のヒント

1. 法定後見制度との比較

　任意後見制度の最大の特徴は、本人が元気なうちに自らの意思で任意後見受任者（任意後見人）を定めることができ、また、一定の制限はありながらも自由に契約の内容も定めることができるという点です。
　信頼できる者を任意後見受任者（任意後見人）に定め、契約の内容も具体的に定めておくことで、自らの希望に沿った老後を実現できる可能性が高まります。
　しかし、せっかく契約を締結しても、独り暮らしである場合などは、本人の生活状況や健康状態の異変に周りが気付くことが遅れてしまう可能性があります。このような場合は、定期的に生活状況や健康状態の確認を行える者と**見守り契約**を締結しておいたほうがよいでしょう。　見守り契約　P174

2. 信頼できる者を選任する重要性

　大変残念なことですが、財産を管理する権限を与えられた成年後見人等や任意後見人が本人の財産を着服してしまう事案も少なくありません。最高裁の調査により、平成22年6月から平成23年3月までの10か月間の間に、後見人等を務めた親族が着服した財産の総額が少なくとも18億3,000万円にのぼることが明らかになりました。

　専門職後見人等による着服事件もいくつか事例が出てきていることや、まだ表面化していない分も含めると被害はさらに大きくなっているものと思われます。

　成年後見制度は、豊かな老後のために便利で有益な制度である半面、成年後見人等には財産を管理するという大きな権限を与えることになりますので、こうしたリスクも伴います。

　成年後見制度自体の注目度が高まる中で、今後任意後見制度の利用者もさらに増えてくるものと思われますが、制度の基本は信頼できる者を選任することにあります。任意後見制度では自らの意思で信頼できる者を選任することができますので、慎重に選ぶようにしましょう。

将来が不安な方

テーマ16 いざというときのための契約

重要度 ★★

Q 見守り契約・財産管理等委任契約・死後事務委任契約などのいざというときのために、いまからできる備えを知りたい

いざというときに備えて、いまのうちにできる準備は任意後見契約以外にないのでしょうか？

A 本人の心身状態や生活状況を把握できる機会を定期的に確保する**見守り契約**や、精神上の障害はないが身体上の障害があり自己の財産管理に不安がある方のための**財産管理等委任契約**、自己の死後の事務を委託する**死後事務委任契約**などを任意後見契約と組み合わせることによって、より安心して老後を迎えることができます。

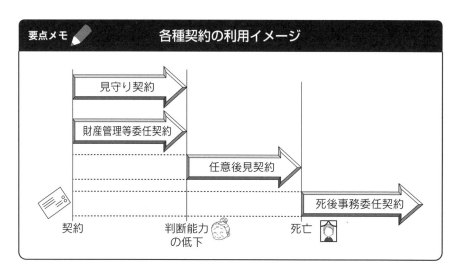

要点メモ　各種契約の利用イメージ

174

解説

任意後見契約は、本人に判断能力があるうちに任意後見受任者と契約を締結します。実際に任意後見が開始するのは、本人の判断能力が低下し任意後見監督人が選任された時点なので、一般的に契約を結んでから任意後見人による保護が開始するまでの間に時間があります。

また、任意後見契約において本人の死亡後の事務を任意後見人に委託することはできないと考えられています。

このような、任意後見人の保護や支援を受けられない期間に有効な契約がいくつか存在します。

1. 見守り契約

先述の通り、本人に判断能力があるうちに任意後見契約を締結してから、実際に判断能力が低下して任意後見人が選任されるようになるまでは時間があることが一般的です。

そのため、例えば本人が独り暮らしの場合などは、本人の判断能力が低下したことに任意後見受任者や周りの方が気付くのが遅れ、適切な時期に任意後見が開始できない可能性があります。

このような場合に備えて、本人（委任者）の心身の状態や生活状況を定期的に受任者に確認してもらうという内容の契約を**見守り契約**と言います。

本人の心身の状態や生活状況を確認する方法は自由に定めることができますので、例えば、月1回自宅に訪問してもらう内容や、電話確認および直接訪問を組み合わせた内容にすることができます。

弁護士や司法書士などの専門家が受任者となる場合は、委任者に対し法的なアドバイスを行うことを契約の内容に組み込んでもよいでしょう。

2. 財産管理等委任契約

精神上の障害はないが、身体上の障害がある場合など、任意後見契約の

効力は生じない状態であるが、自らの財産管理について委任者に何らかの委託を行いたい場合に利用できるのが**財産管理等委任契約**です。

たとえ身体上の障害があっても、精神上の障害、つまり判断能力が不十分な状態にならなければ、任意後見契約による保護は受けられません。

高齢者など身体上の障害を持ち、任意後見契約の効力が生じない間の自己の財産管理に不安を抱えている者が、自己の金融機関における取引など財産の管理に関する事務につき、受任者に代理権を付与することができます。

3. 死後事務委任契約

任意後見契約は、本人の死亡により終了します。では、本人の死後の事務については誰が行うことになるのでしょうか。死後事務とは、葬儀、納骨、埋葬等に関する事務のことです。

この点について、任意後見契約において本人（委任者）の死後の事務を任意後見人に委託することはできないとされています。そのため、任意後見人は原則として、本人の死後事務を行うことができません。

そこで、**死後事務委任契約**というものが存在します。民法上、委任契約は委任者または受任者の死亡によって終了しますが（民653条）、委任者および受任者の合意によって、委任者が死亡しても委任契約が終了しない旨を取り決めることは可能です。任意後見契約とは別に死後事務委任契約を締結することで、自らの死後の事務についても信頼できる者に委任することができるのです。

生前対策のヒント

1. それぞれの契約と任意後見契約、遺言の併用

必要に応じて、任意後見契約や遺言と、見守り契約、財産管理等委任契約、

死後事務委任契約を併用することができます。自由にかつ柔軟に設計できますので、自らの事情に合った制度を選択し、利用しましょう。

必ずしもすべての契約を1人の人物と交わす必要はありませんが、2人以上の者に委任する場合は、委任をされた者同士がお互いに意思疎通ができる状態にしておくことは最低限必要です。

2. 財産管理等委任契約のリスク

任意後見制度の場合、家庭裁判所から選任された任意後見監督人が任意後見人を監督することになりますが、財産管理等委任契約は受任者を監督する者を選任する必要はありませんので、受任者による権利濫用の恐れがあります。

財産管理等委任契約を利用する場合は、信頼できる者を受任者にすると共に、安易に包括的な内容の委任を行わないなど委任契約の内容について慎重に検討する必要があります。

財産管理等委任契約は、当事者同士の契約書によっても、公正証書によっても行うことができます。また、任意後見契約と一体で契約を結ぶこともできます。 **移行型 P169** しかし、実際に受任者が財産管理を行う場合に、当事者同士の契約書のみでは随所で支障が生じる可能性があります。公証人に契約内容を確認してもらうという観点からも、公正証書により任意後見契約と併せて財産管理等委任契約を取り交わしておいたほうがよいでしょう。

3. 日常生活自立支援事業の有効活用（旧：地域福祉権利擁護事業）

財産管理等委任契約や見守り契約の締結以外にも、本人の財産管理等を支援する制度があります。判断能力が不十分な方が地域において自立した生活が送れるよう、福祉サービスの利用援助、日常的な金銭管理の援助、日常生活に必要な事務手続きの援助、書類の管理等のサービスを、社会福祉協議会が主体となって行っており、本人が契約を締結することでこれらのサービスの提供を受けることができます（**日常生活自立支援事業**）。

ただし、あくまで本人がこうした契約の内容を理解し、契約を締結できるだけの判断能力があることが前提となりますので、既に判断能力が低下してしまっている場合は、法定後見制度の利用を検討することになるでしょう。

4. 遺言信託の活用

　信託法上の遺言信託とは、特定の者（受託者）に対し、（委託者が）財産の譲渡、担保権の設定その他の財産の処分をする旨ならびに、当該特定の者が一定の目的に従い（委託者の指定した受益者のために）財産の管理または処分その他の当該目的の達成のために必要な行為をすべき旨を遺言する方法を言います（信託法3条2号）。ちなみに、信託銀行などが使用する「遺言信託」とは、遺言作成に関するアドバイス、遺言の管理、遺言執行などのサービスを指し、信託法上の遺言信託とは意味合いが異なります。

　配偶者や子を受益者と指定した（信託法上の）遺言信託を行うことで、それらの者の生活を保障できるよう設計することもできます。

　また、委託者の死亡時に受益者となるべき者として指定された者が受益権を取得する旨の定め、もしくは、委託者の死亡以後に受益者が信託財産に係る給付を受ける定めのある信託（遺言代用信託）を活用する方法も考えられます。しかし、遺言信託・遺言代用信託いずれの方法を検討するにしても、法律面や税務面で慎重にスキームを考えていく必要がありますので、興味のある方は専門家にご相談いただくことをお勧めします。

第2編

生前対策・相続対策の税務

[本章のねらい]
　相続の生前対策・準備をするにあたって、相続税と贈与税の知識は欠かせません。そのため、この章は、色々な生前対策や準備の方法の理解と同時に、「税金」の基礎を体系的に理解できる構成になっています。基礎理解が主目的の構成になっていますので、あまりお目にかからない枝葉の制度を割愛してわかりやすく説明しました。
　具体的な対策には、個別具体的な状況を加味しないといけませんので、信頼できる専門家に相談にのってもらいながら進めましょう。

第1章 基礎知識

相続税の仕組みをざっくり知りたい人

相続税計算の全体像を把握

重要度 ★★★

Q 相続税計算の全体像はどうなっていますか？

相続税対策を考える前に、そもそも相続税の計算構造はどうなっているのか教えてください。

A
① 相続税の計算構造を知ることで、相続「税」対策の要否がわかります。

② 相続財産を目録にまとめ、値決め（財産評価）し、非課税財産や贈与分等を考慮して課税価格を算出することから始めます。

③ 課税価格から基礎控除額を差し引いてプラスなら相続税がかかります。反対に基礎控除額を差し引いて、ゼロ以下なら相続税はかかりません。

④ 相続税はいったん総額を算出して、実際の相続割合に応じて各相続人に負担を配分します。

⑤ 各相続人の負担額には、配偶者の税額軽減特例等の税額控除制度により各相続人の事情を考慮・軽減されます。

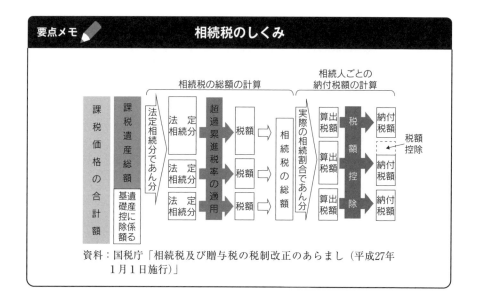

解説

　相続税の計算構造は、おそらく自らきちんと計算するには高度な専門性が必要になるでしょうから、実際に計算する際は税理士に依頼することをお勧めします。

　ただ、相続の生前対策や準備をするにあたっては、相続税がかかるのか否か、また相続税がかかるのならどの程度の負担になるのかを予測することは重要な鍵となります。そのために相続税の計算構造上の特徴を知ることは非常に意義のあることです。

　相続税の計算構造を知ることで、的確かつ効果的な生前対策の検討ができます。

　なお、ご存知の方も多くいらっしゃると思いますが、相続税・贈与税は改正により見直しがなされています。本書各項目にも解説していますが、改正内容については、巻頭「パッとわかる 相続税・贈与税改正のエッセンス」（以下「税制改正」）にて一覧できます。

1. 相続財産の値付け（財産評価）と各種調整

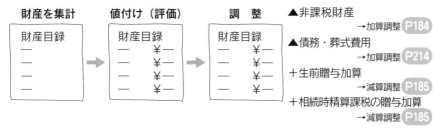

相続税の計算は、まず、相続税がかかる財産を集計することからはじめます。相続人が引き継ぐ相続財産を把握する、すなわち相続財産の目録（リスト）を作成します。注意すべきは、相続時にある財産だけでなく、相続を原因に受け取ることのできる財産もリストに含めることです。例えば、生命保険会社等から受け取る死亡保険金や被相続人（亡くなった人）が勤めていた会社から受け取る死亡退職金、弔慰金等です。

財産目録ができれば、次に財産ごとの値付けをしますが、この値付けのことを財産評価と言います。財産評価には、財産評価基本通達という非常に詳細なルールブックがあり、原則これに従って評価を行います。この評価を精密に計算するには、やはり専門家でなければ困難を極めるでしょうから、その評価方法を大まかにとらえて、例えば土地の評価であれば、路線価×面積のざっくり概算で把握する、建物であれば固定資産税評価額を確認する、預貯金や有価証券については、預金通帳の残高や直近の運用残高報告書を確認する、生命保険であれば、保険証券等から死亡保険金が将来いくら受け取れるかを確認する等で十分事足りるでしょう。財産評価のルールを詳しく知りたい方は、各参照ページで確認してください。

主な財産種別	概算方法	参照
土　地	・路線価×面積（m²）による概算 ・倍率地域は、固定資産税評価額×倍率 ・小規模宅地等の特例が適用できる場合は、それに応じて評価を加味するのもよい ・借地権や他人に貸している土地の場合、その分評価は下がる	P365〜P387
建　物	・固定資産税評価額による概算 ・他人に貸している建物はその分評価は下がる	P388
有価証券	・上場株式、投資信託 　⇒市場での取引価格および基準価額（時価） ・未上場会社の株式・出資 　⇒所定の方式により計算された価額	P391〜P415
現金・預貯金	・残高	
生命保険金	・受け取った死亡保険金等から、非課税分（法定相続人の数×500万円）を引いた残額	P316
死亡退職金	・受け取った退職金から、非課税分（法定相続人の数×500万円）を引いた残額	P185
生命保険に関する権利	・解約返戻金（解約したら受け取れる金額）	P416
家庭用動産	・骨とうや高級家財道具等は個別評価	P419

　そして、相続財産から相続税の対象とならない非課税財産や債務を差し引き、生前にした一定の贈与財産を加え課税対象財産を算出します。

　財産の特定・値決めができたら、以下**(1)**〜**(4)**までの調整（加算・減算）をし、課税価格を算出します。

(1) 非課税財産　①仏壇・仏具・墓所等

　日常礼拝に使っているご先祖様の弔い等に関する財産については、非課税になります。ただし、日常礼拝におよそ使えず美術品としての価値を有するような仏壇等は相続税の対象となります。

　これを踏まえて、生前に将来自分が入るお墓等を買うのは相続税対策になるのか、というのはよくいただく質問です。自分が入るお墓を買うこと

で、現金や預金という相続税のかかる財産が、お墓という相続税の非課税財産に組み替わると考えると、その分相続税が少なくなるわけですから一定の効果はあるということになるでしょう。

ちなみに、相続後、相続人がお墓を購入しても相続税の計算上、相続税額から差し引きすることはできません。

(2) 非課税財産 ②死亡保険金・死亡退職金の非課税枠

生命保険金も相続税の対象です。ただし、残された家族の生活の糧になり得る財産ということで、相続人が受け取った死亡保険金の一定額については非課税とされます。 生命保険金 P316

非課税となる限度額は、500万円×法定相続人数分の死亡保険金です。例えば、家族構成が、夫婦と子ども2人の場合、夫が亡くなったときには法定相続人は3人（妻と子ども2人）なので非課税枠は1,500万円（500万円×3人）です。つまり、仮に1,500万円の死亡保険金を法定相続人が受け取っても、非課税枠の範囲内となるので、このケースでは死亡保険金には一切相続税がかからないことになります。

なお、勤務していた会社から相続人が受け取った死亡退職金も、死亡保険金とは別枠で同様に非課税の取扱いがあります。

(3) 債務、葬式費用

借入金等のマイナス財産については、相続財産から差し引くことができます。 債務・葬式費用 P214

(4) 相続前3年以内の生前贈与財産・相続時精算課税による贈与財産

既に生前に贈与した財産のうち、相続税計算上、相続財産に加えて計算しなければならない贈与財産があります。

暦年贈与による相続前3年以内の贈与財産 3年以内贈与 P279 、相続時精算課税制度による贈与財産 精算課税の贈与 P284 の全てです。

暦年贈与による相続前3年以内の贈与財産として相続財産に加算される贈与財産を、相続発生前から事前に特定することはなかなか難しいでしょうが、相続時精算課税制度を選択して贈与した財産は、制度を選択したら

期間的制限なくすべて相続税がかかる財産になります。また贈与の都度贈与税の申告書も提出しなければなりませんので、きちんと管理しておくとよいでしょう。

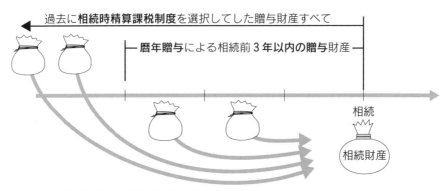

※相続時精算課税制度による贈与選択後、暦年贈与はできなくなります。

2. 相続税の課税価格から基礎控除額を差し引く

次のステップは、課税価格から基礎控除額を差し引いて、相続税の対象となる課税遺産総額を算出します。

基礎控除額は、平成26年12月31日までの相続・遺贈の場合、5,000万円＋（1,000万円×法定相続人数）だったのですが、平成27年1月1日以後の相続・遺贈より、3,000万円＋(600万円×法定相続人数)に引き下げられました。

基礎控除額の計算式の特徴は、相続人の人数によって変動することです。相続人が多いほど基礎控除額は上がり、少なければ下がります。

多くのご家庭では、課税価格からこの基礎控除額を差し引いた課税遺産総額がゼロ以下となり、相続税がかかりません。その場合、ここで相続税計算は終わり、ひとまずは相続税の心配はないということになります。

一方、基礎控除額を差し引いても、課税遺産総額がプラスになる場合は、相続税がかかると予想できます。場合によっては、相続税対策や準備が必要になるでしょう。相続税がかかるか否かの分岐点という意味でこの基礎

控除額は非常に重要なキーとなりますので、次の**テーマ2**でもう少し詳しく解説します。 基礎控除額 P192

【平成26年12月31日までの相続・遺贈(課税価格が1億8,000万円で、相続人が3人のケース)】

【平成27年1月1日以後の相続・遺贈（同上）】

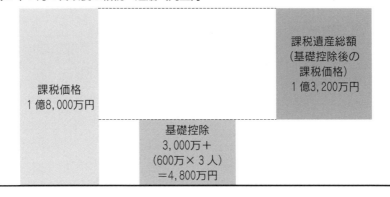

3. 相続税の総額を算出する

　相続税計算の次のステップでは、課税遺産総額に相続税率をかけて、いったん法定相続人全員で負担する相続税総額を計算することになります。

　計算方法は、実際の財産分けとは全く関係なしに、仮に相続人が財産を法定相続分で分けたものとみなして、その財産にそれぞれ税率をかけた各

税額を合計して相続税総額をいったん算出します。

【税率構造の見直し】

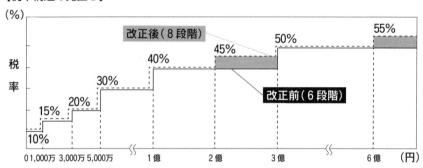

出典：財務省「平成25年度税制改正」

平成27年1月1日以後の相続・遺贈では、その際に適用する税率も変更されました。

相続税の税率は、相続する財産が多いほど高い税率が適用され負担が大きくなる（超過累進税率と言います）仕組みになっていますが、その税率の一部が上がることになります。

すなわち基礎控除額の引き下げに加え、税率面でもこれまでより税負担が大きくなることを示すわけです。

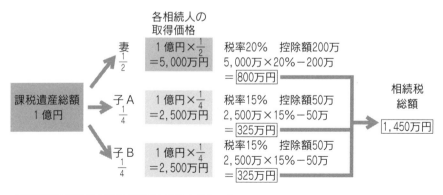

※課税遺産総額が1億円で相続人が3人のケース。

【相続税速算表】

法定相続分による各人の取得金額	改正前		改正後	
	税率	控除額	税率	控除額
1,000万円以下	10%	0万円	10%	0万円
1,000万円超3,000万円以下	15%	50万円	15%	50万円
3,000万円超5,000万円以下	20%	200万円	20%	200万円
5,000万円超1億円以下	30%	700万円	30%	700万円
1億円超2億円以下	40%	1,700万円	40%	1,700万円
2億円超3億円以下			45%	2,700万円
3億円超6億円以下	(3億円超) 50%	4,700万円	50%	4,200万円
6億円超			55%	7,200万円

※この速算表で計算した各相続人の税額を合計したものが相続税の総額になります。

4．各相続人の個別の負担額を決定する

　相続税の総額算出後、実際に分ける財産（厳密には、基礎控除前の課税価額）の割合に応じて、相続税総額を各相続人に按分します。すなわち、各々の相続人に引き継ぐ財産の割合に応じて相続税負担を分配する手続きをすることになります。例えば、全財産のうち3割をもらう相続人は、相続税総額の3割を負担する。財産の5割をもらう相続人は、相続税総額の5割を負担する、という具合です。

相続税総額
1,450万円

　→ 妻　　1,450万円×50% ＝ 725万円 ⇒ 配偶者の税額軽減特例により税負担がゼロとなる
　→ 子A　1,450万円×20% ＝ 290万円 ⇒ 290万円納付
　→ 子B　1,450万円×30% ＝ 435万円 ⇒ 435万円納付

※実際に財産を、妻が50%、子Aが20%、子Bが30%引き継ぐケース。

各人の相続税を算出するにあたり、覚えておいてほしい特例があります。それは「配偶者の税額軽減特例」です。配偶者には相続税がかからない、とよく言われますが、それはこの特例によるためです。配偶者にしてみれば、被相続人の相続財産を一緒に築きあげたという自負があることでしょう。実際、相続財産を築き上げるのに多大な貢献をしているはずです。そのため、配偶者は、配偶者の法定相続分、もしくは課税価格1億6,000万円のいずれか大きい金額を超えて財産を引き継ぐ場合を除き、相続税は払わなくてもよいのです。全く相続税がかからないというわけではありませんが、重要な特例ですので、押さえておきましょう。

> **column　未成年者・障害者控除等の各種税額控除制度で、相続税負担が減る？**
>
> 　配偶者の税額軽減特例以外にも、各人の事情などを考慮して、相続税負担を軽減する税額控除制度があります。
>
> 　例えば、相続人が相続開始時15歳と未成年者の場合、20歳に至るまでの年数5年に10万円をかけた50万円を相続税額から差し引きます。また、相続人が障害者の場合、相続開始時年齢から85歳に至るまでの年数に10万円をかけた金額を差し引きます。
>
> 　その他にも、例えば、父の相続後、すぐに母の相続が起こるような相次相続のケースでは、前の相続で母が相続税を納め、またすぐにその子の相続税負担が大きくなるため、10年以内に2回以上の相続が起こった場合、2回目の相続で、1回目の相続の負担の一部を差し引くことができる相次相続控除という制度もあります。
>
> 　他にも、海外の財産を相続して外国の相続税に相当する税を納めた場合、二重課税にならないようにするための外国税額控除や、相続や遺贈によって財産を取得した人が、相続開始前3年以内の贈与 3年以内贈与 P185 により贈与税を納めていた場合、その贈与財産には相続税がかかっ

て相続税と贈与税の二重課税になるので、その贈与税分を相続税から控除する贈与税額控除などがあります。

各種税額控除	相続税負担軽減額	備　考
未成年者控除	未成年者が20歳に至るまでの年数×10万円を差し引く	6万円が10万円に税制改正
障害者控除	障害者が85歳に至るまでの年数×10万円（特別障害者20万円）を差し引く	6万円が10万円（特別障害者12万円が20万円）に税制改正
相次相続控除	10年以内に2回以上の相続が起こった場合、2回目の相続で、1回目の相続税の負担の一部を差し引く	相続人に限り適用可能
外国税額控除	海外の税との二重課税防止	
贈与税額控除	贈与税との二重課税防止	

将来相続税がかかるかどうか知りたい人

テーマ2　相続税がかかるか否かの判定

重要度 ★★★

Q 我が家は将来相続税がかかるのでしょうか？
相続が起こった際、実際に家族に相続税負担が生じるのかどうかを教えてください。

A ① 相続税は、100件の相続事案中、約4件程度にしかかかりません（ただし、相続税改正により、平成27年以後はこの割合が増えることが予想されています）。そのため、相続税がかかるかどうかを事前に確認することで、相続「税」対策が必要かどうかを見極めましょう。
② 相続税がかかるか否かは、相続税課税価格が、基礎控除額を超えるかどうかによりますので、基礎控除額と相続税課税価格を比較して判断します。

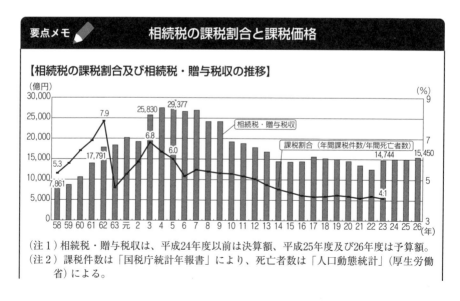

要点メモ　相続税の課税割合と課税価格

【相続税の課税割合及び相続税・贈与税収の推移】

（注1）相続税・贈与税収は、平成24年度以前は決算額、平成25年度及び26年度は予算額。
（注2）課税件数は「国税庁統計年報書」により、死亡者数は「人口動態統計」（厚生労働省）による。

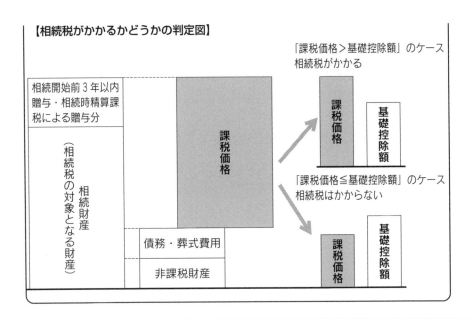

解説

1. 相続税は100件に4件程度しかかからないという現実

相続税について相談を受けると、「相続税、どれくらいかかりますか？」「一体いくらもっていかれるのですか？」と、不安な表情を浮かべて相談に来る方が多くいらっしゃいます。

しかし統計上、100件の相続が起こったとしても、相続税を払わなければならないケースは概ね4件程度、つまり残りの96件は相続税を納める必要がない相続なのです。言い換えれば、100件中96件の相続では、相続「税」対策は不要なわけです。

将来的に相続税がかかる可能性がないにも関わらず、相続税の不安を抱えたり、相続税対策をするのは本末転倒です。そんなことがないように、まずは自身の相続の際に、相続人が相続税を負担しなければならないのかどうか、これを確認することが相続「税」対策のスタートと言えるでしょ

う。

　ただし、平成27年1月1日以後の相続（遺贈）では、税制改正によって相続税を負担する家庭が増えることが予想されます。我が家の場合はどうなるのか、改正後の制度で確認しておきましょう。

2. 相続税がかかるかどうかを確認するには？

　相続税の計算プロセスについては「**テーマ1相続税計算の全体像を把握**」P181 をご覧いただくとして、相続税がかかるか否かの判断基準は、相続財産の課税価格が基礎控除額を超えるかどうかを調べることにより判断できます。

　そのため、まずは次の2つの情報を確認することから始めます。
① 　基礎控除額
② 　相続税の課税価格概算

　なお、ここでは、相続税をきちんと計算することが目的ではなく、あくまで相続人に相続税がかかるのか、かからないのかの概ねの判断材料を示すのが目的ですから、細かな財産評価 P361 や相続税計算ルールをひとつひとつきちんと丁寧に遵守する必要はないでしょう。どうしてもきちんと計算したいという場合は、税理士に依頼することをお勧めします。

① **基礎控除額**

　まず、基礎控除額について確認しましょう。

　基礎控除額の計算式は、以下のとおりです

基礎控除額＝3,000万円＋600万円×法定相続人数

　上記計算式に、相続人数を当てはめて基礎控除額を計算しましょう。相続が発生したと仮定して、誰が法定相続人になるかを確認し、その人数を計算します。 法定相続人 P13

　例えば、相続人が妻と子ども2人の場合、法定相続人は3人ですから、4,800万円が基礎控除額となります。

基礎控除額がわかれば、相続税の課税価格との比較になります。

【基礎控除額早見表】

法定相続人の組み合わせパターン	法定相続人数	基礎控除額
妻のみ	1人	3,600万
妻と子	2人	4,200万
妻と子2人	3人	4,800万
妻と子3人	4人	5,400万
妻と親	2人	4,200万
妻と親2人	3人	4,800万
妻と兄弟	2人	4,200万
妻と兄弟2人	3人	4,800万
妻と兄弟3人	4人	5,400万

② 相続税の課税価格概算

　相続税の課税価格がどれだけあるのかについては、あくまで目的は相続税がかかるか否かの確認ですから、相続財産は概算評価で足り、この段階でわざわざ精緻な財産評価 P361 をして、課税価格を算出する必要はないでしょう。

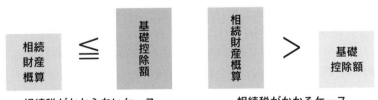

相続税がかからないケース　　　相続税がかかるケース

　概算による相続財産が基礎控除額を超えれば、その超える部分に相続税がかかるわけですから、相続財産が多いほど相続税がかかるということになります。一方、法定相続人の人数が少ないほど、基礎控除額も小さくなりますから、相続人が少ないほど相続税がかかる可能性が高くなると言えるでしょう。

生前対策のヒント

1. 財産が基礎控除額ぎりぎりのケースは専門家に確認を！

　ここで調べた相続財産はあくまで概算ですから、その概算額が基礎控除額を超えるかどうかギリギリのケースでは、相続税がかかるか否かがわからない微妙なラインにあると言えます。こういうケースでは、実際の相続税の計算で、例えば、想定していなかった葬式費用や債務を差し引くことで相続税がかからなかったとか、その後景気が良くなって財産の評価変動によって相続税がかかってしまったといったことも大いにあり得ます。概算である以上、様々な前提条件の下で確認しているわけですから仕方ありません。

　このような基礎控除額ぎりぎりのケースで不安な場合には、税理士等の専門家に相談して、もう少し精緻な財産評価をしてもらうとよいでしょう。

2. 特例等が活用できるケースは、個別に確認をする

　相続税では、様々な特例が用意されており、その適用の可否によって相続税がかかるか否かの判断が分かれるケースも少なくありません。そのため、相続税がかかるか否かの判断に大いに影響する、小規模宅地等の特例 P197 、死亡保険金 P316 ・死亡退職金の非課税枠等、代表的な特例については適用の可否を確認しておくとよいでしょう。

　ただし、例えば小規模宅地等の特例については適用要件が複雑で、引き継ぐ相続人が誰か、相続後の所有・居住状況等により適用可否が分かれます。このような適用判断が難しいケースについては、生前対策の段階では適用できる場合とできない場合の2パターンで検討を進めることをお勧めします。

　また、適用要件を満たせるように準備して特例適用を確実にしておくという生前対策も考えられるでしょう。

　なお、この小規模宅地等の特例についても、大幅に制度改正されています。せっかくの制度です。知らずに活用しませんでしたということのないようにしましょう。 小規模宅地 P197

財産に土地のある方

相続税負担に影響する特例を理解

重要度 ★★★

Q 相続税には、活用すると税負担が大きく下がる小規模宅地等の特例という制度があると聞いたのですが？

活用方法を知っておくと相続税軽減に大きく寄与する可能性のある小規模宅地等の特例という制度があると聞きました。いったいどんな特例で、活用するとどんな効果があるのか教えてください。

A ① 小規模宅地等の評価減額特例（以後小規模宅地等の特例）は、土地の評価額を大幅に減額することができ、相続税負担を大きく左右する重要な特例です。上手に活用すること、そのための準備をしておくことは有効な生前対策となります。

② 小規模宅地等の特例は、居住用、事業用、不動産貸付用の3種類の土地で活用できます。

③ どの土地を誰が相続するかの方針が決まれば、小規模宅地等の特例の適用可否が予想できます。

④ 複数ある候補地のどの土地に小規模宅地等の特例を適用するかの方針を決めておくと生前対策がやりやすくなるでしょう。

⑤ 小規模宅地等の特例は、遺産未分割では適用できません 遺産分割 P54 。すなわち、遺産分割がスムーズに進むような円満な相続でないと、特例が適用できず、思わぬ相続税負担が生じる可能性もあるでしょう。

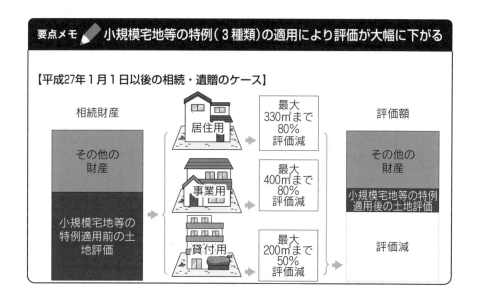

解説

　相続税には、上手く活用すれば相続税負担を大幅に軽減できる特例がいくつかあります。例えば相続人に配偶者がいるケースでは、配偶者の税額軽減特例 P190 が活用できますし、一定の用途（居住用、事業用、不動産貸付用）に使っている土地を所有しているケースでは、小規模宅地等の特例が活用できます。

　これら特例の特徴を押さえて上手に活用できれば、相続税負担が大きく変わります。本テーマでは、小規模宅地等の特例にフォーカスをあててみましょう。

1. 小規模宅地等の特例の上手な活用が相続税負担を左右する!?

　土地には、生活の拠点となる「居住用の土地」や、事業や賃貸経営を営む「事業用の土地」があります。これらの土地の評価が高いと、相続税負担が大きくなり、やむなくその土地を手放して納税に充てなければいけな

いということになれば、相続税が原因でせっかくの住まいや事業所を失うといったことにもなりかねません。

そんなことにならないように、これら居住用や事業用の土地については、一定の要件を満たした場合、その評価額を大幅に下げることで相続税負担を軽減する特例があります。これを小規模宅地等の評価減額特例、略して小規模宅地等の特例と言います。

小規模宅地等の特例は、居住用の場合には、最大330㎡まで80％評価減額、事業用の場合には、最大400㎡まで80％評価減額、そして、不動産貸付事業用の場合には、最大200㎡まで50％評価減額となり、その適用の可否が相続税負担を大きく左右することになります。

土地の用途	最大適用面積	減額割合
居住用	330㎡	80％
事業用	400㎡	80％
不動産貸付事業用	200㎡	50％

なお、相続税制は、平成27年より全体として増税方向での改正項目が多く見受けられますが、小規模宅地等の特例については、大幅な減税方向の改正がされました。 税制改正の方向性 P(12)

さて、小規模宅地等の特例の効果を具体例で解説しましょう。

例えば、ある夫婦が50坪（1坪3.3㎡としておよそ165㎡）の土地（ご主人名義）にマイホームを建てて住んでいたとします。そして、ご主人に相続が起こり、奥様がこの土地を引き継いだとしましょう。当然奥様にとっては引き続き生活の拠点となるわけですから、かけがえのない財産です。この土地に接する道路の路線価を調べてみると、1㎡単価（路線価）50万円、評価額は8,250万円にのぼります 土地評価 P369 。仮に相続税の実効税率（相続財産に対する税金の負担率 実効税率 P272 ）が30％だったとしたら、この土地に2,475万円（8,250万円×30％）もの相続税納税負担を強いられる

199

ことになり、奥様の今後の生活にも支障が出てくる可能性があるわけです。

【通常評価】
50万円/㎡×165㎡＝8,250万円
※他の各種評価ルール・補正等は加味しない
相続税実効税率30%として
8,250万円×30%＝2,475万円の負担

【小規模宅地等の特例を適用】
8,250万円×(1－80%)＝1,650万円
実効税率30%として
1,650万円×30%　＝　495万円
小規模宅地等の特例適用後の
　相続税負担軽減額　▲1,980万円

　そこで、もしこの居住用の土地に小規模宅地等の特例を適用できるとすれば、最大330㎡まで80%評価減額されるわけですから、165㎡×50万円／㎡×(1－80%)となり、評価額は1,650万円、実効税率が仮に同じく30%としたら、相続税の負担は495万円（1,650万円×30%）となります。小規模宅地等の特例を活用しなければ、2,475万円の相続税負担だったものが、1,980万円も引き下がり495万円の相続税負担で済むわけです。
　小規模宅地等の特例は、相続税負担に多大なインパクトを与える重要な特例なのです。

生前対策のヒント

小規模宅地等の特例制度の詳細は後述 P204 しますが、将来の相続を見据えて、有利な小規模宅地等の特例活用ができるようにするには、生前対策としてどういう準備が必要となるでしょうか？

1. どの土地を誰に引き継がせるかの方針を決めておく

まず、小規模宅地等の特例の適用は、相続発生直前の土地の用途が居住用、事業用、不動産貸付事業用のいずれかであることが前提です。そして、その土地を相続で誰が取得し、一定期間（相続税の申告期限まで）どのように利用するのかが大切なポイントです。特に、誰が取得するかが重要となります。

事業用、不動産貸付事業用の土地については、原則として親族が引き継ぎ、後は事業継続要件を満たすことで適用の可能性はあるのですが、居住用の土地については、引き継ぐ親族によって適用可能性が大きく異なります。P204

相続後、その土地を誰が引き継ぐのかによって、小規模宅地等の特例適用の可否が分かれるということです。もちろん、事情は各家庭様々で、税金のことだけを考えて、土地を相続するわけではありません。よって、将来の財産分けの判断材料の1つとして、どの土地を誰が引き継げば、小規模宅地等の特例の適用可能性があるのか、すなわち相続税負担の軽減に繋がるのかということだけでも確認しておくといいでしょう。

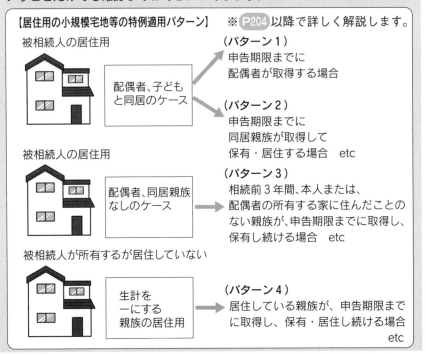

【居住用の小規模宅地等の特例適用パターン】　※P204以降で詳しく解説します。

被相続人の居住用　配偶者、子どもと同居のケース

（パターン1）
申告期限までに配偶者が取得する場合

（パターン2）
申告期限までに同居親族が取得して保有・居住する場合　etc

被相続人の居住用　配偶者、同居親族なしのケース

（パターン3）
相続前3年間、本人または、配偶者の所有する家に住んだことのない親族が、申告期限までに取得し、保有し続ける場合　etc

被相続人が所有するが居住していない　生計を一にする親族の居住用

（パターン4）
居住している親族が、申告期限までに取得し、保有・居住し続ける場合　etc

2. どの土地に小規模宅地等の特例を適用するかの方針を決めておく

　将来、小規模宅地等の特例を適用できる可能性のある土地が複数ある場合、すべての土地に特例が適用できるわけではありません。しかし、どの土地で小規模宅地等の特例を適用するかは自由なので、最も評価減額効果のある選択を検討するとよいでしょう。

　土地単価と減額割合と適用可能面積からみた評価減額効果の最も高い土地に小規模宅地等の特例を適用するというのは、1つの判断です。

　例えば、住まいの土地（居住用土地）、事業に使っている土地（事業用土地）、賃貸アパートの土地（不動産貸付事業用土地）を所有していて、どの土地についても小規模宅地等の特例適用の可能性がある場合、それぞれの評価減額効果を比較することで、どの土地に特例を適用するべきかの判断材料となります。図表のケースでは、居住用の土地に適用するなら13,200万円の評価減額、続いて事業用の6,400万円、不動産貸付用の6,000万円です。居住用の土地に適用するのが最も評価減額効果が大きそうです。

所有不動産	面　積	土地平米単価	減額効果	適用優先
居住用土地	350m^2	50万円／m^2	△　13,200万円 (50万円／m^2×80%×330m^2)	1
事業用土地	500m^2	20万円／m^2	△　6,400万円 (20万円／m^2×80%×400m^2)	2
不動産貸付用土地	250m^2	60万円／m^2	△　6,000万円 (60万円／m^2×50%×200m^2)	3

　ちなみに、居住用、事業用、不動産貸付用の土地それぞれの小規模宅地等の特例適用面積の上限は330m^2、400m^2、200m^{2}ですが、小規模宅地等の特例を適用する土地の面積がその上限に満たない場合には、その分、他の土地にも小規模宅地等の特例を調整適用できます。なお、平成27年1月1日以後の相続では、居住用と事業用土地がある場合、居住用で330m^2、事業用で400m^{2}の上限いっぱい（合計730m^2）まで同時適用することができます。

　なお、土地単価（路線価）は物価変動に連動して毎年変わりますし、立地条件によっても単価は上下します。この基準はあくまで1つの判断材料として、それらの条件変更も想定の上で慎重に検討するべきでしょう。

3. 遺産分割でもめると小規模宅地等の特例は使えない？

　注意すべきは、相続税申告期限（相続発生から10か月）までに、適用を検討している土地についてきちんと遺産分割協議が成立していなければこの特例は適用できないことです。円満に遺産分割がなされることは、特例活用の必須条件でもあるのです（申告期限までに遺産分割が整わない場合でも、その後申告期限から３年以内に遺産分割が整えば、一定の手続きのもと特例適用が可能になります）。

　なお、小規模宅地等の特例を適用する場合、「特例」を使ったという明細を相続税申告書に添付する必要があります。そのため小規模宅地等の特例によって評価が下がり、基礎控除額を下回って、相続税負担がゼロになったとしても相続税申告は必要です。

4. どの不動産を相続し、贈与するかの判断材料になる

　相続税の申告によって、小規模宅地等の特例適用を予定している土地については、生前に贈与をするのは得策ではありません。小規模宅地等の特例は、相続税計算のみの制度で、贈与税計算では使えないからです。生前に土地贈与をする場合、小規模宅地等の特例適用予定地を贈与することで、将来の相続税計算において、小規模宅地等の特例が適用できなくなることもあります。

　税金のことだけを考えて贈与するわけではありませんが、どの土地を贈与するかで税負担が大きく異なるのも事実ですから、贈与する不動産選択の判断材料の１つとなるでしょう。

　次のページ以降、小規模宅地等の特例についてもう少し詳しく解説します。

自宅の土地がある人

テーマ4 相続税負担を左右する小規模宅地等の特例

重要度 ★★★

Q 小規模宅地等の特例（居住用宅地等）とはどんな制度ですか？
被相続人等の自宅の土地を相続する場合に活用できる特例について教えてください。

A 被相続人等の自宅の土地を相続する場合、一定の要件を満たすことで80%の評価減額を受けることができます。しかし、誰がどのように相続すればこの制度の適用を受けられるのかをよく検討し、事前に相続プランを立てておくことが重要です。

要点メモ　制度を活用するために事前に整理したいこと

●家には誰が住んでいますか？
●土地は誰が取得する予定ですか？
●取得後の用途は何ですか？

解説

1. 概要

被相続人および被相続人と生計を一にする親族が居住していた建物の土地は、一定の要件を満たすことにより、330m²まで相続税評価額が80%減額されます。例えば、5,000万円の土地の評価額がこの特例を活用した場合評価額は1,000万円になるため、相続税額は大幅に減少します。なお、この制度の適用を受けることにより相続税が0円になる場合には、たとえ

相続税が0円であっても申告が必要となりますので、注意が必要です。

2. 建物の居住者と所有者との関係

　この適用を受けるには、その宅地等の上にある建物の居住者が、"被相続人"もしくは、"被相続人と生計を一にする親族"でなければなりません。一方、建物の所有者が誰であるかは、特例の適用上問われていません。

　しかし、所有者と居住者が異なる場合、そこで家賃のやり取りが行われているとこの制度の適用の対象とはなりません。これは、建物所有者と宅地所有者が異なる場合についても同様です。

　例えば、土地が被相続人（父）所有で建物が相続人（息子）所有の場合（建物には父が居住）、親子間で地代家賃の授受がなければ特例の適用となりますが、授受が行われている場合には適用できません。

3. 特定居住用宅地等の意義

　この特例は、第一に、被相続人もしくは被相続人と生計を一にする親族の居住用宅地等であることが要件ですが、加えて一定の要件を満たす者が取得することにより、"特定居住用宅地等"に該当し、初めて80％の減額を受けることができます。そこで、この特例適用の要件を、**被相続人の居住用宅地等**と**被相続人と生計を一にする親族の居住用宅地等**の2つのパターンに分けて要件をまとめます。

(1) 被相続人の居住用宅地等のケース

　被相続人の居住用宅地等の場合は、誰が相続するかにより次のパターンに分けることができます。

① 配偶者が取得した場合

配偶者が取得した場合には特に要件なく80%の減額が受けられます。

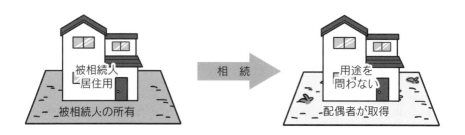

② 同居親族が取得した場合

相続開始の直前において、被相続人の居住用家屋に同居していた親族が相続し、相続後は、相続税の申告期限までにその家屋に居住しており、かつ、その宅地を相続税の申告期限まで所有している必要があります。

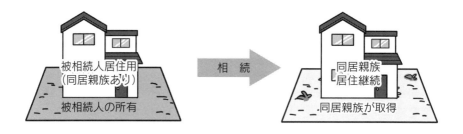

③ 同居親族以外の親族が取得した場合

同居親族以外の親族が取得する場合、相続後家屋の居住継続要件はありませんが、次の要件を満たす必要があります。
・被相続人に配偶者がいないこと
・同居親族がいないこと
・取得親族は、日本国内に居住しているか、または国外に居住していて日本国籍があること

・取得親族は、相続開始前3年以内に国内にある本人または本人の配偶者の所有する家屋に居住したことがないこと

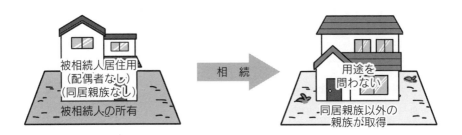

(2) 被相続人と生計を一にしていた親族の居住用宅地等

被相続人と生計を一にしていた親族の居住用宅地等は、誰が相続するかにより次のパターンに分けることができます。

① 配偶者が取得した場合

配偶者が取得した場合には、特に要件はなく80％の減額が受けられます。

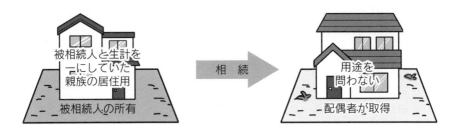

② 被相続人と生計を一にしていた親族が取得した場合

被相続人と生計を一にしていたその親族が相続し、相続税の申告期限まで継続してその家屋に居住しており、かつ、その宅地を相続税の申告期限まで所有している必要があります。

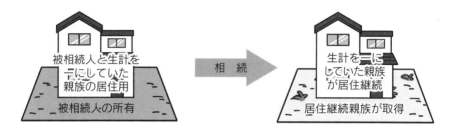

③ 同居親族以外の親族が取得した場合

80％の評価減額の適用はありません。

生前対策のヒント

　居住用の小規模宅地等は、配偶者が取得すれば要件なく受けることができますが、他の親族が取得する場合には居住継続要件等がありますので、同居を含め事前に十分検討することが重要です。
　また、平成25年度税制改正では、次の改正がされましたので、このことを踏まえ検討しましょう。

● 平成27年１月１日以後の相続適用項目

・適用面積が330m²へ拡大
・居住用と事業用のダブル適用が可能になり最大適用面積が730m²に拡大

● 平成26年１月１日以後の相続適用項目

・構造上区分されている二世帯住宅でも同居とし敷地のすべてが適用対象。ただし、区分所有登記がされている場合は適用不可の場合がありますので注意が必要
・老人ホーム等に入所中でも被相続人の介護が必要なための入所であり、その間家を貸し付けないことの要件を満たせば、適用対象。なお、入所前から同居していた親族等が引き続き居住している場合も適用対象となる。

事業用の土地がある人

| テーマ 5 | 相続税負担を左右する小規模宅地等の特例
(事業用・不動産貸付用土地) |

重要度 ★★★

小規模宅地等の特例(事業用宅地等)とはどんな制度ですか?
被相続人等が営んでいた事業用の土地を相続する場合に活用できる特例について教えてください。

被相続人等が営んでいた事業用の土地等を相続する場合、一定の要件を満たすことで80%(一定の不動産貸付業の場合50%)の評価減額を受けることができます。

要点メモ　制度を活用するために事前に整理したいこと

- 営んでいる事業の種類は?
- 事業者は誰ですか?
- 誰が事業を承継しますか?
- 承継後、同一事業を継続していく予定ですか?

解説

1. 概要

　被相続人および被相続人と生計を一にする親族が事業用に供していた土地等は、一定の要件を満たすことにより、400m²(一定の不動産貸付業の場合200m²)まで相続税評価額が80%(一定の不動産貸付業の場合50%)減額されます。なお、この制度の適用を受けることにより相続税が0円になる場合には、たとえ相続税が0円であっても申告が必要となりますので、注意

が必要です。

2. 不動産貸付業等の取扱い

　被相続人等の事業の用に供されていた宅地等の"事業"には、不動産貸付業等も含まれますが、その事業が不動産貸付業か否か、また"特定事業用宅地等"に該当するか否かによって、減額割合と適用面積が異なります。ここでいう**不動産貸付業**とは、"駐車場業、自転車駐車場および不動産の貸付けその他これに類する行為で相当の対価を得て継続的に行うもの"を言います。

			適用面積	減額割合
不動産貸付事業以外の事業	被相続人の事業用	特定事業用宅地等に該当	400m²	80%
	生計を一にする親族の事業用	特定事業用宅地等に該当	400m²	80%
不動産貸付業等の事業		特定同族会社事業用宅地等に該当	400m²	80%
		上記以外の宅地等	200m²	50%

3. 建物の所有者と事業者との関係

　この特例の適用を受けるには、その宅地等の上にある建物の事業者が、"被相続人"もしくは、"被相続人と生計を一にする親族"でなければなりません。一方、建物の所有者が誰であるかは、特例の適用上問われていません。

　しかし、建物の所有者が被相続人以外である場合、土地の所有者である被相続人と地代のやり取りが行われていれば、被相続人としては不動産賃貸業を行っていることになります。たとえ、その建物で不動産事業以外の事業を被相続人と生計を一にする親族が営んでいたとしても、特定事業用宅地等としての80％の減額は適用されません。

4. 特定事業用宅地等の意義

　この特例は、被相続人もしくは、被相続人と生計を一にする親族が営む事業用宅地等が適用宅地ですが、一定の要件を満たす者が取得することにより、"特定事業用宅地等"に該当し、80％の減額を受けることができます。そこで、被相続人の事業用宅地等と被相続人と生計を一にする親族の事業用宅地等の2つに分けて"特定事業用宅地等"の要件をまとめます。

(1) 被相続人の事業用宅地等

　親族が、相続開始から申告期限までの間に被相続人の事業を引き継ぎ、かつ、申告期限まで当該宅地を有していること。

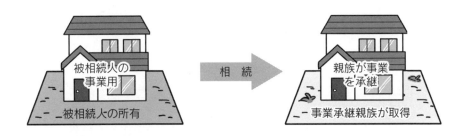

(2) 被相続人と生計を一にする親族の事業用宅地等

　相続開始から申告期限まで、被相続人と生計を一にする親族が事業を行っており、かつ、申告期限まで当該宅地を有していること。

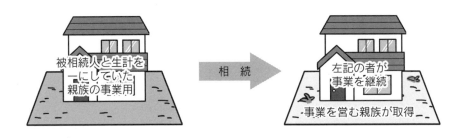

5. 特定同族会社事業用宅地等の意義

　被相続人等が所有する宅地等がその被相続人等が同族関係者となっている同族会社の事業の用に供されている場合、それは、宅地等の貸付けとなり不動産貸付業等に該当するものとして80%の減額は適用されません。

　しかし、"特定同族会社事業用宅地等"に該当する場合には、80%減額の適用があります。特定同族会社事業用宅地等とは次の要件を満たすものが該当します。

① 　株主要件……法人の発行済株式総数の50%超の株式数を被相続人および被相続人の親族その他の被相続人と特別の関係がある者が有すること
② 　法人役員要件……宅地等の取得者が相続税の申告期限においてその法人の役員等であること、かつ、宅地等を申告期限まで保有すること

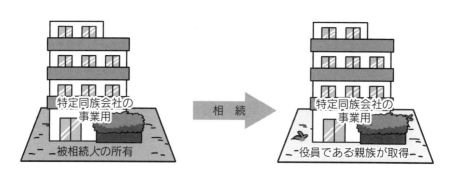

　事業用の小規模宅地等の適用にあたっては、同一事業の継続がポイントとなります。事業承継者が事業の内容を全く変更せず承継すればよいのですが、

変更がある場合には、それが転業にあたるかどうか判断が必要となり、転業とされれば、被相続人の事業を引き継いだとは言えず、評価減額ができません。事業の同一性が保たれているか否かの判定は、日本標準産業分類項目等を参考にして総合的に判断する必要があります。例えば、被相続人が内科医で事業承継者が歯科医院として事業を承継した場合、日本標準産業分類の小分類では、別事業として扱われ、また、資格も異なることから転業にあたると考えられます。

一方、事業用宅地等を取得した親族がやむを得ない理由により事業主となれない場合、評価減額は当然認められませんが、例外的に次の２つの場合には適用が認められています。

① 事業用宅地等を取得した親族が就学中であること、その他当面事業主となれないことについてやむを得ない事情があるため、その親族の親族が事業主となっている場合。
② 事業用宅地等を取得した親族が会社等に勤務する等他に職を有し、またはその事業以外に主たる事業を有している場合であっても、その事業の事業主となっている限り、その事業を営んでいるものとして取り扱う。

②の場合は、宅地を取得した者は会社員で承継した事業の事業主とはなりますが、実質的には、親族を事業専従者として事業を行っている場合等が該当します。

事業用宅地等の相続は、事業承継の中でも重要な課題です。特にこの小規模宅地等の適用を受けられるか否かは、相続税額に大きな影響を及ぼします。したがって、他の相続人とも十分に話し合い、事前に検討しておくことが望ましいでしょう。

相続税のポイントを知りたい！

債務と葬式費用

重要度 ★★

Q 相続税の対象となるマイナス財産とはどういうものですか？

債務や葬式費用によって相続税負担が減るということですが、どのように取り扱われるのか教えてください。

① 相続時点にある被相続人の一定の債務については、相続財産から差し引いて相続税を計算できます。また葬式にかかった一定の費用についても差し引きできます。
② 未払いの医療費や、所得税、住民税、固定資産税などの未払金も債務として控除できます。
③ 保証人としての保証債務については、債務として認められません。
④ 団体信用生命保険に加入している住宅ローンは債務控除できません。
⑤ 弁護士費用や税理士費用等も債務控除できません。

要点メモ 相続財産から差し引ける債務と葬式費用例

相続財産から差し引ける債務例	差し引けない債務例
相続時に確実にあった借入金・未払金	消滅時効の完成した債務
所得税など税金の未払い等	保証債務（状況による）

相続財産から差し引ける葬式費用例	差し引けない葬式費用例
遺体捜索・運搬費用	香典返し費用
火葬・埋葬・納骨費用（仮葬式・本葬式両方）	墓石・墓地の購入費用

| 寺に払う読経料などのお礼 | — |
| 通常葬式にかかせない費用（お通夜の費用など含む） | 初七日や法事の費用 |

解説

　相続税の計算構造上、相続開始時にある財産に相続税がかかるわけですが、相続時点でマイナスの財産、例えば借金等があるならそれらを財産から差し引いて計算（債務控除）します。

　相続税申告に際して、この債務について、うっかり失念あるいは知らずに申告をしてしまい、相続税を多く払っているケースを多く見受けます。どんな債務が債務控除の対象になるのか、いまからしっかり確認をして相続税の計算に加味したいところです。

1. 債務控除ができる人

　まず、相続税を計算する際に、被相続人の債務を差し引くことができる人は、相続人か包括受遺者に限ります。

　包括受遺者とは、遺言で財産をもらい受ける人のうち、特定の財産をもらう特定受遺者ではなく、財産の何分のいくつという具合に遺産の割合で引き継ぐ受遺者を言います。あたかも法定相続分という割合で相続する相続人のようです。一方、特定受遺者は債務控除ができません。遺言の記載内容は、債務控除の適用可否に影響するわけです。

　また、例外中の例外になりますが、相続人か包括受遺者であったとしても、相続、遺贈によって財産を取得した時に、日本国内に住所がない人のうち一定の人を制限納税義務者といいます。このような人には、そもそも日本の相続税は、日本にある財産だけ（一部例外あり）にかかります。そのため、その引き継いだ財産に紐付き対応関係のある債務しか債務控除ができません（また、葬式費用も差し引けません）。

これから日本がさらに国際化していく中で、こういうケースも増えてくるかもしれません。P231

2. 債務とはいったい何をいうのか？

ところで、一口に債務と言っても色々あります。当然、債務控除できる債務とできない債務があるわけです。債務控除となるための基準は、被相続人の生前からある債務で、相続時点でも現存し、確実な債務であることです。例えば、相続時点で被相続人が返済中であった借金は、債務控除の対象となりますが、既に消滅時効の完成したような債務は、債務控除の対象にはなりません。

債務は、銀行からの借入金だけが債務ではありません。例えば、会社経営をしているなら、同族会社からの借入金、ノンバンクからの借入金も債務です。

3. 保証債務はどうなるのか？

もし、被相続人が保証人になっていたとした場合の、保証債務はどうなるでしょう？

保証人としての保証債務については、原則的に債務控除できません。

保証債務は、そもそも主たる債務者がその債務を払えなくなったときに初めて、保証人がその責任を負うわけですから、通常、相続時点ではまだ債務が確定していないためです。

よって、主たる債務者が債務を返済できず、保証人が代わりに債務を返済した段階で初めて債務控除の対象となります。ただし、主たる債務者にその分返還を受けることができるような場合、債務控除はできないので注意が必要です。

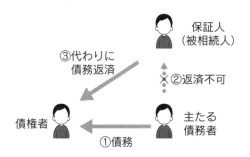

4. 未払金も債務控除できる

　未払金等も債務と同様、債務控除できます。未払金とは物品等を購入したものの相続時点でまだ支払いをしていないものです。よくある例は、未払いの医療費、準確定申告による所得税・住民税や固定資産税の税金等です。個人でアパートやマンションの不動産賃貸業をしている場合は敷金、預かり保証金等、個人事業を営んでいる場合は買掛金や預り金等の未払債務も忘れずに債務控除するようにしましょう。

　住宅ローンも債務控除の対象となります。ただし、団体信用生命保険（一般的に略して団信と呼ばれます）に加入しているか否かにより取り扱いが異なります。
　団体信用生命保険付きの住宅ローンの場合は、死亡と同時に債務が保険で補填されることになるので、債務控除できません。
　また、相続に関する遺言執行費用や弁護士費用、相続税申告等に関する税理士費用等も債務控除できません。
　なお、葬式費用は相続財産から差し引けます 要点メモ P214 が、生前に仏壇、墓石、墓地等の非課税財産を購入して、相続時点でその代金が未払金であっても、それは非課税財産の未払金、つまり相続税の対象とならない財産の未払金ですから、債務控除できません。 非課税財産 P184

税務調査って一体どんなもの？

テーマ7 税務調査で慌てないために

重要度 ★

Q 相続税にも税務調査があると聞いたのですが、いったいどういったものですか？

相続税の税務調査とは想像できないのですが、事前準備の必要があるか教えてください。

A 多くの方々は税務署にそうそう慣れているわけではないので、税務調査は、相続人にとって非常な心労となるケースが多いようです。

統計データからみると、税務調査が入ったらほとんどのケースで申告漏れが指摘され、しかも指摘される財産は現金・預金・有価証券が大半です。

将来、相続人たちに不安を残さないように、自身の財産について今からきちんと管理しておき、相続人にはできる範囲で開示したりコミュニケーションをとっておくとよいでしょう。

要点メモ 　　　相続税の税務調査

1. 相続税にも税務調査があります。
2. 統計上、相続税申告をした4～5件に1件は税務調査をうけます。
3. 統計上、税務調査をうけたうちの8割もの会社で申告漏れがみつかります。
4. 調査の流れやトレンドを知り、慌てないようにしましょう。

解説

1. ある日突然、税務署から1本の電話

　相続税の税務調査は、申告後、忘れた頃に実施されるケースが多いでしょう。税理士に申告代理してもらって代理権限証書を提出している場合は、通常税理士事務所に連絡が来ますが、そうでなければ直接皆さんのもとに連絡が入ります。税務署から税務調査をしたいと連絡が入るわけですから、大抵の方はびっくりしてしまいます。

　相続税の税務調査は、提出した相続税申告書の内容について、調査官から色々話を聞かれたり、資料の確認をしたりして、相続税の対象になる財産について申告漏れがないか、評価・計算に間違いがないか、を確認する作業であると言えます。

　相続税の税務調査の特徴は、被相続人(亡くなった人)の財産について、相続人に確認する点です。すなわち、自身の財産ではなく亡くなった被相続人の財産について、相続人が根掘り葉掘り聴取されるわけですから、すべて把握して答えられるかといえば難しいケースが多く、どうしても漏れが出やすい調査であるというのが相続税の税務調査の特徴と言っていいでしょう。

　そのため、生前にきちんと財産を整理し、明確にしておくことは、税務調査等で家族に不安な思いをさせないためにも、非常に重要なことでしょう。

2. 税務調査当日の流れ

　さて、ひやひやの税務調査ですが、どんな風に進むのか、実際にあったとある税務調査のスケジュールを例にとってお話ししましょう。

　まず、税務調査といっても、故意に財産を隠すというような悪質なケースを別にして、映画「マルサの女」のような恐ろしいイメージはなく、通常はどちらかといえば、調査官が穏やかに話を聴くイメージです。

　相続税の税務調査は、よほどのことがない限り、あるいは調査する事項

が多くない限り大抵１日か２日で終わるのではないでしょうか？

　大まかな税務調査の流れとしては、午前10時頃から始まり、正午前後に１時間お昼休みが入り、午後再び調査が始まります。調査官は通常２人、熟練の調査官が若手を引き連れてやってくることが多いように思います。

　税務調査が始まると、調査官は、大抵他愛もない世間話で場を和ませて始まります（ピリピリした張りつめた空気は変わりませんが）。調査官は下調べをしてきますので、それに基づいて、被相続人のこと、被相続人と親族の関係、財産の管理について等、色々な質問をします。調査の過程でわりあいプライベートに踏み込んだ、細かな質問もされます。

　また家の中全体を見渡して、お金や通帳を管理している場所を確認したり、家財や動産について確認したり、財産に関する資料を調べたりもします。貸金庫がある場合には、金融機関に一緒に出向き中身を確認することもあります。判子の印影を確認することもあります。調査の最後に、あるいは別日に、調査官より税務調査の指摘事項をまとめて話があり調査が終わる、多少前後しますが、概ねこんな流れで税務調査は行われます。

　様々な角度から色々な質問が飛んできますが、質問されてもよくわからず、適切な回答ができないことも沢山ありますので、税務調査が終わって調査官が帰っても、これでよかったのか不安な気持ちになり、疲労感で一杯になるケースが多いようです。

　ちなみに、税理士に税務申告を代理してもらっている場合、その税理士が、税務調査官との日程調整や、準備すべき点や注意点の確認、当日の立会い、その後の対応をしてくれるはずですので、税務調査の連絡があれば、真っ先に申告書の作成に関与した税理士に連絡したほうがいいでしょう。頼もしい相棒になるはずです。

3. 税務調査の驚きの統計データ

　相続税の税務調査について知っておくとよいデータがあります。
　まず、以下の国税庁が公表する統計資料をみると、税務調査の件数をは

じめ、様々な状況がわかります。平成25年は、相続税の申告件数が約54,000件、平成25事務年度に調査を行った件数が11,909件。対応期間はややズレますが1年間の相続税申告件数と税務調査件数によれば、相続税申告をしたうちの実に約22％、4件か5件に1件は税務調査があるということになります。結構な割合で税務調査は行われると思いませんか。

また、注目すべきは申告漏れの数です。申告漏れの指摘があった件数が9,809件、実に調査件数11,909件の8割にも上ります。驚愕の事実です。

まとめると、相続税の申告をしたら、その約22％で調査が行われ、そのうち82.4％の割合で申告漏れを指摘され追徴課税されているということになります。そして、実地調査1件当たりの申告漏れ課税価格が2,592万円、追加で納めている税額（相続税と加算税）にして1件あたり452万円分だということです。

【相続税の調査事績】

項目		事務年度 平成24事務年度	平成25事務年度	対前事務年度比
①	実地調査件数	件 12,210	件 11,909	％ 97.5
②	申告漏れ等の非違件数	件 9,959	件 9,809	％ 98.5
③	非違割合（②／①）	％ 81.6	％ 82.4	ポイント 0.8
④	重加算税賦課件数	件 1,115	件 1,061	％ 95.2
⑤	重加算税賦課割合（④／②）	％ 11.2	％ 10.8	ポイント ▲0.4
⑥	申告漏れ課税価格	億円 3,347	億円 3,087	％ 92.2
⑦	⑥のうち重加算税賦課対象	億円 436	億円 360	％ 82.5
⑧	追徴税額	本税	億円 527	億円 467	％ 88.8
⑨		加算税	億円 83	億円 71	％ 85.2

⑩		合計	億円 610	億円 539	% 88.3
⑪	実地調査1件 当たり	申告漏れ課税価格 （⑥／①）	万円 2,741	万円 2,592	% 94.6
⑫		追徴税額（⑩／①）	万円 500	万円 452	% 90.5

（注）「申告漏れ課税価格」は、申告漏れ相続財産額（相続時精算課税適用財産を含む。）から、被相続人の債務・葬式費用の額（調査による増減分）を控除し、相続開始前3年以内の被相続人から法定相続人等への生前贈与財産額（調査による増減分）を加えたものである。
出典：国税庁「平成25事務年度における相続税の調査の状況について」別表

　さらに、相続財産の構成から、申告漏れが指摘されている財産の種類は、平成25年事務年度で現金・預貯金等が1,189億円で約39.2％、有価証券が355億円で約11.7％です。併せておよそ50.9％、実に申告漏れの半分が、現金・預貯金・有価証券等という実態が浮き彫りにされています。

（付表1）　申告漏れ相続財産の金額の推移

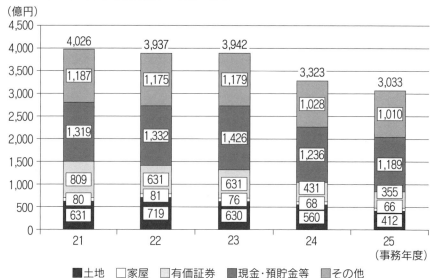

(付表2) 申告漏れ相続財産の金額の構成比の推移

事務年度	土地	家屋	有価証券	現金・預貯金等	その他
21	15.7	2.0	20.1	32.8	29.5
22	18.3	2.1	16.0	33.8	29.8
23	16.0	1.9	16.0	36.2	29.9
24	16.9	2.0	13.0	37.2	31.0
25	13.6	2.2	11.7	39.2	33.3

出典：国税庁「平成24事務年度における相続税の調査の状況について」付表1、2

4. 最近の調査トレンド

さらに、相続税の税務調査の最近のトレンドも確認しておきましょう。

生前対策を考えるにあたり2点確認しておくとよいでしょう。1つは、国外財産の申告漏れの増加、もう1つは、無申告事案の増加です。

まず、国外財産の申告漏れについてです。

近年、日本人も、国外資産を保有し、国際分散投資するといったケースも年々増えてきているようです。資産保有・運用のグローバル化というのでしょうか。海外に銀行口座を作ったり、海外不動産や投資信託、株式や債券等への投資が比較的容易になったということもあるのでしょう。税務調査でも、年々、国外資産に関する申告漏れの指摘が多くなっており、税務当局としても、積極的に調査しています。また、国外資産については国内資産に比べて調査がしにくいために、国外財産調書制度を創設したりと、国外資産についての把握につとめている傾向にあります。 国外財産調書 P231

次に、無申告事案の増加についてです。平成25事務年度の１年間の相続税の税務調査で、本来なら申告義務があるにも関わらず、相続税の申告をしていない無申告の事案での申告漏れが650件、総額788億円も見つかったようです。平成27年１月１日以後、相続税改正により、これまでなら相続税のかからなかっただろう家庭も申告をしなければならないようになるでしょうから、相続税がかからないものと思い込んでうっかり申告しなかったというケースも増えてくることが予想されます。無申告で余計なペナルティの税金を納めるようなことにならないようにしたいものです。

生前対策のヒント

1. 記録と証拠をきちんと残しておくこと

　経営者等で、過去に法人税等の税務調査を受けている場合は幾分か気持ちも違うのでしょうが、相続税の税務調査は、多くの相続人にとっては初めての経験です。そのために多くのケースで心労が伴うのが実情でしょう。
　相続税の税務調査はかなり高い確率で入るわけですから、例えば、生前に贈与等の対策をする場合には、きちんと記録や証拠書類を残しておくことを心がけましょう P260 。それだけで、財産状況がクリアになるとともに、相続人にとっても仮に税務調査があり説明を求められても、きちんと証明できるという安心感を持てるでしょう。

2. 漏れない工夫と生前にきちんとコミュニケーションをとること

　相続税の申告漏れやうっかり無申告というケースを予防するには、生前に相続の準備をする際、相続税がかかるのかどうかについての確認をしておき、申告すべき相続財産をきちんと整理して相続人に伝えておく、あるいは相続時点でわかるようにしておく、といった被相続人と相続人の間でのコミュニケーションが大切になります。相続については、なかなか相続人のほうからは話を切り出しにくいものです。生前対策をするにあたって、このようなコミュニケーションをとることは、相続人にとっての安心材料ともなるでしょう。

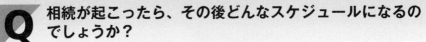

テーマ8 相続後のスケジュール

重要度 ★★

Q 相続が起こったら、その後どんなスケジュールになるのでしょうか？

相続後、通夜や葬式等は想像できるのですが、その他に何をすればよいのでしょうか？　税金面のことを中心にスケジュールを教えてください。

A ① 相続後、通夜や葬式は、一般的に非常に慌ただしく時間が過ぎますが、かかった費用に関する領収書を忘れずに残してまとめておくことは、相続税負担の軽減に繋がります。

② 相続放棄をする場合には、相続後3か月以内に、手続きしなければなりません。家庭裁判所への申し出が必要です。

③ 相続後4か月以内に、その年の1月1日から相続時点までの所得について、所得税の確定申告（準確定申告という）をしなければなりません。

④ 相続後10か月以内に、相続税の申告と納付を済ませなければなりません。基本的には遺産分割協議が整っていなければ、相続税の計算をすることができません。

⑤ 遺産分割や相続税の申告に加えて、財産の名義変更を行うことを忘れずにしましょう。

要点メモ 相続後の一般的なスケジュール

期限		各種手続	税金関係手続	備考
	相続（死亡）			
7日以内	→	死亡届 市区町村へ		(1)葬式費用等領収書をとっておく
通夜・葬儀				
初七日		(2)相続人・相続財産・債務の確認、遺言の有無、検認手続き**（家庭裁判所へ）**		
四十九日				
3か月以内	→	(3)相続放棄・限定承認をするなら**（家庭裁判所へ）**		
4か月以内	→		(4)所得税の準確定申告（税務署）	税理士へ依頼
		(5)遺産分割協議書作成		遺産分けが整わなければ弁護士依頼
10か月以内	→		(6)相続税の申告・納付（税務署）	
		(7)遺産の名義変更（金融機関・法務局等）		名義変更は遺産分割方針が固まったものから適宜対処していくとよい
				不動産の名義変更は司法書士へ依頼

解説

1. 相続後のタイムスケジュールを把握する

　相続が発生したらその後どんなスケジュールが待っているのか、想像がつくでしょうか？　通夜や葬式等はある程度想像がつくと思います。多くの皆さんはめまぐるしいスケジュールに忙殺されるものの、葬儀屋さんに段取りを教えてもらったりして何とか対処するようです。しかし、実はその後に待っている財産分けや税金に関する手続きも相当大変で、半年から1年弱の長い年月を要するケースも少なくありません。そこで、相続後の手続きをスムーズにするためにも、事前にタイムスケジュールを把握しておくと慌てずに済むでしょう。各手続きで覚えておくとよいポイントを解説します。

(1) 葬式費用等の領収書はすべてきちんととっておき整理する

　通夜に始まり、葬式、火葬、納骨に終わる一連の葬儀費用については、相続税を計算する際に、相続財産から差し引くことができます。　**葬式費用　P214**

　そのため、葬儀が終わるまでは目が回るほど忙しいかもしれませんが、使った費用に関しては領収書をきちんととっておいてください。

　なお、実際葬式の現場では使った費用すべての領収書が手に入らないものもあります。そういう場合に備えて、領収書代わりに出納記録をノートなどに残しておきましょう。

葬式費用として債務控除できるもの	債務控除できないもの
通夜・葬式費用その他	香典返礼費用
相当程度のお布施	初七日や四十九日等の法会費用
死体捜索・運搬費用	遺体を解剖する費用
その他通常必要とされる費用	―

(2) 相続人の確認、財産債務の確認、遺言の有無の確認をする

葬式や法会が終わると、徐々に日常の落ち着きを取り戻しますが、次にいよいよ相続財産を分けるプロセスとなります。

誰が相続人となり、どれだけの財産債務があるのかの確認をしなければなりません。

財産債務については漏れなくきちんと把握できるようにしておきたいところです。この後、相続を放棄したり、限定承認するための判断材料にもなります。 放棄　P77

また、遺言が残っていれば、財産分けの重要な指針となりますから、遺言の有無を確認することは重要です。

なお、遺言がある場合、その遺言が公正証書遺言でない場合には、検認手続きが必要になります。ひとまず開封せずに家庭裁判所で手続きをとらなければなりません。ご注意ください。 遺言　P115

(3) 3か月以内に相続放棄の手続きをする

相続を放棄するには、相続から（知った時から）3か月以内に家庭裁判所で手続きをとらなければなりません。

(4) 4か月以内に準確定申告の手続きをする

被相続人が年の途中で死亡したとすれば、その年の1月1日から相続の日の間の所得について、所得税を計算し納付しなければなりません。これを**所得税の準確定申告**と言います。

相続から4か月以内に行わなければなりませんので、給料や年金の源泉徴収票、その他所得に関する書類をきちんと整理して、計算する必要があります。

また、この計算によって算出された税額は、未払金としてその後に行う相続税申告の際に債務控除することになります（所得税が還付される場合は、未収金として財産に計上します）。 債務　P214

(5) 遺産分割協議をする

相続人間で、相続時点のどの財産を誰が引き継ぐのか協議を行います。

これを**遺産分割協議**と言います P54 。この遺産分割協議が整ったら、遺産分割協議書を作成し相続人全員が実印を押印して完成させます。この遺産分割協議書は印鑑証明書と一緒に相続税の申告書に添付します。また各種財産の名義変更にも必要になってきます。

つまり、遺言が残されていない限り、遺産分割協議が整わなければ、この先の相続税申告手続きや名義変更の手続きが滞ることになってしまう非常に重要なプロセスです。

(6) 相続税の申告・納税をする

遺産分割協議を経て、どの財産を誰が相続するかが確定して初めて、相続税の各人の負担額が計算できます P189 。そのため、(5)の遺産分割協議が整わなければ、相続税申告作業はストップします。

なお、相続税申告書作成については、税理士に依頼することをお勧めします。高度な専門知識が必要だからです。おそらく、優秀な税理士に依頼すれば自ら行うのと比較して相対的に相続税負担がかなり違う申告書となるはずです。

相続税申告は、相続税の対象となる相続財産を確定したり、財産評価の難しい不動産や有価証券等の数が多い場合には、相応の時間がかかりますので、早めに着手しなければ10か月の相続税申告期限はすぐに過ぎてしまいます。

また、相続税の納税手続きも同様に10か月以内にしなければなりませんので、申告の準備と並行して納税資金 P238 の準備も忘れてはいけません。

時間内に段取りよく手続を済ませるためにも税理士の手を借りるとよいでしょう。

(7) 財産の名義変更をする

遺産分割協議が整えば、あるいは法的に有効な遺言があれば、財産の名義変更をすることができます。特に不動産は高価な財産ですから、その登記名義を変更することは非常に重要でしょう。登記申請も高度な知識が必要です。こちらは司法書士に依頼することをお勧めします。

生前対策  **のヒント**

　相続は、相続税申告が必要なケースだと、1年近くの年月を経てようやく終わりを迎えるような長丁場となることもあります。
　税務申告を中心に各種手続きをしていると、意外にすぐに時間が過ぎてしまうものです。
　早めに着手すること、専門家に依頼することで効率的に進めていくとよいでしょう。

国外に財産のある方

テーマ 9 国外にある財産の注意点

重要度 ★★

Q 国外の資産について税務的な注意点はありますか？
海外資産を持ちたいのだけど、相続税との関係で何か注意しておくことがあるのか教えてください。

A
① 国外財産調書制度という制度があり、毎年末時点で所有する国外資産が5,000万円を超えたら、その財産の明細を税務署に提出しなければならない制度です。

② 国外財産調書にきちんと記載のある国外財産については、相続税申告で申告漏れがあったとしても、加算税が5％減額されます。

③ 国外財産に対する日本の相続税、贈与税の納税義務の範囲も広くなりました。

要点メモ 　　　　国外財産調書制度

● 国外に5,000万円超の財産がある人が、自ら申告する制度のことを**国外財産調書制度**といいます。
● 国外財産が注目されつつあります。

解 説

1. 海外資産5,000万円超で国外財産調書

　外貨、海外の別荘、海外銀行の預金、海外企業への投資等国外に資産を持つことが昔に比べて比較的簡単にできる時代ですから、海外に資産を保有する方が増えてきたようです。それに呼応するように所得税や相続税等の税務調査で、海外にある資産に関する申告漏れが目立つようになり、日本の税務当局も海外にある資産を把握するのが非常に困難な状況にあるようです。

【海外資産関連事案に係る調査事績】

項目		事務年度	平成24事務年度		平成25事務年度		対前事務年度比	
①	実地調査件数			件 721		件 753		% 104.4
②	海外資産に係る申告漏れ等の非違件数		537	件 113	580	件 124	108.0	% 109.7
③	海外資産に係る重加算税賦課件数		68	件 16	65	件 17	95.6	% 106.3
④	海外資産に係る申告漏れ課税価格		218	億円 26	370	億円 163	169.9	% 620.0
⑤	④のうち重加算税賦課対象		36	億円 11	27	億円 2	76.2	% 20.3
⑥	非違1件当たりの申告漏れ課税価格（④／②）		4,051	万円 2,327	6,371	万円 13,146	157.3	% 565.0

（注）　左肩数は、国内資産に係る非違も含めた計数を示す。

【海外資産関連事案に係る調査事績の推移】

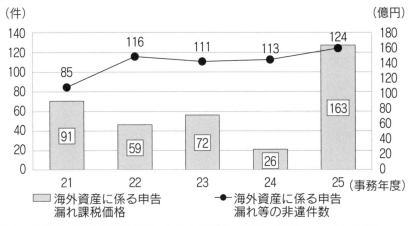

出典：国税庁「平成25事務年度における相続税の調査の状況について」付表3

そのため、国外資産を税務当局が把握する目的で、海外に一定額の財産を持っている人に、自ら申告してもらう制度があり、**国外財産調書制度**といいます。

平成25年からスタートした制度で、国内居住者（非永住者を除きます）が、毎年末12月31日時点で所有する国外財産が5,000万円を超える場合、その国外財産の種類、数量および価額等を記載した国外財産調書を、所轄税務署長に提出しなければならなくなりました。期限は翌年の3月15日ですから、所得税や贈与税の確定申告期限と同じです。

2．提出したらペナルティ5％減額、未提出で5％増額

税務調査等で、税金の計算を間違えて少なく申告していた場合には、加算税というペナルティの税金を払わなければなりません。加算税にも2種類あって、税金の申告はしたものの、本来払うべき税金より少なかった場合、過少申告加算税といって、本来払うべき税金に加えて10％か15％余計にペナルティとして払うことになります。そもそも申告すらしていなかった場合などは、無申告加算税といって、15％か20％とさらに重いペナルティ

を払わなければなりません。国外財産調書を提出するかしないかで、国外財産にかかるこの加算税が増えたり減ったりするところが制度の大きな特徴です。

(1) 所得税の場合

例えば、国外の預貯金や株式から利息や配当を受け取っていたり、国外の不動産から家賃収入があったり、国外不動産を売却して売却益がある場合をイメージしてください。

国外財産から生じた所得などにも原則的には日本の所得税がかかります。この所得税について税務調査でついうっかり申告漏れが見つかったとしたら、通常は加算税というペナルティの税金を納めなければならないのですが、その年の国外財産調書を提出していて、その財産がきちんと記載されていたらペナルティが5％減額されます。逆に国外財産調書を提出していなかったり、その国外財産の記載がない場合、ペナルティが5％加算されるのです。

(2) 相続税の場合

国外財産を相続した際の相続税の申告についても、国外財産調書は影響します。海外の不動産や預貯金を相続した場合、原則として相続人は相続税を納めないといけないのですが、税務調査があり仮に相続税申告書に国外財産の申告漏れが指摘されたとした場合にも、国外財産調書が提出されていて、税務調査で指摘された申告漏れの資産がきちんと記載されていたら、やはり加算税が5％減額されるのです。

加算税が減額されることもさることながら、残された家族が漏れのない相続税申告をできるように国外財産調書にきちんと記載しておくことは、相続人に余計な手間や不安を残さない相続の生前準備につながることでしょう。

ちなみに所得税との違いは、未提出や未記載の場合の加算税5％「増額」という取扱いがない点です。

生前対策のヒント

1. どんな情報をいくらで記載すればいいのか？

　国外財産調書には、様々な情報を盛り込まなければなりません。提出者の氏名・住所はもちろんのこと、普通預金・株式等の国外財産の種類、事業用なのかそうでないのか、どこにいくらあるのか等、つまびらかかつ事細かに記載しなければなりません。財産が沢山あれば結構めんどうな作業になるでしょう。

　ただし、これまでも、合計所得金額が2,000万円超の人は、「財産及び債務の明細」を所得税の申告書に添付することになっています。重複を避けるため、国外財産調書を提出する場合、その「財産及び債務の明細」には「国外財産については、国外財産調査のとおり。」と記載することで、国外財産についての記載は不要になります。

　また、記載する価額は、12月31日時点の時価によりますが、見積価額でもいいとされています。なお、相続税や贈与税の財産評価の際に使う財産評価基本通達による評価でも差し支えありません。

【国外財産調書の様式（イメージ）】

平成26年12月31日分　国外財産調査書							
国外財産を有する者		住所または居所	東京都千代田区霞が関3-1-1				
		氏　　　名	国税　太郎			（電話）3581-XXXX	
国外財産の区分	種類	用途	所　在		数量	価　額	備考
預　　金	普通	一般用	アメリカ○○州… ○○銀行　○○支店		1	8,500,000	
有価証券	株式	一般用	アメリカ△△州… ○○Inc.		6,000	24,000,000	
〜〜〜〜〜〜〜〜〜〜〜〜〜〜〜〜〜〜〜〜〜〜〜〜〜〜〜〜〜〜							
合　計　額					70,000,000	
（摘要）						

(注) 国外財産調書の具体的な記載要領およびこの様式と併せて提出する「合計表」の書式については、国税庁のホームページより「国外財産調書の提出制度（FAQ）」にわかりやすく説明されています。

2．有価証券を、国外財産調書に記載する基準

　最近では、日本国内にある金融機関でも外国有価証券を取り扱うようになってきました。しかし、日本国内にある金融機関の口座で管理されている外国有価証券については、国外財産調書への記載は必要ありません。当局の補足が可能だからです。一方、国外の金融機関の口座で管理されていれば、国内有価証券（内国法人等が発行する株式や社債など）であっても記載が必要です。当局の補足がしにくいためでしょうが、記載漏れのないように注意が必要です。

3．贈与や譲渡があったら

　国外財産調書が提出されることによって、その人がどれだけの国外財産を保有しているかが明らかにされると同時に、年ごとの比較によって国外財産の増減も明らかになるでしょう。増減が明らかになるということは、国外財産の贈与や売買などによる移動をも税務当局が把握できるということに他ならないわけです。当然のことですが、国外財産の譲渡・贈与に関してもきちんと申告手続きを忘れずに行わなければなりません。

4．わざと提出しなかったら

　国外財産調書なんて面倒なので、ペナルティが増えてもいいから提出しない、手っ取り早く適当に書いてしまおう、ということを考える人がいるかもしれません。
　しかし、国外財産調書については、うその記載をした場合や正当な理由もなしに期限内に提出しないという人に対しては、原則として1年以下の懲役または50万円以下の罰金が科されるという非常に重い罰則があります。きちんと記載して提出しておきましょう。

column 相続税の納税義務は、国外財産にも？

平成25年度税制改正により国外財産関係に係る改正が行なわれました。

● 納税義務の範囲拡大

平成25年4月1日以後の相続および贈与の国外財産に関する納税義務の範囲が拡大されました。

拡大されたのは、国内居住者（被相続人および贈与者）が、国外居住で日本国籍を有しない者（相続人および受贈者）に"国外財産"を相続および贈与した場合です。従来は、"国内財産にのみ"相続税および贈与税が課税されていましたが、改正により国外財産にも日本の相続税および贈与税が課税される事になりました。

この改正により、国内に住む外国人が国外に住む家族に国外財産を贈与した場合にも課税されることになります。

相続税を納付する人

テーマ10 相続税の納付

重要度 ★★★

 相続税の納付方法にはどんな方法がありますか？
相続税を納付するときの種類や方法にはどのようなものがあるか教えてください。

 相続税は、原則金銭一括納付ですが、一定の要件を満たすことで、分割して納める延納や、延納ができない場合には、物で納める物納により納税することができます。納税者の状況に応じて適切な納税方法の検討をしましょう。

要点メモ　**相続税の納付方法**

●納付方法の順位
　金銭一括納付　→　延納（金銭分割納付）　→　物納（物で納める）

解説

1. 納付方法の種類と選択

　相続税は、金銭一括納付が原則ですが、相続財産が土地や未上場株など金融資産以外の資産が相続財産の大部分を占める場合、金銭で一括納付することが困難な場合があります。そのような場合、分割で納める**"延納"**や物で納める**"物納"**という方法により相続税を納めることができます。物納・延納制度の適用可否については、次のフローチャートに従い判断できます。

【納付方法の選択】

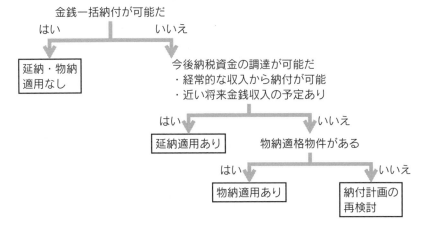

なお、物納は延納による納付が困難な場合に、初めてその困難な金額を限度として適用することができます。

2. 延納制度の概要

延納とは、金銭一括納付が困難な場合、その納付困難な額を限度として相続税の納税を、原則として5年（一定の要件を満たす場合には、最高20年）間分割払いをすることができる制度です。この延納制度を使う場合には、延納税額に相当する担保を提供することや、延納税額に対して利子税を払うことが必要になります。また、この制度は、税務署長の許可が必要になるため、相続税申告とは別に一定の申請書を作成し税務署長に提出しなければなりません。 P241

3. 物納制度の概要

物納とは、金銭一括納付および延納が困難な場合、その困難な額を限度として、物による納税をすることができる制度です。ただし、どんな物でもよいというわけではなく、一定の要件を満たす物納適格財産でなければなりません。また、延納と同様に税務署長の許可を受ける必要があるため、

相続税申告書とは別に一定の申請書を作成し税務署長に提出しなければなりません。 P245

● **生前の準備がスムーズな納税に繋がる**

　延納・物納制度を活用する場合、一定の要件を満たし相続期限までに延納・物納申請書を提出しなければなりません。申請書を提出したとしてもその申請が却下された場合には、延滞税を支払うことになります。
　したがって、金銭納付に少しでも不安がある場合には、納税資金の準備をすると同時に生前から延納・物納の検討をすることが大切です。
　また、具体的に納税方法の検討をする際には、次の点にも留意して下さい。

〈延納の場合〉
・延納による利子税の支払いと金融機関からの借入による利子の比較検討

〈物納の場合〉
・資産の譲渡による金銭納付の場合の譲渡所得税の算出
・物納申請する場合の費用（測量費用や境界確認の費用など）
・物納申請財産の市場への売却価額と相続税評価額との乖離の検討（物納の場合、相続税評価額をもって収納されます）

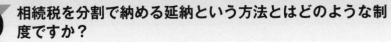

テーマ 11 相続税の分割納付

重要度 ★★★

Q 相続税を分割で納める延納という方法とはどのような制度ですか？

相続税を分割で納めるための制度や具体的な要件について教えてください。

A 延納制度の適用を受けるためには金銭一括納付が困難であることや担保の提供が必要となります。また、財産のうち不動産の占める割合によって延納期間や利子税の定めがあります。

要点メモ　延納制度概要

- 金銭一括納付が困難であること
- 担保が必要
- 分割期間は、不動産の占める割合によって定められている
- 利子税の支払い義務発生
- 税務署長への申請が必要

解説

1. 延納の要件

延納制度を活用する場合には、**次の要件のすべてに該当**する必要があります。

- 納付すべき相続税額が10万円を超えること
- 延納税額が金銭で一括納付することが困難な金額の範囲内であること
- 延納税額に相当する担保を提供すること（延納税額が50万円未満で延納期間が3年以下の場合には、担保を提供する必要はありません）
- 申請書を作成し納期限までに税務署に提出すること

2. 延納期間と利子税

延納期間と延納税額に係る利子税は、その人の相続税額の計算の基礎となった財産の価額の合計額のうち不動産等の価額の占める割合によって、次の表のようになります。なお、利子税は延納特例基準割合が年7.3％に満たない場合は、特例割合が適用されます。

区　分		延納期間（最高）	利子税（年割合）	特例割合 H25.12.31まで	特例割合 H26.1.1以降
不動産等の割合が75％以上の場合	1　不動産等に対応する税額	20年	3.6％	2.1％	0.9％
	2　動産等に対応する税額	10年	5.4％	3.1％	1.4％
不動産等の割合が50％以上75％未満の場合	3　不動産等に対応する税額	15年	3.6％	2.1％	0.9％
	4　動産等に対応する税額	10年	5.4％	3.1％	1.4％
不動産等の割合が50％未満の場合	5　立木に対応する税額	5年	4.8％	2.8％	1.2％
	6　立木以外の財産に対応する税額		6.0％	3.5％	1.5％

なお、平成25年度税制改正により平成26年1月1日以降の延納の利子税の割合の見直しが行なわれました。

3. 延納許可限度額

延納は、金銭で一括納付することが困難とする事由がある場合に、その納付困難な金額を限度としてすることができます。

その限度額は、延納許可限度額といい、次の算式で求めます。

納付すべき相続税額 − (納税義務者が納期限において有する現預金の額 + 納税義務者が納期限において有する換金の容易な財産価値) − (申請者の3か月分の生活費負担額 + 個人事業者の1月分の運転資金)

ここで注意すべき点は、納税者が納期限において有する現預金等および換金容易な財産です。これは、相続により取得した現預金等だけではなく、その納税者固有の財産も含まれます。したがって相続財産だけではなく、相続人の財産を含めたところで、金銭一括納付が困難かどうか判断されますので注意が必要です。

4. 担保の提供

延納の担保として提供できる財産の種類は、次に掲げるものに限られます。なお、相続または遺贈により取得した財産に限らず、相続人の固有の財産や共同相続人または第三者が所有している財産であっても担保として提供することができます。なお、税務署長が延納の許可をする場合において、延納申請者の提供する担保が適当でないと認めるときには、その変更が求められます。

① 国債および地方債
② 社債、その他の有価証券で税務署長が確実と認めるもの
③ 土地
④ 建物、立木、登記された船舶などで保険に附したもの
⑤ 鉄道財団、工場財団などの財団
⑥ 税務署長が確実と認める保証人の保証

5. 申請書の提出期限と審査期間

　延納制度の適用を受けるためには、税務署長の許可を得る必要があります。申請者は、納期限までに延納申請書に担保提供関係資料を添付して税務署長に提出しなければなりません。提出された側の税務署は、延納申請書受理から3か月以内に審査し、許可または却下を行います。

生前対策のヒント

　延納制度は納期限までに申請する必要があります。申請書の作成には担保の提供等準備にそれなりの時間がかかりますので、相続税の申告書の作成と同時並行で、納税方法についても早い段階から検討することが重要です。

相続税を物で納めたい人

テーマ 12 相続税の物納

重要度 ★★★

Q 相続税を物で納める物納という方法とはどのような制度ですか？

物納制度という物で税金を納める方法があると聞きました。制度や具体的な要件について教えてください。

A 物納制度の活用をする場合には、相続税の金銭納付が困難な事由があることおよび物納申請財産が物納適格財産であることなどの要件を満たす必要があります。

要点メモ　　物納要件概要

- 金銭一括納付および延納 P241 が困難であること
- 物納適格財産であること
- 物納収納価額は、相続税評価額であること
- 税務署長への申請が必要であり、却下の可能性があること

解 説

1. 物納の要件

物納制度を活用する場合には、**次のすべての要件を満たす**必要があります。

> ① 延納によっても金銭で納付することが困難であり、物納税額がその納付困難な金額の範囲内であること
> ② 物納申請財産が定められた種類の財産で申請順位によっていること
> ③ 物納申請財産が物納適格財産であること
> ④ 申請書を作成し納期限までに税務署長に提出すること

2. 物納申請財産の種類と順位

物納申請できる財産は、相続財産に限られます。また、物納できる財産の種類と優先順位が定められています。つまり、相続人が勝手に不要な財産を物納するということではなく、その定められた種類と順位によって何を物納するか判断する必要があります。

順　位	財産の種類
第１順位	国債、地方債、不動産、船舶
第２順位	社債、株式（特例の法律により法人の発行する債券および出資証券を含みます） 証券投資信託または貸付信託の受益証券
第３順位	動産

3. 物納適格財産

物納申請財産は、物納適格財産でなければならず、次のような財産は、物納には不適格とされ物納することができません。したがって、物納したいと考えている財産が**下記のいずれかに該当しているとき**は、事前に物納適格財産となるよう準備する必要があります。

(1) 管理処分不適格財産

① 不動産
　・担保権が設定されていることその他これに準ずる事情がある不動産
　・権利の帰属について争いがある不動産

- 境界が明らかでない不動産
- 隣接する不動産の所有者その他の者との争訟によらなければ通常の使用ができないと見込まれる不動産
- 他の土地に囲まれて公道に通じない土地で民法210条の規定による通行権の内容が明確でないもの
- 借地権の目的となっている土地で、その借地権を有する者が不明であることその他これに類する事情があるもの
- 他の不動産（他の不動産の上に存する権利を含みます）と社会通念上一体として利用されている不動産もしくは利用されるべき不動産または2以上の者の共有に属する不動産
- 耐用年数（所得税法の規定に基づいて定められている耐用年数を言います）を経過している建物（通常の使用ができるものを除きます）
- 敷金の返還に係る債務その他の債務を国が負担することとなる不動産
- その管理または処分を行うために要する費用の額がその収納価額と比較して過大と見込まれる不動産
- 公の秩序または善良の風俗を害する恐れのある目的に使用されている不動産その他社会通念上適切でないと認められる目的に使用されている不動産
- 引渡しに際して通常必要とされる行為がされていない不動産

② 株　式
- 譲渡に関して金融商品取引法その他の法令の規定により一定の手続きが定められている株式で、その手続きが取られていないもの
- 譲渡制限株式
- 質権その他の担保権の目的となっているもの
- 共有に属するもの（共有者全員がその株式について物納の許可を申請する場合を除きます）

③ 上記以外の財産

その財産の性質が上記の財産に準ずるものとして税務署長が認めるもの

(2) 物納劣後財産

　また、次のような物件は、他に物納にあてる財産がない場合に限り物納にあてることができます。

- 地上権、永小作権もしくは耕作を目的とする賃借権、地役権または入会権が設定されている土地
- 法令の規定に違反して建築された建物およびその敷地
- 土地区画整理法による土地区画整理事業等の施行に係る土地につき仮換地または一時利用地の指定がされていない土地（その指定後において使用または使役をすることができない土地を含みます）
- 現に納税義務者の居住の用または事業の用に供されている建物およびその敷地（納税義務者がその建物および敷地にして物納の許可を申請する場合を除きます）
- 劇場、工場、浴場その他の維持または管理に特殊技能を要する建物およびこれらの敷地
- 建築基準法43条1項に規定する道路に2ｍ以上接していない土地
- 都市計画法の規定による都道府県知事の許可を受けなければならない開発行為をする場合において、その開発行為が開発許可の基準に適合しないときにおけるその開発行為に係る土地
- 都市計画法に規定する市街化区域以外の区域にある土地（宅地として造成することができるものを除きます）
- 農業振興地域の整備に関する法律の農業振興地域整備計画において農用地区域として定められた区域内の土地
- 森林法の規定により保安林として指定された区域内の土地
- 法令の規定により建物の建築をすることができない土地（建物の建築をすることができる面積が著しく狭くなる土地を含みます）
- 過去に生じた事件または事故その他の事情により、正常な取引が行われない恐れがある不動産およびそれに隣接する不動産
- 事業の休止（一時的な休止を除きます）をしている法人に係る株式

4. 物納に伴い生じる費用

物納申請にあたっては、その物納申請財産の相続登記費用や地積測量図、建物平面図の作成費用などが生じます。また、隣接地主との境界確認書の作成の際には、いわゆる"ハンコ代"を要求される場合があります。これらの費用は、すべて納税者が負担することとなっています。税の優遇措置もありません。したがって、物納を予定している場合には、生前に物納に必要な整備等を行うことにより、その費用に見合う相続税は軽減されますから、物納申請をする予定があるならば、事前に準備することが有効です。

5. 物納収納価額

物納される財産の価額は、相続税法上の"課税価格計算の基礎となったその財産の価額"によるのが原則です。つまり、相続税評価額がその財産価額として収納されることになります。更に小規模宅地等の特例を適用した財産については、適用後の価額が収納価額になりますので、市場価額に比べて相当低い価額となります。したがって、物納物件を検討する場合、市場価額および売却可能性（買い手がつくか）ならびに売却した場合の譲渡所得税と物納する場合の相続税評価額を比較検討して、最も有利な方法を選択したいところです。

6. 申請書の提出期限と審査期間

物納制度の適用を受けるためには、税務署長の許可を得る必要があります。申請者は、納期限までに物納申請書に物納手続関係書類を添付して税務署長に提出する必要があります。提出された側の税務署は、物納申請書受理から3か月以内に審査し、許可または却下を行います。また、その物納申請財産が不適格財産だと判断された場合には、その却下された財産に変えて1回に限り、他の財産による物納の再申請を行うことができます。

生前対策のヒント

　物納を活用するには、十分な検討と事前準備が重要です。検討にあたっては、メリットとデメリットを理解したうえで行いましょう。

メリット	デメリット
譲渡所得税が課税されない	収納価額が相続税評価額であるため市場価額と比して安価な場合が多い
市場売却交渉等の手間がない（申告期限までに交渉が間に合わないということがない）	申請書作成等の作業が生ずる
	測量や境界確定等の費用が生ずる
	物納が認められない場合、延滞税等のリスクが生じる

相続財産を譲渡した人

テーマ13 取得費加算の特例

重要度 ★★★

Q 相続財産を譲渡した場合の取得費加算制度とはどのような制度ですか？

相続財産を譲渡した場合に受けられる取得費加算とはどのような制度か教えてください。

A 取得費加算とは、相続により取得した土地、建物、株式などを、相続開始から3年10か月以内に譲渡した場合、その譲渡に係る譲渡所得を計算する際、相続税額のうち一定金額を譲渡資産の取得費に加算することができる制度です。つまり、この制度により売却にかかる譲渡税が軽減されることになります。なお、この特例はあくまで譲渡所得のみに適用がある特例ですので、株式等の事業所得、雑所得に係る株式等の譲渡については、適用できません。

要点メモ　ポイント

- 相続開始後3年10か月の譲渡で譲渡益が出る場合有効な制度
- 平成27年1月1日以後の相続から土地等を譲渡した場合の計算方法が変わります。

解説

1. 趣旨

相続税の納税資金が手元の資金でまかなえない場合、相続した土地や有

価証券などを売却することがあります。その際には、相続財産を売却したことによる譲渡税がかかり、相続税を払うために譲渡税もかかるという一つの資産で2回の課税が相次いで行なわれることになります。

そのような場合の税の負担を軽減するために設けられた制度です。

2. 要　件

この制度の適用を受けるには、次のいずれの要件も満たす必要があります。

① 相続や遺贈により財産を取得した者であること。
② その財産を取得した人に相続税が課税されていること。
③ その財産を、相続開始のあった日の翌日から相続税の申告期限の翌日以後3年を経過する日までに譲渡していること。

3. 取得費に加算する相続税額

取得費に加算する相続税額は、その譲渡した資産が土地であるかまたは、土地以外であるかによって、次の **(1)** または **(2)** の算式で計算した金額となります。ただし、その金額がこの特例を適用しないで計算した譲渡益（売却額－（取得費＋譲渡費用）＝譲渡益）の金額を超える場合は、その譲渡益相当額となります。

(1) 土地等を譲渡した場合

土地等※を譲渡した人に課税された相続税額のうち、その者が相続や遺贈で取得した**全ての土地**等に対応する額

〈算式〉

その者の相続税額 × [その者の相続税の課税価格の計算の基礎とされた**土地等の価額の合計額**] / ([その者の相続税の課税価格] ＋ [その者の債務控除額]) ＝ 取得費に加算する相続税額

ただし、既にこの特例を適用して取得費に加算された相続税額がある場合には、その金額を控除した額となります。

※1 土地等とは、土地および土地の上に存する権利をいいます。
　2 土地等には、相続時精算課税の適用を受けて、相続財産に合算された贈与財産である土地等や、相続開始前3年以内に被相続人から贈与により取得した土地等が含まれ、相続開始時において棚卸資産または準棚卸資産であった土地等や物納した土地等および物納申請中の土地等は含まれません。

(2) 土地等以外の財産（建物や株式など）を譲渡した場合

建物や株式などを譲渡した人に課税された相続税額のうち、その**譲渡した建物や株式などに対応する額**

〈算式〉

$$\text{その者の相続税額} \times \frac{［その者の相続税の課税価格の計算の基礎とされた\textbf{その譲渡した建物や株式などの価額}］}{［その者の相続税の課税価格］＋［その者の債務控除額］} = \text{取得費に加算する相続税額}$$

4. 税制改正

平成27年1月1日以後に開始する相続または遺贈により取得した財産を譲渡した場合の算式は、譲渡資産の種類に関わらず（上記**(1)**または**(2)**の区分にかかわらず）、次のとおりとなります。

つまり、**(1)**の土地等を譲渡した場合がなくなり、**(2)**の計算方法に統一されます。

〈算式〉

$$\text{その者の相続税額} \times \frac{［その者の相続税の課税価格の計算の基礎とされた\textbf{その譲渡した財産の価額}］}{［その者の相続税の課税価格］＋［その者の債務控除額］} = \text{取得費に加算する相続税額}$$

5. 手　続

この特例を受けるためには確定申告をすることが必要です。

確定申告書には、次の書類を添付し提出します。
① 相続税の申告書の写し
② 相続財産の取得費に加算される相続税の計算明細書
③ 譲渡所得の内訳書（確定申告書付表兼計算明細書【土地・建物用】）や株式等に係る譲渡所得等の金額の計算明細書など

生前対策のヒント

　納税資金が手元にない場合、選択肢は、大きく延納もしくは物納または、相続財産を譲渡する事により資金を調達する手段が考えられます。物納の場合には、収用額が相続税評価額となるため、多くの場合実勢価格より低くなります。
　従って、取得費加算制度を活用して譲渡するほうが、有用な場合があります。
　ただし、この取得費加算制度は、相続発生から3年10か月間の譲渡に適用される制度です（特に相続税の納税期限に間に合わせるには相続開始から10か月）ので、生前から納税資金について準備し、取得費加算制度を活用するか否かも事前に十分検討しておく必要があります。

第2章 生前対策

テーマ1 贈与の効果と大切な手続き

贈与をしたい人

重要度 ★★

Q 贈与は、相続対策としてどういう効果や意味合いがあるのですか？

贈与をすることが、相続対策、相続税対策になると聞きますが、いったいどのような効果や意味合いがあるのか教えてください。

A
① 特定の財産を、将来の相続人間での遺産分割に委ねることなく、自分の意思で生前に引き継がせることができます。

② 贈与した財産の分だけ、将来相続税がかかる財産が減るので、将来の相続税負担を軽減することに繋がります。

③ 負担の大きい贈与税制度をきちんと理解しておかないと、思わぬ贈与税負担により、結果として思い通りの贈与ができないこともあるので注意が必要です。

④ 契約書類の整備、名義変更手続、贈与税申告等のしかるべき手続きをきちんと踏みましょう。

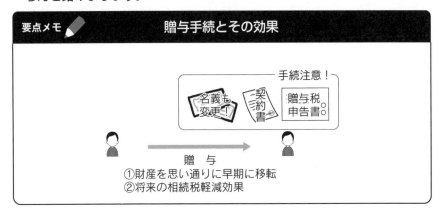

要点メモ　贈与手続とその効果

解説

1. 贈与の本質的意味合い

　財産は、いずれ相続によって誰かに引き継がれます。

　しかしその財産を、例えば「自分で持っていてももう使わないから」「あの人なら有効に使ってくれるだろう」「息子がお金に困っているから」「どうしても長男に確実に引き継ぎたい」「ただただ愛おしいから」といった動機や感情から、相続を待たずに、自分の目の黒いうちに財産を渡してしまいたいということも多分にあるでしょう。

　その手段の一つを贈与というわけですが、贈与は、当事者（贈与者）の一方が自己の財産を無償で相手方（受贈者という）に与えることを内容とする契約なのです。

　この贈与は、財産を引き継がせるという点では、相続と同じなのですが、贈与の効果を今一度整理しておきましょう。

　相続で引き継ぐ場合、基本的には、相続人の誰がどの財産を引き継ぐか知る由もなく、生前思い描いた通りに財産を引き継いでもらえるか否かはわかりません。また、相続の場合、法定相続人以外の人へ財産が引き継がれることはまずないと言ってもいいでしょう。これは、遺産分割協議という相続人同士の話し合いによって相続財産が分けられるためです。相続人たちの意思によるわけですから、誰にどのように分けられるかは天国から見守るしかありません。

　それが不安な人は、生前に遺言 P115 を残したり、エンディングノート P163 をしたためることによって、その意思を実現させる方法はあります。ただし、遺言に不備があったり、せっかくの遺言のありかを見つけてもらえなかったり……ということも考えられます。

　相続は、将来の相続時まで財産を引き継げませんが、贈与なら、その気になれば「今すぐ」引き継げます。贈与された人は、もらった瞬間からそ

の財産をいかように使おうが自由なわけです。

【相続と贈与の違い】

	相　続	贈　与
誰が	原則、相続人	受贈者（相続人以外でも可）
いつ	被相続人の死後	生前
何を	被相続人の財産すべて	特定の財産（負担付きであったり、経済的利益の贈与のケースもある）
どのように	遺言がなければ遺産分割協議による	贈与者（あげる人）と受贈者（もらう人）の契約による

2. 相続対策としての効果

　これまで、ずいぶん沢山の相続をみてきましたが、人間関係や財産構成を考えると1つとして同じケースはありませんでした。家族の数だけ相続があるので、心配事や問題もそれぞれなのですが、共通する心配事は2つ。1つは、将来の遺産分割で生じる家族間のもめ事の心配、もう1つは、残された家族の相続税負担の心配、といったところでしょうか。

(1) 将来の遺産分割で生じる家族間のもめ事の心配　遺産分割　P54

　相続トラブルの中心は、財産分けのトラブルと言っても過言ではないでしょう。「相続の心配事って何だと思いますか？」と聞くと、大抵「相続税」といった回答が多く返ってきます。税負担のため三代で財産がなくなるといったようなうわさ話があったりとか、税率が高く何かとインパクトが大きいからでしょうか？

　しかし、相続税負担が生じるのは、100件相続が起こってせいぜい4、5件という統計データがあるくらいで（平成27年以降にその数は増えるのでしょうが）、全ての家庭に相続税がかかるようなことにはならないでしょう。ところが、財産分けは、100件の相続すべてについてまわる問題なのです。

　財産分けとは、遺産分割協議の場、膝つきあわせて相続人たちが仏前で

話し合っている場面を想像してみてください。相続人といういわば利害関係者同士が財産を分け合うわけです。その相続人の中には、例えば、子どもの学費や住宅ローンで家計が苦しかったり、事故や病気で将来に経済的な不安を抱いている相続人もいるわけで、そういった相続人や家族の懐具合や事情もあるでしょう。実際に、「できるだけ遺産を沢山ほしい」という気持ちがぶつかり合う遺産分割協議に何度となく遭遇しました。そして、そんなトラブルとなりそうな相続案件を思い返してみると、「うちの子に限って」とたかをくくり、生前の相続対策には目も向けなかったケースが多いのはきっと偶然ではないでしょう。このような思惑が入り乱れる遺産分割協議において、「この財産だけはぜひ○○に引き継いでほしい」という思いが実現するかどうかは、まさに神のみぞ知るといったところでしょうか？

もし、どうしても特定の相続人等に渡しておきたい財産があって、天国から高みの見物といきたければ、相続を待たず、生きているうちにその人に贈与をしてしまうことで、その時点で、少なくとも特定の財産に関する心配事は1つ消えると言えるでしょう。将来的に、財産を分ける際のトラブルを回避したい、どうしてもこれだけは渡しておきたい、そんな希望があるのなら、まさに贈与という方法がうってつけなわけです。もちろんもらう側も受け取る意思があることが大前提ですが、思い通りに自らの財産を確実に渡すことのできる方法の1つが贈与なのです。

ただし、遺留分という制度については、頭の片隅に置いておくとよいでしょう。 P47 P107

(2) 将来残された家族の相続税負担の心配

特にどの財産を引き継がせたいといった希望もないなら、相続対策としての贈与などする必要もないのかというとそうとも言えません。

ここから先は、相続「税」がかかる可能性のある家庭に限っての話になりますが、相続税改正により今後は、これまで以上に相続税がかかる可能性のある家庭も増えるでしょうから、じっくりと解説していきます。

そもそも相続税の対象となる財産は、相続時に被相続人が保有している財産などです。その財産を相続前に贈与すれば、当然その分、将来相続税の対象となる財産は減るはずです。相続税の仕組みは、相続税の対象となる財産が多ければ多いほど、高い税率が適用される超過累進税率を採用していますので、相続財産が多いほど相続税負担も多くなり、逆に相続財産が減れば相続税負担も少なくなります。

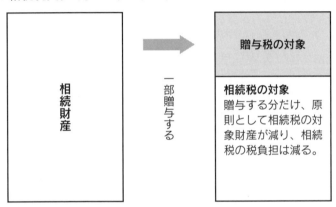

すなわち、贈与することによって、相続時の相続財産が減る、それにより相続税負担が減るのです。あなたの意思通りに特定の人に特定の財産を譲ることで、その副次的効果として、将来家族が負担する相続税を軽減する効果も生じるということです。

あげたい人に思い通りに財産を贈与して、将来相続人が負担する相続税の軽減にまでつながるというのは、とてもハッピーな話なのですが、1つ忘れてはいけないのが贈与税という税金です。

国家財政と租税制度の側面から考えると、極端な話をすれば、相続前に財産を全部贈与してしまったら相続税収がなくなります。ただでさえ財政難の日本の懐事情は火の車です。そのため、贈与で財産をもらった人は、実は相続税以上に負担の重い贈与税を負担しなければなりません。

詳細はP262で解説しますが、この贈与税をきちんと理解せずに贈与をすると、思わぬ負担に苦しむことになりますし、思い通りの贈与が実現し

ないこともあるでしょう。逆にその性質をきちんと理解して贈与をすれば、理想通りの贈与も夢ではありません。

生前対策のヒント

● しかるべき贈与の手続きを踏みましょう

　贈与と贈与税について大まかに説明しましたが、贈与には一体、どんな手続きが必要になるのでしょうか？　ただ財産を渡すだけでいいのかといえば、そうではありません。3点のしかるべき手続きを踏んでおくとよいでしょう。

① **贈与について書面に残すこと**

　前述の通りですが、贈与は民法上の契約です。

　贈与する人の「あげましょう」、もらう人の「もらいましょう」という意思表示があって初めて贈与契約が成立するわけです。

　だから、親が子どもに内緒で、子ども名義の通帳に預金したからといっても、贈与は成立しません。もらう人が幼くて贈与を受けたことをよく理解していないような場合も、贈与が成立しないというのもわかるでしょう。贈与する人が痴ほうで贈与をよく理解できない場合もしかりです。

　なので、せっかくの贈与がきちんとお互いの意思によって行われることを証明するためにも、贈与したことを書面に残しておくようにしてください。

　親族間の贈与であればあるほど、書面に残すことをおろそかにしがちですが、税務調査で贈与について証明できないことでせっかくの贈与が否認されるといった不本意な結果を招かないようにしたいところです。

② **名義変更をしておくこと**

　贈与契約はいつ成立するのでしょうか？

　基本的に贈与契約書等の書面がある場合には、贈与契約の締結日が成立の日、書面がない場合、つまり口約束の場合には、実際に財産を引き渡した時が成立の日となります。

　有効な贈与契約書等がなく、いつ贈与をしたのかわからない場合には、一般的に税金の取扱いでは、名義を変更した時とみなされます。そのため、不

動産なら登記のように、名義変更が必要な財産についてはすみやかに名義変更をしておきましょう。名義変更がないことで、贈与を証明できないことのないようにすることが肝心です。

また、現金等の贈与の場合、贈与する人の預金口座からもらう人の預金口座に振り替える等、贈与したことをきちんと証明できるようにしておくとよいでしょう。

③　**贈与税がかかるなら贈与税申告をすること**

後述 P262 しますが、1年間にもらった贈与税の対象財産が110万円以下の場合、贈与税がかかりませんので、申告する必要もありませんが、そうでない場合には贈与税がかかります。

その場合には、贈与税申告と納税をきちんとしておくようにしてください。

贈与税が気になる人

テーマ 2 贈与税の仕組みと贈与のコツ

重要度 ★★★

贈与「税」の仕組みと注意点を知りたい
贈与をすると贈与税がかかると聞きましたが、いったいどのくらいの負担があるのか教えてください。なるべく贈与税の負担を抑えたいのですが。

① 贈与は、一度にするよりは、長い年月をかけて少しずつしたほうが贈与税の負担が少なく、相続税軽減効果が大きくなる傾向にあります。

② 負担付贈与、低額譲受け、債務免除など、思いがけず贈与税がかかるケースもあるので注意しましょう。

③ 贈与には贈与税の他、様々なコストがかかるので、きちんと把握して贈与をしましょう。

④ 相続開始前3年以内に相続人等に贈与をしたとしても、その贈与財産には相続税がかかるという仕組みになっています（生前贈与加算）。

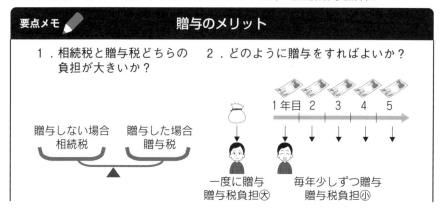

3．誰に贈与をすればよいか？

1人に多額を贈与
贈与税負担㊅

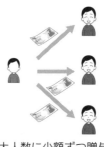
大人数に少額ずつ贈与
贈与税負担㊥

解 説

1. 財産をもらったら贈与税を納めるのは当たり前

　贈与とは、簡単に言えば、人に財産をあげること、もらうことです。

　ところが、贈与された人、すなわち財産をもらった人は、ただで財産を手に入れたわけで、言ってみれば棚からぼたもちなわけです。日本の税法では、汗水たらして働いて得た給料にさえ所得税・住民税という税金がかかるわけですから、ただでもらった財産に税金がかかるのは容易に想像がつきそうなものですが、これがなかなか意識されません。

　例えばホステスが社長から高級車をもらっても、妹が兄から絵画をもらっても、息子が父親から現金をもらっても、財産をもらったらみな贈与税について考えなければならないのです。

　特に贈与税が問題になるのは、息子が父親から現金をもらうといったケース、すなわち家族間の贈与のケースです。

　家族間の贈与についての相談者には、大きく2パターンの認識があり、多数派は、家族間の贈与なので贈与にならない、あるいは家族間だから贈与税はまあいいんじゃないか、という認識。少数派は、家族の間だろうが財産の帰属は個々別々、当然家族間でも贈与となる、という認識です。

後者のように、家族間の財産の贈与にも、贈与税がかかると意識することが、贈与による生前対策を考える上での大前提なのです。贈与という方法で生前対策を施そうと思うのなら、家族間の贈与だからこそ、あいまいにせず、きちんと検討・対処することが大切です。

2. 贈与税がかかる贈与

繰り返しになりますが、家族間の財産のやり取りも贈与になります。しかし、贈与になるからといって即贈与税がかかるかというとそうでもありません。

贈与する財産によっては、贈与税がかからない財産があり、それを非課税財産と言います。

例えば、親には子どもの扶養義務があるわけですが、扶養義務がある親が子どもの生活費や教育費を都度支出するのも厳密には贈与と言えるでしょうが、さすがにこれには贈与税はかかりません。子どもに結婚祝いをあげる等の冠婚葬祭によるお金のやり取りも贈与税はかかりません。もちろん、度を超えなければというのが大前提となりますが。

このように厳密には贈与だけど、政策的に贈与税をかけない財産を非課税財産といいます。

【贈与税の非課税財産】
① 法人からの贈与
② 扶養義務者から受け取る教育費や生活費
③ 公益事業用財産として贈与された財産
④ 特定公益信託から交付された金品
⑤ 心身障害者扶養共済制度に基づく受給権
⑥ 公職選挙の候補者が選挙費用として贈与を受けた財産
⑦ 特別障害者扶養信託契約に基づく信託受益権
⑧ 社会通念上必要とされる香典花輪代等

⑨　相続開始の年に被相続人から贈与を受けた財産

3. 知っておきたい贈与税計算のこと

　非課税財産の贈与はあくまで例外で、原則として、贈与をすれば贈与税がかかります。まずは、この贈与税の計算構造を理解することから始めましょう。

　贈与税は、贈与を受けた、すなわち財産をもらったら納める税金です。

　そして、もらった額が大きければ大きいほど税率が上がり（超過累進課税）、最高税率は平成27年1月1日以後は55％となっています。後ほど説明を加えますが、おそらく多くの人にとって、贈与を受けた額に対する贈与税の負担感は予想以上に大きいので、贈与する場合、もらう人の負担する贈与税に配慮してあげないと、贈与したはいいものの、思わぬ贈与税負担で思い通りの贈与が実現しないということもあるでしょう。

　贈与税の計算構造は相続税と比較すると簡単ですから、そのポイントをおさえながら、贈与税に関する一連の流れをイメージしましょう。

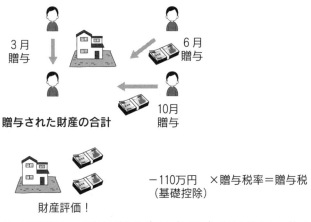

※　贈与税申告・納付は贈与を受けた年の翌年2月1日から3月15日までにする。

(1) 1年間にもらった贈与金額を基に計算する

まず、贈与税は、1月1日から12月31日までの1年間にもらった財産の合計にかかります（暦年課税と言います）。「もらった人」ごとに計算しますので、複数人から贈与を受けたらすべて合算します。例えば、Aさんが、お父さんから300万円、おばあちゃんから200万円もらったとしたら、Aさんの贈与税の計算は1年間にもらった合計500万円を基に計算することになります。

(2) 財産評価が必要

もらった財産は贈与税計算のために財産評価をすることになります。

例えば不動産や有価証券をもらった場合、買った値段や適当な時価で計算することはできません。相続税計算の際の財産評価 P361 と同じルールによります。

財産評価には細かなルールがありますので、贈与を受ける財産によっては評価が難しいため、その際は、税理士に相談するとよいでしょう。

(3) 基礎控除額を差し引いて贈与税率をかける

贈与税の計算は、贈与財産から基礎控除額年間一律110万円を差し引いた後、贈与税率をかけて計算します。法定相続人数によって基礎控除額が増減する相続税 P181 に比べて非常にシンプルです。

贈与税率については、平成27年1月1日以後の贈与より税率構造が変わり、税負担も変わってきます。

先ほどのAさんのケースで、平成26年と平成27年以後の贈与の違いを確認しておきましょう。

① 平成26年中の贈与

500万円－110万円＝390万円
390万円×贈与税率20％－控除額25万円＝53万円

と、計算はシンプルでした。

【贈与税速算表（平成26年12月31日まで）】

基礎控除110万円差し引き後の課税価格	税　率	控除額
200万円以下	10%	—
200万円超300万円以下	15%	10万円
300万円超400万円以下	20%	25万円
400万円超600万円以下	30%	65万円
600万円超1,000万円以下	40%	125万円
1,000万円超	50%	225万円

② 平成27年以後の贈与

　まず、父母や祖父母などの直系尊属から20歳以上（贈与の年1月1日時点）の者への贈与かどうかを確認します。その場合は、特例税率で、そうでなければ一般税率で贈与税の計算をします。

　Aさんは、お父さんとおばあちゃんから財産をもらっていますので、いずれも直系尊属からの贈与となり、特例税率を適用することになります（次ページの表参照）。

よって、

　500万円－110万円＝390万円
　390万円×贈与税率15％－控除額10万円＝48.5万円

となります。

　贈与税率の改正によって、父母や祖父母など直系尊属から20才以上の子や孫への贈与では、これまでより、贈与税負担は小さくなる傾向にあります。一方、それ以外の贈与では、贈与金額が大きくなるとやや税負担が上がるケースもありますが、概ね変わりなしと考えていいでしょう。

　また、贈与税速算表を比較するとわかりますが、最高税率はこれまでの50％から55％に引き上げられています。

【適用する税率】

贈与する人	贈与を受ける人の年齢 (贈与年1月1日時点)	20歳以上	20歳未満
直系尊属		特例税率	一般税率
それ以外		一般税率	一般税率

【贈与税速算表】

基礎控除 110万円差し引き後の課税価格	特例税率 (父母・祖父母など直系尊属からの贈与)		一般税率 (その他の贈与)	
	税率	控除額	税率	控除額
200万円以下	10%	0万円	10%	0万円
200万円超 300万円以下	15%	10万円	15%	10万円
300万円超400万円以下			20%	25万円
400万円超600万円以下	20%	30万円	30%	65万円
600万円超1,000万円以下	30%	90万円	40%	125万円
1,000万円超1,500万円以下	40%	190万円	45%	175万円
1,500万円超3,000万円以下	45%	265万円	50%	250万円
3,000万円超4,500万円以下	50%	415万円	(3,000万円超) 55%	400万円
4,500万円超	55%	640万円		

　なお、1年間に、直系尊属からと、それ以外の人からの贈与を受けるようなケースでは、適用する税率が異なるために、計算にもう一工夫されています（ P269 コラム参照）。

　税率改正もとても重要ですが、贈与税計算のおさえておくべきポイントは何と言っても、基礎控除額110万円です。年間の贈与額から基礎控除額110万円を差し引いて贈与税の計算をするということは、年間110万円以下の贈与を受ける場合、基礎控除額の範囲内なので、贈与税はかからないということになります。贈与税の申告すらする必要がありません。

column 平成27年以後、贈与税の計算が変わった

　上述のとおり、平成27年以後、贈与税率の改正によって、直系尊属からの贈与と、それ以外の贈与で、適用する贈与税率が異なることになります。

　例えば、1年のうちに、お父さんから300万円、妻のお父さん（お義父さん）から200万円もらうようなケースです。お父さんは直系尊属ですが、義理のお父さんは直系尊属ではありません。この場合、どのように贈与税を計算するのでしょうか？

　まず、いったん合計500万円から基礎控除額110万円を差し引くのは同じです。

500万円－110万円＝390万円

　次に、この基礎控除後の390万円に、ひとまず特例税率と一般税率の両方の贈与税額を算出します。

特例税率の場合　390万円×15％－10万円＝48.5万円
一般税率の場合　390万円×20％－25万円＝53万円

　最後に、その税額を、それぞれの贈与財産割合で按分して合算します。

特例税率分（お父さんからの贈与300万円分）
　　　48.5万円×(300万円／500万円)＝29.1万円…①
一般税率分（お義父さんからの贈与分200万円）
　　　53万円×(200万円／500万円)＝21.2万円…②
贈与税額　①＋②＝50.3万円

　このように、直系尊属とそうでない人から、1年間に贈与された場合には、贈与額での按分計算をすることになります。

(4) 贈与税の申告・納税手続きをする

　贈与税の計算ができたら、贈与税の確定申告書を管轄する税務署に提出し、贈与税を納めて手続きが完了します。贈与した翌年の2月1日から3月15日までの間に確定申告と納税を済ませなければなりません。所得税の確定申告の提出期限は、翌年2月16日から3月15日ですから、所得税の確定申告をする方は、一緒に手続きをするとよいでしょう。年度末の慌ただしい時期ですので、税務署も混み合っていますからお早めに。
　ちなみに確定申告書は郵送でも電子申告でも受け付けています。

(5) 贈与税を納めなかったら？

　贈与をして贈与税がかかるのに、申告や納税をしなかったり、本来納めるべき税金より少なく納税してしまった場合はどうなるのでしょうか？
　その場合は、贈与税に加えて、ペナルティの税金を納めなければなりません。このペナルティは非常に重く、きちんと納めておけばよかったと後悔する金額です。余分なペナルティを納めなくてもいいように、忘れずに申告・納税しておきましょう。
　ちなみに、ペナルティの税金は2種類あります。1つは延滞税、もう1つは加算税です。さらに加算税は、3つに分けられます。

- ・申告はしたけれど、納めた税金が少なかったケース（過少申告加算税）
- ・申告すらしなかった（当然納税もしていない）ケース（無申告加算税）
- ・過少申告加算税や無申告加算税のケースで、贈与の事実を仮装したり、財産を隠蔽したケース（重加算税）

と、そのケースに応じて3種類あると理解しておくとよく、主に加算税率に違いがあります。

【加算税の種類】

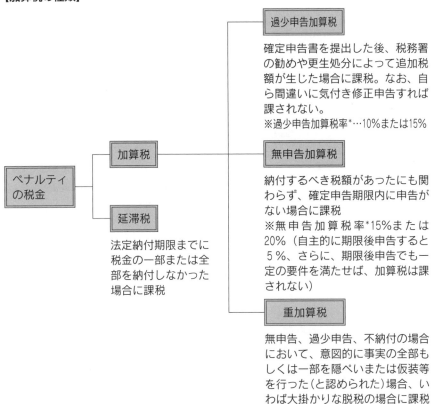

　ところで、贈与税の無申告や未納を税務署がどのようにして確認するのか、という質問をよくいただきます。

　例えば、高級な自動車や不動産を購入した場合、税務署よりお尋ねという形で問い合わせがくることがあります。受贈者の所得税の納税状況等と照らして、誰かから購入資金の贈与を受けたのではないかという確認をすることもあるようです。また、贈与時点で確認がなかったとしても、贈与をした贈与者の相続税の税務調査時に、資金の移動について綿密な調査が

されますので、その際に贈与の事実についても確認されます。

いずれにしても、気持ちよく贈与を受けたいのであれば、きちんと贈与税の申告・納付を行うべきでしょう。

生前対策のヒント

贈与は、贈与税のことをきちんと考えて行わないと、もらった人が後で痛い目に会います。もちろん、税負担だけを考えて贈与するのは本末転倒ですが、ここでは贈与税の基礎構造を踏まえて、贈与の活用を検討してみましょう。

1. 贈与税と相続税、どちらが得？

例えば、親から子へ財産を引き継ぐ場合、相続で引き継いで相続税を払うか、生前贈与で引き継いで贈与税を払うか、いったい税負担が小さいのはどちらでしょうか？　興味深い疑問です。

一概に比較するのは非常に難しいのですが、判断のひとつの基準として、相続税と贈与税の税負担差について理解しておくといいでしょう。

そもそも相続税も贈与税も、引き継ぐ財産額が大きければ大きいほど税率が高くなるという特徴があります。下表は、相続で引き継ぐ遺産額とそれにかかる相続税率、1年間に受ける贈与額とそれにかかる贈与税率の関係を示

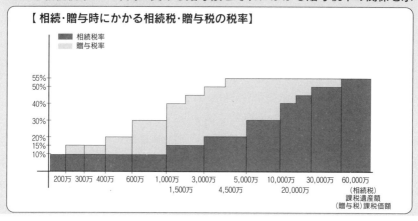

【相続・贈与時にかかる相続税・贈与税の税率】

した図です。この図から、同じ財産（遺産）額の相続と贈与なら、贈与税の税率のほうが相続税の税率よりも圧倒的に高くなっているのがわかるでしょう。

　この税率の差をみれば、同じ財産を引き継ぐにも、概ね贈与税のほうが負担が大きくなるということがわかります。ただ、相続税と贈与税の計算構造が違いますから、相続か贈与かどちらが税金コストが少なくなるかを比較するには、表面的な税「率」でなく、税「負担」に注目する必要があるでしょう。

　税「負担」の比較には、実効税率を活用して比較するのがよいでしょう。実効税率とは、相続、あるいは贈与を受けたその財産額に対して、どれだけの割合の相続税、贈与税負担をしているのかを示す税率です。

　以下が相続で引き継ぐ財産額に対する相続税の実効税率と贈与を受ける財産額に対する実効税率です。

【相続税実効税率表】（配偶者あり）

課税価格 \ 子どもの数	1人	2人	3人	4人
10,000万円	385万円 3.9%	315万円 3.2%	262万円 2.6%	225万円 2.3%
12,000万円	580万円 4.8%	480万円 4.0%	402万円 3.4%	350万円 2.9%
15,000万円	920万円 6.1%	748万円 5.0%	665万円 4.4%	587万円 3.9%
20,000万円	1,670万円 8.4%	1,350万円 6.8%	1,217万円 6.1%	1,125万円 5.6%
25,000万円	2,460万円 9.8%	1,985万円 7.9%	1,800万円 7.2%	1,687万円 6.7%
30,000万円	3,460万円 11.5%	2,860万円 9.5%	2,540万円 8.5%	2,350万円 7.8%
40,000万円	5,460万円 13.7%	4,610万円 11.5%	4,155万円 10.4%	3,850万円 9.6%
50,000万円	7,605万円 15.2%	6,555万円 13.1%	5,962万円 11.9%	5,500万円 11.0%

※法定相続分どおり遺産を取得した場合（配偶者の税額軽減を最大限に適用する）

【贈与税実効税率表】　　　　　　　　　　　　　（単位：万円）

贈与額	特例税率 P268		一般税率	
	贈与税額	実効税率	贈与税額	実効税率
300万円	190,000円	6.3%	190,000円	6.3%
500万円	485,000円	9.7%	530,000円	10.6%
700万円	880,000円	12.6%	1,120,000円	16.0%
1,000万円	1,770,000円	17.7%	2,310,000円	23.1%
1,500万円	3,660,000円	24.4%	4,505,000円	30.0%
2,000万円	5,855,000円	29.3%	6,950,000円	34.8%
3,000万円	10,355,000円	34.5%	11,950,000円	39.8%
4,000万円	15,300,000円	38.3%	17,395,000円	43.5%
5,000万円	20,495,000円	41.0%	22,895,000円	45.8%

※他の者からの贈与はないものとする
※実効税率は、小数点第二位を四捨五入する

　この実効税率表を上手く活用することで、相続税と贈与税のどちらが得かの１つの判断材料にできます。
　例えば、相続人が配偶者と子ども２人（子どもは20歳以上と仮定）のケースで、相続財産が３億円の場合、相続税実効税率は、8.5％です。
　ということは、贈与税実効税率でこの8.5％よりも高くなる程度の財産額（例えば、実効税率9.7％の500万円）の贈与を一年間に受けたら、贈与税負担のほうがその差1.2％分（9.7％－8.5％）大きくなってしまい、相続するよりも贈与した方が税負担コストが大きくなると言えます。逆に8.5％よりも低い贈与税実効税率になるように一年間に受ける贈与額を少なく（例えば実効税率6.3％の300万円）贈与したら、相続するよりも贈与した方がその差2.2％分（8.5％－6.3％）税負担の軽減効果があると言えます。この実効税率差が大きければ大きいほど、贈与による相続税の負担軽減効果が大きくなるという目安にできるということです。
　このように実効税率ベースでの税負担格差を比較することで、どのくらいの金額を一年間に贈与するかの目安となります。ただし、この判断基準がすべてではありません。経済状況の変化などにより、贈与時と相続時の財産評

価額が増減したり、税制そのものが変わることもあるでしょうから、一概にこれだけで判断するのではなく、あくまで1つの目安として活用するとよいでしょう。

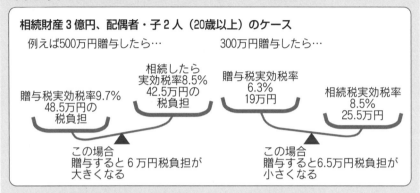

2. 相続税負担軽減効果を大きくするためのポイント

① 暦年贈与は一度にたくさんすべきか？

生前対策として贈与をするにあたって、相続税負担の軽減効果が大きくなるようにするためには、どういった工夫をすればよいのでしょうか。

一度に（一年に）沢山の財産を贈与すれば、もらった人の贈与税負担は大きくなりますし、上述の通り、そもそも相続税の実効税率を超えるような財産額を贈与したら、相続税負担軽減どころか、むしろ贈与税によって税負担が増えてしまうことも考えられます。

贈与により税負担を軽減するポイントは、1年間に受ける贈与額を小さくして、何年かに分けて贈与することが効果的となるでしょう。つまり、税負担軽減効果が生じるような贈与をしようと思ったら、少しずつ、長年にわたって贈与をしていくことが重要なポイントになります。

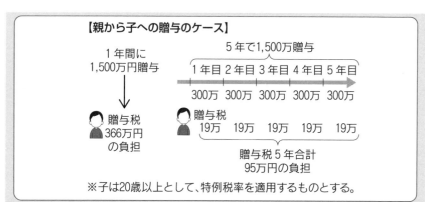

② **贈与税の基礎控除額110万円以下の贈与が有利か？**

また、贈与税負担を極力軽減しようとするなら、毎年贈与税の基礎控除額110万円以下の贈与をすれば、その年の贈与税負担はゼロになります。贈与税申告の手間もありませんので、多くの方々が年間110万円を目安に贈与を受けているようです。それはそれでいいのですが、ただ、一年間の贈与額が少ない分、相続財産もさほど減らず、相続税負担軽減効果も最小限にとどめられることになります。

相続税の実行税率が高くなるようなケースでは、生前贈与の節税効果を存分に発揮するために、基礎控除額110万円にこだわらず、先程の実効税率差の考え方によって贈与額を決定し、より多くの財産を移転していくことで、最大限の税負担軽減効果を発揮するのも一つの方法でしょう。

③ **1人よりも複数人に贈与した方が有利？**

また、贈与税は、贈与を受けた各個人ごとに計算されるため、1人に多く

の財産を贈与するよりも2人、3人と複数人に分けて贈与すれば、同じ金額を贈与しても、トータルの贈与税負担は小さくなります。

【1人の子どもに1,000万円全額贈与する場合】

1,000万円贈与
贈与税負担は177万円と大きい！

【4人の子どもに250万円ずつ均等に、計1,000万円贈与する場合】

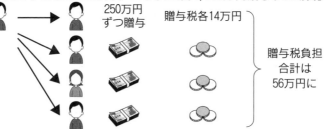

250万円ずつ贈与　贈与税各14万円　贈与税負担合計は56万円に

※子どもは全て20歳以上で、特例税率を適用するものとする。

　例えば、上図のように1人の子どもに1,000万円贈与すると、贈与税は177万円、4人の子どもに250万円ずつ贈与すれば、合計1,000万円もの相続財産を減らせる上に贈与税は子どもそれぞれ14万円ずつ合計56万円で済みます。

　どちらも相続財産は贈与財産の1,000万円分減りますが、トータルの贈与税負担は小さくて済みますから、贈与先を分散して贈与すればするほど、贈与税負担を軽減して相続財産を移転することができるわけです。

　このように贈与税の計算構造上、贈与による効果的な対策を講じようと思えば、より長期的に、より多くの人を対象に、より実効税率差の大きくなる贈与額で贈与することで、贈与税負担を抑え、相続税軽減効果を得ることができるでしょう。

3．贈与は2種類の制度を使い分ける

　ところで、贈与税の制度は2種類あります。

　まず、これまで説明してきた贈与税制度は、"暦年贈与"と呼ばれる贈与税の仕組みです。暦年という通り、1年ごとに贈与税を計算する制度です。

それに対して、相続時精算課税制度による贈与という贈与税の仕組みがあります P284 。暦年贈与と異なるのは、相続時精算課税制度による贈与を始めた時から相続時点まで、通算して贈与税計算をする点です。

そして最大のメリットは、通算2,500万円までの贈与財産の贈与税負担はゼロ、それを超える贈与についても一律20％の贈与税負担で贈与ができる、すなわち、暦年贈与に比べると、さほど贈与税負担を気にすることなしに多額の贈与を実現できるという点でしょう。

相続時精算課税制度による贈与の詳細や暦年贈与との選択判断等については他で説明しますが、メリット・デメリットを理解したうえで上手に選択・活用すると、生前対策の幅が広がることは間違いありません P294 。

4．トータルコストの検討方法

さて、贈与は、ついつい費用面のことを忘れて検討しがちなのですが、贈与を受けるにも、やはり贈与税をはじめコストがかかります。不動産の贈与を受けたりすると贈与後も継続的に固定資産税等のランニングコストが生じます。コスト面についてもよく理解のうえ、贈与するとよいでしょう。

① **贈与税**

贈与を受けると贈与税がかかるのはこれまでの説明の通りです。最も注意しなければならない税金コストです。

② **代理コスト**

贈与税がかかる場合、贈与税申告書を作成しなければなりません。現金や預貯金等、財産評価のさほど難しくない財産に関しては、自身で申告をすることもさほど難しくありません。しかし、贈与税の特例を適用したり、土地・建物の不動産や株式などの複雑な評価を必要とする財産の贈与を受ける場合、適切な申告をするためにも税理士に代理してもらうのがいいでしょう。その場合、税理士に報酬を払わなければなりません。報酬を節約して、間違った評価額で申告等することで、余計なコストが生じたり、特例が適用できなかったりする可能性もあります ペナルティの税金 P271 。安心して適切に申告するためにも、特例を活用するケースや贈与財産によっては税理士に依頼することをお勧めします。

また、不動産の贈与を受ける場合、登記手続きによる名義変更が必要になります（義務ではありません）。登記申請も非常に複雑な手続きになりますので、こちらは司法書士に依頼することをお勧めします。

③ **名義変更コスト**

　その不動産の贈与について上述の司法書士への代理コスト以外にも、登記申請をするに際して、登録免許税という税金がかかります。贈与の場合、不動産の価格に対して2％の税率になります（ちなみに相続の場合にも同様に登録免許税がかかりますが、0.4％ですので、贈与のほうが割高です）。

④ **その他のコスト**

　不動産を取得すると、不動産取得税もかかります。これは都道府県が課税する地方税です。固定資産税評価額に通常4％（住宅や住宅用地は平成27年3月31日まで3％、平成27年度税制改正により、3年延長される予定です）の税率になります。

　不動産の場合には、さらに取得後も毎年固定資産税・都市計画税が課税されます。

　贈与に関するコスト、特に不動産の贈与については贈与前にきちんと理解しておくとよいでしょう。

5. 注意！　なかったこととされる相続前3年の贈与？

　親子間での贈与を考えている場合、できるだけ前倒しでの贈与計画をお勧めします。例えば、父親の体調が思わしくない状態に陥ってしまってから、急いで財産を子どもに贈与するとします。その贈与が仮に相続前3年以内であれば、贈与そのものは成立するのですが、相続税計算上はその贈与はなかったものとして相続税がかかります。相続前3年以内の生前贈与加算という制度で、近い将来に相続を予測し、相続直前になってから不当に相続税を逃れようとするのを防止する趣旨があります。

　贈与により財産を移転するという目的は達成できるかもしれませんが、相続税の軽減という意味においては効果はありませんので、この制度はきちんと理解しておく必要があるでしょう。

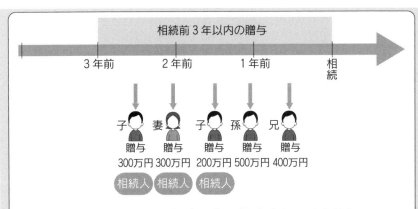

※上記ケースでは、相続開始前3年以内に贈与を受けていた相続人への、800万円（妻300万円、子300万円・200万円）の贈与は、なかったものとして相続財産に加算して相続税を計算する。

※相続等によって財産取得した人への贈与が生前贈与加算の対象となるので、このケースのように、相続等で財産取得をしない孫・兄への贈与は、対象外となる。

　生前贈与加算の対象となった贈与財産は、相続財産に加算されて相続税の計算がされます。もし、贈与した際に贈与税を納めていた場合、相続税と贈与税を二重に払うことになります。そのため、既に払った贈与税を差し引いて相続税を計算します（贈与税額控除 P185）。ただし、多額の贈与をすることで、払った贈与税額が相続税額を上回ったとしても、その差額が戻ってくる（還付される）ことはありません。

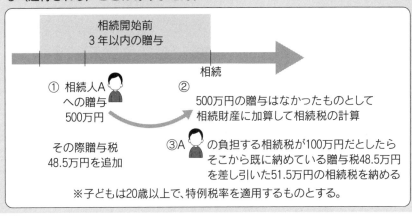

なお、この生前贈与加算制度は、相続税を回避する趣旨から、相続や遺贈によって財産を受け取った人への贈与に限って適用されます。

逆に、相続放棄するなどして相続等で財産を受け取らない相続人（相続時精算課税を適用する人は除きます）や相続人の配偶者・孫等への贈与なら、相続前3年以内に贈与しても相続財産に加算されることはありません。ただし、相続時、遺言によって財産を受け取ったり、死亡保険金を受け取るような場合には、相続人の配偶者や孫への贈与であっても生前贈与加算の対象になりますので、注意してください。

せっかく贈与して財産を譲るのであれば、相続で財産を受け取る相続人たちへは、生前贈与加算にならないように、早めの贈与をしておくことが大切です。

6. 注意！ こういうケースにも贈与税がかかる！

よくある贈与でも、贈与税をどのように計算したらいいのか疑問のあるケースまたは、「こんなケースにまさか贈与税がかかるとは！」というケースもあります。うっかり贈与税申告を忘れてしまいがちですので、参考までにご確認ください。

① 負担付贈与

債務と一緒に財産をもらう「負担付贈与」という贈与があります。不動産の贈与を受ける際、住宅ローン付きで家をもらうといったケースです。例えば時価1,000万円の不動産と抱き合わせで、500万円の住宅ローンの残債務を引き受けるような場合には、差額の500万円に贈与税がかかります。

ここで注意が必要なのは、不動産と上場株式の負担付贈与のケースに限り、通常取引される金額、いわゆる時価で評価することになります。贈与税のための財産評価をするわけではありませんので注意が必要です。

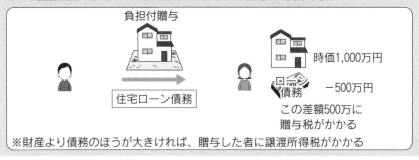

② 低額譲受け

例えば、時価500万円のものを100万円で買った場合、差額の400万円分はもらったも同然です。だからこの400万円を贈与されたとみなして贈与税がかかります。これを「低額譲受け」と言います。親子等の親族間で売買するような場合、ついつい低額譲受けをするケースも多いでしょうから注意が必要です。

負担付贈与と同様、注意が必要なのは、不動産と上場株式などの低額譲受けに限り、通常取引される金額（いわゆる時価）で評価することになります。贈与税のための財産評価をするわけではありませんので注意が必要です。

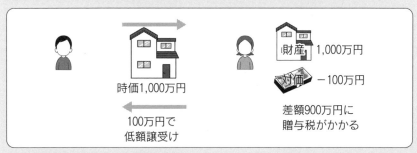

③ 債務免除

例えば、借りたお金を免除（棒引き）してもらう、あるいは誰かに肩代わりしてもらうといった場合、その免除額や肩代わり額には、あたかも贈与してもらったのと同じ経済的効果があるということで贈与税がかかります。全く財産のやりとりをしないにも関わらず贈与税がかかりますから注意が必要です。

 借入金1,000万円を免除（棒引き）してもらう 1,000万円の借金がなくなるのでその1,000万円に贈与税がかかる

④ 一定の契約による保険金や個人年金を受け取った場合

過去に保険料を負担してもいないのに、生命保険金や個人年金を受け取った場合にも、注意が必要です。

例えば、次ページ〈例1〉のように、父親が保険契約し保険料を負担、被保険者は母親、受取人を子どもとする保険に加入していたとします。そして、被保険者である母親が亡くなった場合、子どもが受け取った保険金は、父親

が負担した保険料による保険契約あってこそですから、あたかも父親から子どもに贈与があったのと同じということです。

また、下記〈例2〉のように父親が保険契約し保険料を負担、被保険者を子ども、年金受取人を子どもにする個人年金保険に加入していたとして、子どもが年金を受給開始できるとしたら、その時に、あたかも父親から子どもに年金受給権の贈与があったのと同じです。

こういうケースには、受け取った保険金や年金受給権は贈与されたものとみなして贈与税がかかります。思わぬ税負担が生じないように、保険契約時には契約形態をきちんと確認しておくとよいでしょう。

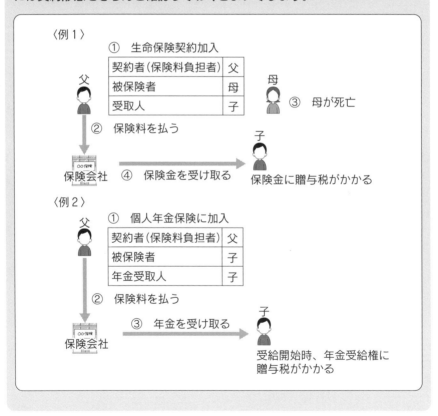

贈与税負担を気にせず贈与したい人

テーマ3　相続時精算課税制度による贈与

重要度 ★★★

 相続時精算課税制度による贈与はどう活用したらよいのでしょうか？

相続時精算課税制度を活用すれば、2,500万円もの贈与を受けても、税負担がないと聞きました。しかし、詳細がわからないので、一歩が踏み出せません。どのような制度なのか教えてください。

① 60歳以上の親から20歳以上の推定相続人である子・孫に贈与する場合、子・孫は、相続時精算課税制度による贈与（以後、精算課税贈与）を選択することができます。

② 精算課税贈与は、累計2,500万円以下の贈与について特別控除枠があり、贈与税がかかりません。それを超える贈与については一律20％の贈与税がかかります。

③ 精算課税贈与をされた財産は、贈与した人の相続財産に加算して相続税の計算をするので、暦年贈与のように相続税軽減効果はありません。ただし、特別控除枠が大きいので税負担を気にすることなく生前に多額の財産移転をすることができるのが最大のメリットと言えるでしょう。

要点メモ　暦年贈与と相続時精算課税贈与の比較

		暦年贈与	精算課税贈与
贈与時	贈与する人	誰でもOK	60歳以上（贈与年1月1日が基準）
	贈与される人	誰でもOK	20歳以上（贈与年1月1日が基準）の子等の推定相続人および孫
	贈与税の控除額	年間110万円の基礎控除額	特定の贈与者と受贈者ごとに累計2,500万円の特別控除額
	贈与税率	【平成27年以後】10%から55%の超過累進税率　直系尊属からの贈与とそれ以外の贈与で税率が異なる P268	2,500万円を超えた贈与部分には一律20%
	申告	基礎控除額以下の年間贈与額なら申告不要	贈与を受けたら必ず贈与税申告必要
相続時	贈与財産の相続財産への加算	相続前3年以内の贈与のみ P279	贈与財産すべて
相続税軽減効果		あり	原則としてなし
財産移転時の税負担		年間110万円の贈与まで負担ゼロ	累計2,500万円の贈与までは負担ゼロ（一度に沢山の財産を移転しやすい）

解説

1. 相続時精算課税制度という選択肢が今注目されている？

　財産をもらう、イコール贈与なので、原則として贈与税を納めなければなりません。贈与税の計算ルールはこれまで説明してきた通りです P262。しかし、実は贈与税には計算ルールがもう1つあり、どちらかを選択することができるのです。

　これまで解説してきた贈与税計算ルールを「暦年贈与」、これから説明する計算ルールを、「相続時精算課税制度の贈与」（以下、「精算課税贈与」）と言

います。暦年贈与を原則、精算課税贈与を特例、と考えてもいいでしょう。

精算課税贈与は、60歳以上の親から20歳以上の推定相続人である子・孫への贈与に限定されています（ちなみに、ここで言う推定相続人とは、贈与時において、贈与した人の直系卑属のうち最も先順位の者にあたります。一般的には子になりますので、ここではわざわざ推定相続人であるという表現を省略して子と表しておきます）。つまり、一定の親子間の贈与限定で活用ができる制度といえます。

ところで、一体なぜ精算課税贈与という計算ルールがわざわざ作られたのでしょうか？　まず精算課税贈与制度の制度趣旨から説明しましょう。

精算課税贈与ができたのは、平成15年度税制改正にまでさかのぼります。もうずいぶん長い歴史を経て浸透してきました。とは言ってもとっつきにくい制度でもあり、認知度はまだまだ高くはないでしょう。できた当初は斬新で全く新しい鳴り物入りの制度でしたから、実務の世界では騒がれたものです。

さて、その騒がれた理由は、なんと累計2,500万円もの贈与をしても贈与税がかからないという特徴があるからです。こう聞くと「何だ、それなら暦年贈与なんてやっている場合じゃない、これからは精算課税贈与だ！」と色めきたってしまうのですが、贈与税がかからなくても、贈与した財産に相続税はかかるのです。

もう少し正確に表現すると、その贈与した人が亡くなった際、精算課税贈与を選択して贈与した財産も含めて相続税の計算をする、ということになります。

つまり、暦年贈与では贈与により相続税の対象となる財産が減少するため相続税軽減効果があると言えるのですが、精算課税贈与ではその効果は基本的にはないと言えます。P257

それなら精算課税贈与を活用する意味がないのかといえば、そういうわけではなく、やはり意義があります。もともと贈与は、特定の財産を特定の人に無償で渡したいという目的があり、それによって、贈与を受けた人は何らかの経済的利益も得て、将来の財産分けのトラブル回避も期待し得

るわけです。この精算課税贈与を活用すれば、もらった子どもは贈与累計2,500万円まで贈与税の心配なしに贈与を受けることができるのですから、贈与コストの面でも非常に有利だと言えます。P255

つまり、贈与税負担の心配をさほどすることなく贈与を受けることができるのが精算課税贈与の最大の特徴と言えるでしょう。

余談ですが、精算課税贈与ができた背景には、1,400兆円とも言われる日本人が保有する金融資産の大半を65歳以上の高齢者層が保有しているという資産保有構成にあります。すなわち、高齢者が財産を持っているよりは、これから結婚、出産、マイホーム購入等の多くのライフイベントを控え、少なくとも高齢者世代より長い人生を送る可能性の高い若年者世代に、早く財産を移転して経済を活性化したい、そのために贈与税という心理的かつ経済的障壁を低くしようという国の考え方が反映された制度とも言えるでしょう。

【暦年課税及び相続時精算課税贈与の申告状況】

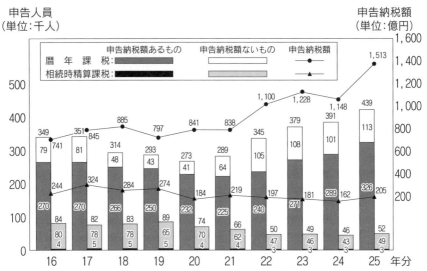

(注) 1　翌年3月末日までに提出された申告書の計数である。
　　 2　平成25年分の申告納税額は、所得税と復興特別所得税の合計額である。
出典：国税庁ホームページ「平成25年分の所得税及び復興特別所得税、消費税並びに贈与税の確定申告状況等について」

2. 精算課税贈与の仕組み

精算課税贈与は制度創設から徐々に落ち着きをみせていますが、それでも安定的に活用されているようです。また、平成27年以後は、制度改正 P(12) によって更に使い良くなるでしょうから、上手な活用をしていきたいところです。まずは、精算課税贈与の仕組みについて理解しましょう。

(1) 親と子（および孫）の間だけ使えて選択自由だが後戻り厳禁

精算課税贈与は、平成26年中は、65歳以上の親から20歳以上の子への贈与に限り選択できる制度でした。いよいよ、平成27年1月1日以後の贈与より、贈与する親の年齢は、65歳以上から60歳以上へ、親から子だけでなく孫への贈与にも適用できるようになります。年齢の基準時点は、贈与する（される）年の1月1日時点です。なお、住宅取得等資金（マイホーム購入等援助）の贈与の場合は、一定の要件を満たせば、親の年齢制限はなしとなる特例があります。

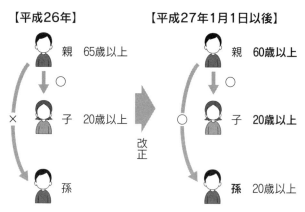

○：精算課税贈与選択可　×：精算課税贈与選択不可

精算課税贈与をするには、贈与税がゼロでも贈与税申告をしなければなりません。そして重要なことは、いったん精算課税贈与を選択したら、その親からその子・孫へのその後の贈与はすべて精算課税贈与になります。つまり、ある親から贈与を受けた子が、精算課税贈与を選択した場合、そ

の後、その親から受ける贈与は全て精算課税贈与として贈与税の計算をすることになります。その後、相続税軽減効果のためにと暦年贈与へ後戻りできませんので選択は慎重にしなければなりません。

【精算課税制度の注意点】

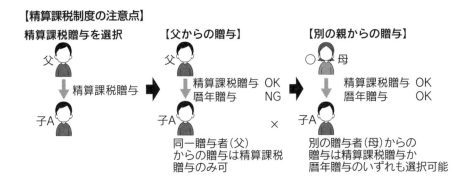

(2) 累計2,500万円までなら何度贈与しても贈与税ゼロ

　精算課税贈与を選択した場合、贈与財産累計2,500万円まで贈与税がかかりません。これは1回で2,500万円贈与しても、250万円ずつ10回に分けて贈与しても、何年かけても何回贈与しても累計2,500万円までは贈与税がかからないということです。

　しかし、2,500万円を超えた場合には、さすがに贈与税ゼロというわけにはいきません。2,500万円を超えた部分には一律20%の贈与税がかかります。

　それでも、暦年贈与は、贈与額が増えれば増えるほど税率が上がる累進課税で、現行最高55％の税率ですから、2,500万円を超える贈与分については、その額によって、暦年贈与より負担が大きくなったり、小さくなったりすることになります。

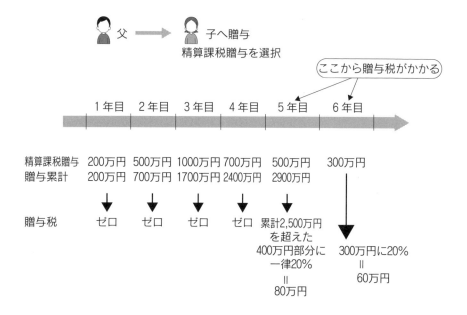

(3) 文字通り、相続時に精算される

　正式名称は相続時精算課税制度の贈与です。精算課税贈与を活用して贈与をしたら、税金計算上は文字通り、相続時点でその贈与財産を相続財産に加算して相続税・贈与税の精算をします。あくまで税金の計算上、ということですので、贈与した事実がなくなるということではありません。

　例えば、娘Bさんが父親Aさんから1,000万円贈与してもらったので、精算課税贈与を選択したとします。Bさんは2,500万円以内の贈与ですので、贈与税負担ゼロ。その後、Aさんが亡くなり相続が発生すると、相続税の計算をすることになりますが、その際、贈与してもらった1,000万円も相続財産に加えて相続税の計算をすることになります。つまり、贈与した1,000万円にも相続時点で相続税がかかるということです。

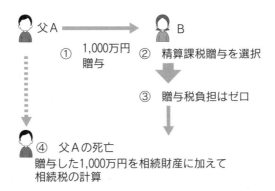

2,500万円を超えて贈与があった場合にはどうなるのでしょうか？　この場合にも取扱いは同じです。例えば、先程のBさんがAさんから3,000万円の贈与をしてもらっていたとしたら、2,500万円までは贈与税ゼロですが、それを超える500万円部分には一律20％100万円の贈与税を払うことになります。その後、前例と同じようにAさんが亡くなって相続税の計算をする際、贈与してもらった3,000万円も相続財産に加えて相続税の計算をします。ここまでは同じなのですが、先程と違って今回は贈与税を払っているわけですから、贈与税と相続税をだぶって払う二重課税ということになりますので、相続時にBさんに仮に相続税が300万円かかるとすれば、既に払った贈与税100万円を差し引きし、200万円納めることになります。もし、相続税が例えば50万円しかかからないとしたら、贈与した100万円との差額50万円は返してもらえます（還付と言います）。まさに相続時に精算する制度です。

　なお、相続時に加算する贈与財産の贈与額は、贈与時における評価額です。不動産や株のように時価が変動したとしても、贈与時の評価額で相続時に加算することになります。仕組み P185

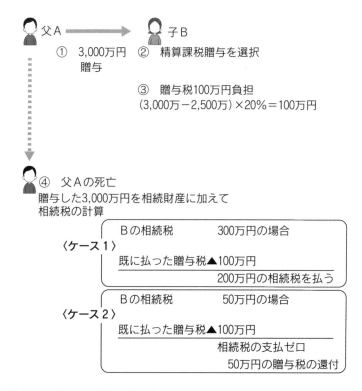

(4) 父からの贈与は精算課税贈与、母からの贈与は暦年贈与も可能

　贈与を受けた際、暦年贈与にするか精算課税贈与にするかの選択は、財産をもらう受贈者は慎重に選択すべきです。上述のとおり、精算課税贈与を選択すれば、その親からの贈与はもう暦年贈与に後戻りできないからです。ただし、この選択は、贈与者毎にできます。

　例えば、Bさんは父親Aから贈与されたので、この贈与は精算課税贈与を選択しよう。次に母親Cから贈与を受けたので、こちらは暦年贈与にしておこう、という具合に、もらう親ごとに贈与の課税方法を選択することができるのです。Bさんの兄弟Dさんも同じです。父親Aさんからの贈与も母親Cさんからの贈与も、両方精算課税贈与にしよう、逆に両方暦年課税にしよう、という選択もできます。

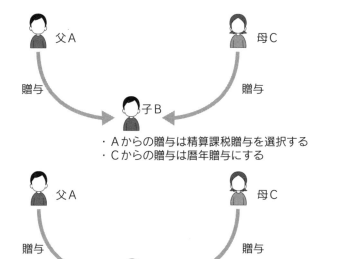

(5) 贈与税ゼロでも申告手続きが必要

　贈与を受けて精算課税贈与を選択したら、翌年の贈与税申告の際、「相続時精算課税選択届出書」を申告書に添付します。税務署に精算課税贈与を受ける宣言をするわけです。そして、その後、贈与税がかからない場合でも贈与の都度、贈与税申告が必要となります。

生前対策のヒント

● **相続税がかからない家庭は精算課税贈与を大いに活用**

　贈与を受ける場合、暦年贈与か精算課税贈与どちらの贈与を選べばいいのでしょうか？　悩ましいところですが、相続税がかかるケースか否かを一つの判断材料にするとよいでしょう。

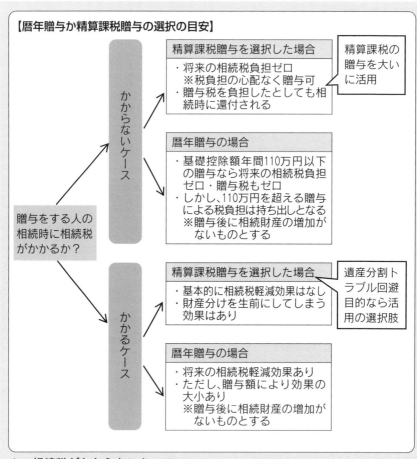

1　相続税がかからないケース

現在の相続財産を相続税の基礎控除額と比較することで、相続税がかかるのか否かは概ね見当がつきます P192 。それによって相続税がかからないというケースであれば、精算課税贈与を大いに活用するとよいでしょう。

相続時点で、精算課税贈与した財産を相続財産に加えても相続税の基礎控除額以下となり、相続税がかからないと予測できるためです。

2,500万円の贈与税の特別控除枠をフルに活用すれば、贈与税負担の心配もさほどすることなく贈与ができます。仮に2,500万円を超えて贈与税を納めたとしても、相続時に相続税の申告をすることで還付されます（精算課税

贈与額を加算しても相続税の基礎控除額以下の場合、原則として、相続税申告の必要はありません）。

一方、将来相続税がかからないケースで年間110万円を超える暦年贈与をして贈与税を納めても、その贈与税は戻ってきません。将来相続税がかからないなら、相続税軽減を考える必要もありません。単純に贈与税分持ち出しとなってしまいます。

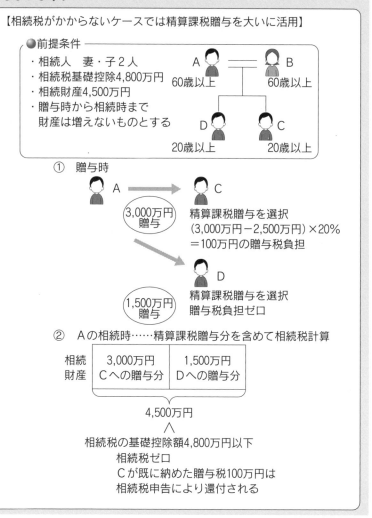

相続税がかからないケースで精算課税贈与を選択した場合の具体例を見てみましょう（前ページの図参照）。相続人はB・C・Dの3人、相続財産は4,500万円です。将来、相続財産に増減がなければ、Aの相続では相続税はかからないと予想できるケースです。相続税がかからないケースでは、精算課税贈与を活用して大いに資産移転ができます。

① **贈与時点**

AがCへ3,000万円の贈与をします。Cは精算課税贈与を選択します。贈与税は100万円です。次いで、AはDにも1,500万円の贈与をします。Dも精算課税贈与を選択します。特別控除枠の範囲内ですので、贈与税はゼロとなります。

この時点で、相続財産4,500万円すべてがCとDに移転しています。

② **相続時点**

Aに相続が起こります。相続財産はゼロですが、精算課税贈与をした4,500万円を含めて相続税の計算をします。しかし、相続税の基礎控除額4,800万円（法定相続人3人のため）を下回るので、結局相続税はCもDもゼロ。Cは既に贈与税を100万円納めていますから、相続税申告をしてそれを還付してもらうことができます。

結局、贈与時に資産移転できたうえに、払った贈与税が相続時に還付され、税負担はトータルでゼロとなるわけです。相続時精算課税制度は、相続税負担の将来予測をした上で、戦略的に活用することで、税負担を気にすることなくスムーズに資産移転することができます。税制改正でさらに使い勝手も良くなりそうですので、今後、親と子または孫との間の贈与では、ますます活用が期待されます。

2　相続税がかかるケース

相続税がかかるケースではどうでしょうか？

精算課税贈与を選択すれば、多くの財産を贈与税の心配なく贈与することで、生前に財産分けをしてしまう効果はあるでしょうが、相続時点でその贈与財産を加えて相続税の計算をするため、基本的に相続税の軽減効果はありません。

一方、暦年贈与をする場合、相続財産を減らせるわけですから、将来の相続税を軽減する効果があります。相続税と贈与税の実効税率を比較して、適切な贈与をするとよいでしょう。

夫婦間で贈与したい人

テーマ 4　配偶者への贈与特例

重要度 ★★★

配偶者へ自宅そのものや住宅購入資金を贈与する際には贈与税の特例が活用できるそうですが？——贈与税の配偶者控除

　長年連れ添った妻へ自宅の一部でも贈与しておきたいと思うのだけど、贈与税負担が大変そうです。税負担を抑えて上手に贈与できないでしょうか？

① 婚姻期間20年以上の夫婦間で、居住用不動産または、その購入資金を贈与する場合に活用できるのが贈与税の配偶者控除制度です。

② この特例を活用すれば、110万円の贈与税の基礎控除額に加えて2,000万円の配偶者控除の適用を受け、合計2,110万円まで贈与税無税で贈与できます。

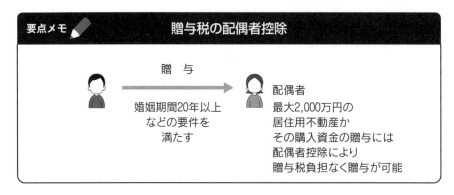

解説

1. 結婚20年以上で、贈与税の配偶者控除を活用しよう

　結婚20年目を磁器婚式と言うそうです。年代とともに値打ちが増す磁器のような夫婦という意味だそうです。

　夫婦間といえど財産の贈与があったら贈与税がかかりますが、財産は夫婦の協力のもとに築かれたものでもあります。そこで配偶者の生活保障等を考慮して、婚姻期間（入籍から贈与まで）20年以上の夫婦間でのマイホーム等の贈与なら、2,000万円まで贈与税がかからない特例が、贈与税の配偶者控除制度です。贈与税には、もともと110万円の基礎控除額がありますので P262 、あわせて最高2,110万円まで無税でマイホーム等の贈与ができることになります。

　この制度を活用するには、婚姻期間20年以上であること以外に、
① 贈与の翌年3月15日までにそこに居住し、その後住み続ける見込みであること
② 過去にこの特例を使って贈与していないこと（同一配偶者からは一度しか適用できません）
③ 仮に贈与税がゼロでも翌年に必ず贈与税申告をすること
④ 居住用建物・土地等、またはそれを購入するための資金の贈与であること

といった要件を満たす必要があります。

　自宅の土地・建物の評価額が2,110万円以内であれば、この特例を活用してすべて贈与することができますが、それを超える評価額の場合、超えた部分に贈与税がかかります。その場合、2,110万円の範囲内にするために自宅の一部の贈与を受けることも可能です。また、建物のみ、敷地のみの贈与も可能です。

　さらに、この特例は、居住用の建物・土地等を購入するための資金の贈与をするようなケースでも活用できます。例えば、建物を夫が、土地を妻が

購入するにあたり、土地の購入資金を夫から妻に贈与したり、夫が地主から土地を借り自宅を建てている場合に、妻が地主から底地を購入するにあたり、その資金を夫から妻へ贈与するようなケースが考えられるでしょう。

【夫婦間での資金贈与の例】

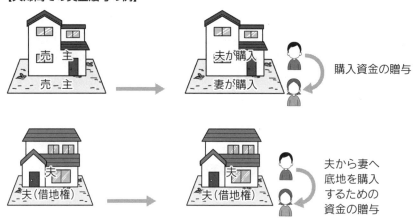

● 相続前3年以内の生前贈与加算の対象外

　相続開始前3年以内に、相続人等が被相続人から贈与された財産については、贈与はなかったものとして相続税が計算される生前贈与加算という制度があります。 P279
　しかし、この贈与税の配偶者控除制度によって無税となった2,000万円部分については、たとえ相続開始前3年以内の贈与であっても生前贈与加算する必要はありません。つまり、相続直前の駆け込み贈与であっても、2,000万円まで無税で贈与でき、相続税もかからないことになります。この制度の活用は、婚姻期間20年以上の夫婦間の相続直前の対策としても有効に機能すると言えるでしょう。

子・孫へマイホーム資金を贈与する方

テーマ5 子・孫への住宅取得等資金贈与特例
——住宅取得等資金の贈与税非課税特例

平成27年度税制改正で延長・拡充

重要度 ★★★

Q 子や孫等のマイホーム購入資金を贈与しても、贈与税がかからない特例について教えてもらえませんか？

息子が家を購入する予定なのだけど、その頭金くらいは援助してやりたいと思っています。しかしそうすると、息子に多額の贈与税負担が生じるようで、何とかならないでしょうか？

A
① 住宅取得等資金の贈与税の非課税特例が活用できれば、まとまった資金を息子へ贈与することができます。
② 平成27年中は最大1,500万円（良質な住宅用家屋の場合）まで贈与税非課税で贈与できます。
③ 暦年贈与、相続時精算課税制度の贈与どちらとも併用可能です。

要点メモ　　住宅取得等資金贈与特例の全体図

住宅取得等資金の贈与税非課税枠
新築住宅・一定の中古住宅・増改築

	平成27年
良質な住宅用家屋	1,500万円
それ以外	1,000万円

父母・祖父母等の
直系尊属から

↓

子・孫などへ

（子・孫等の条件）
・贈与年1月1日に20歳以上
・贈与年の合年所得2,000万円以下
・翌年3月15日までに購入家屋へ
　入居または入居見込　　etc

解説

1. 期間限定の非課税制度

　子どもや孫がマイホームを買おうというときに、父母や祖父母が住宅購入の頭金くらい援助してやりたいという気持ちもあるでしょう。

　しかし通常は、この資金援助も贈与ですので、もらった子や孫に贈与税がかかるところ、平成31年6月までの期間限定で、一定金額の贈与が非課税となる予定です（下図参照）。これを「**住宅取得等資金の贈与税非課税特例**」と言います。非課税枠の範囲内なら、資金援助をしても子どもや孫には贈与税がかからず、贈与した分だけ将来の相続税負担も軽減されますから、大いに活用を検討する余地があるでしょう。なお、この特例は平成26年で期限切れのところ、平成27年度税制改正により平成27年以降も拡充・延長される予定です。

【住宅取得等資金の贈与税非課税特例】

住宅用家屋の取得などに関する契約締結期間	非課税限度額		備　考
	良質な住宅用家屋	それ以外	
平成27年　1月～12月	1,500万円	1,000万円	
平成28年　1月～9月	1,200万円	700万円	
平成28年　10月～ 平成29年　9月	3,000万円 (1,200万円)	2,500万円 (700万円)	平成29年4月より 消費税率10%予定
平成29年　10月～ 平成30年　9月	1,500万円 (1,000万円)	1,000万円 (500万円)	
平成30年　10月～ 平成31年　6月	1,200万円 (800万円)	700万円 (300万円)	

注1) カッコ内は、住宅用家屋の取得などの対価や費用が、消費税等の税率が10%でなかった場合の非課税限度額。家屋の対価・費用に適用される消費税率により異なる。

注2) 平成28年9月以前に契約し非課税限度を適用した場合でも、消費税等の税率が10%の場合の非課税限度額を適用できるようになる模様。

注3) 良質な住宅用家屋とは、省エネルギー対策等級4（平成27年4月以降は断熱等性能等級4）または耐震等級2以上もしくは免震建築物に該当する住宅用家屋をいう。

注4) 東日本大震災の被災者が受ける贈与には、復興支援の措置として、非課税限度額の取り扱いが若干異なる。

注5) 当該図表は、平成27年度税制改正大綱の情報に基づき作成している。

2. 住宅取得等資金の贈与を受けるのは、子や孫など

住宅取得等資金贈与の非課税特例を適用する際、贈与を受ける子や孫の主な要件は以下の通りです。

① 日本国内に住所がある20歳以上（贈与年1月1日時点）であること
② 直系尊属（親や祖父母）からの贈与であること
※配偶者の父母から贈与を受けても適用はありません。
③ 贈与年の合計所得金額は2,000万円以下であること

3. 中古や増改築でもオーケー

この特例は、新築住宅の購入資金だけでなく、中古住宅の購入や、増改築も対象となります。主な要件は以下の通りです。

新築・中古の要件	増改築の※要件
50m²以上240m²以下	
新築、または中古の場合、取得から20年以内の非耐火建築（耐火建築は25年以内）または耐震基準に適合することを証明されたもの	増改築工事費用が100万円以上であること

※ 平成27年度税制改正により、増改築の範囲が、一定のバリアフリー改修、省エネ改修、給排水管・雨水浸入防止の工事にまで広がる予定です。

4. 贈与税申告をする etc

特例適用のため、たとえ贈与税負担がゼロになっても、翌年3月15日までに贈与税申告を必ずしなければなりません。

また、翌年3月15日までに贈与を受けた住宅取得等資金を全額充てて新築・取得・増改築し、居住している必要があります。ただし、どうしても居住できない場合には、その後遅滞なくその家屋に居住することが確実であると見込まれることが適用の要件となります。なお、翌年12月31日までにその家屋に住んでいない場合、この特例は使えなくなります。特例を適

用した贈与税申告を修正申告しなければなりませんのでご注意を。

● 暦年贈与でも相続時精算課税贈与でもどちらでも併用可能

　この特例は、暦年贈与 P262 でも相続時精算課税贈与 P284 でもどちらでも活用ができます。

　例えば、平成27年に前述の良質な住宅用家屋を購入するための資金贈与をするとすれば、特例の非課税枠は1,500万円、暦年贈与による場合には110万円の基礎控除額と併せて、1,610万円まで無税で贈与ができることになります。

　また、相続時精算課税制度を選択して贈与するには、特例の非課税枠1,500万円に精算課税贈与の特別控除2,500万円を併せて4,000万円まで無税で贈与することができることになります。

　いずれにしろ、この特例の非課税部分は、相続税軽減効果も大きいため、子や孫へのマイホーム購入を援助する機会があるなら、積極的に検討するとよいでしょう。

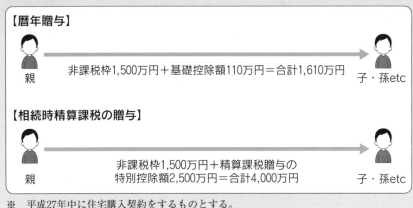

※　平成27年中に住宅購入契約をするものとする。

教育資金を孫へ贈与したい！

テーマ6 子や孫などへの教育資金一括贈与の特例

重要度 ★★

 教育資金を孫へ贈与する際の贈与税の特例を教えてもらえますか？

　教育資金一括贈与の特例を活用して、子や孫に、贈与をしてやりたいのですが、詳しい仕組みがよくわからないので教えてください。

①父母や祖父母などから子や孫へ、一定の教育資金1,500万円まで贈与税の負担なく贈与できる制度です。

②この制度は、金融機関の教育資金口座を通じて贈与をすることになります。そして、教育資金を使った際に、領収書を金融機関に提出することになります。非課税になる教育資金とそうでないものの線引きが重要です。

③贈与を受けた子や孫などが、贈与された資金を使い切れず30歳を迎えた場合、教育資金支出と認められなかった金額とあわせて、その年の贈与となり贈与税の対象となります。

④そもそも子や孫への教育資金を都度贈与することには、贈与税はかかりません。一方、この特例を活用することで多額の生前贈与による相続税軽減効果はあります。メリット・デメリットを見極めた上で慎重に活用するとよいでしょう。

⑤平成27年12月31日までの特例でしたが、平成27年度税制改正によって平成31年3月31日まで適用期限が延長される予定です。

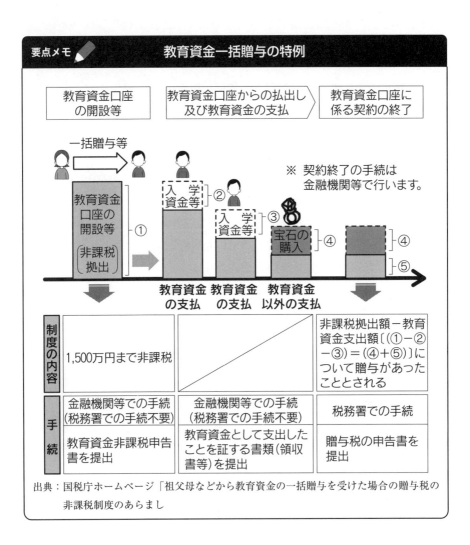

解説

1. 制度の概要と現状

父母や祖父母などの直系尊属から、教育資金1,500万円まで贈与税非課

税で贈与できる「教育資金一括贈与の贈与税非課税特例」制度（以後、教育資金一括贈与特例）がスタートしました。

この制度は、金融機関の教育資金専用口座を通して贈与し、金融機関が税務署に教育資金非課税申告書という書類を提出することで非課税になるという仕組みになっています。そのため、当制度を利用すべく、各種金融機関に資金が集まり、人気を博しているようです。

直系尊属からの贈与と言っても、子どもへの贈与というよりは、孫などへの贈与で活用されているようです。孫の将来の高校・大学への進学などのためにまとめて贈与するという具合です。孫への贈与で教育費の家計負担が減り、親が教育費のために貯めていた資金が消費にまわって景気によい影響を与えるのを期待したいところです。

教育資金一括贈与特例を利用するにあたっては、制度の特徴、メリット・デメリットをきちんとおさえたうえで、資金贈与の一つの選択肢として検討するとよいでしょう。

2. 教育資金一括贈与特例の特徴

① **贈与は、金融機関で教育資金口座の開設から**

教育資金一括贈与特例を活用する場合、金融機関で受贈者である子や孫名義の教育資金口座を開設し、贈与資金を入金することにより一括贈与することになります。通常の贈与のように直接子や孫に贈与することはできません。そのため、当制度を取り扱っている金融機関での手続きとなります（信託銀行や銀行・信金・証券会社など）。

② **非課税となる教育資金の範囲と領収書の重要性**

一定の教育資金は、1,500万円まで贈与税が非課税となります。

教育資金は学校などに直接支払う入学金、授業料、修学旅行や遠足代、学校給食費などの他に、学習塾や水泳教室などの学校以外に支払うものも対象になります。

学校などに直接支払われるもので1,500万円まで、そのうち500万円までなら学校以外への支払いにも使えるように非課税限度枠が定められています。

　手続き上、注意が必要なのは、教育資金口座から引き出しをした場合、きちんと教育資金に使ったということを証明する領収書などを提出期限までに金融機関に提出しなければなりません。この領収書の注意点は、非課税になるかならないかの線引きです。学校などからの領収書の場合はさほど心配ないのですが、学校以外の業者に支払う場合、学校が必要と認めたものでなければなりません。間違って購入して非課税にならないといったことがないように注意が必要です。

　また、非課税となる教育資金の範囲が不明確で迷うような場合もあります。文部科学省ホームページに教育資金などについて「教育資金の一括贈与に係る贈与税非課税措置について」に詳しくQ&Aが掲載されています。参考にするとよいでしょう。

　なお、平成27年度税制改正により、教育資金の範囲に、通学定期券代、留学渡航費等が加えられる予定です。また、平成28年1月1日より、支払金額が1万円以下で、かつ、その年中の合計支払が24万円に達するまでのものは、領収書に代えて、支払先金額等を記載した書類を提出できる予定です。

③　**非課税にならない場合**

　贈与した教育資金は使い切ってしまえば問題はありませんが、使い切れずに贈与された孫などが30歳を迎えた場合、その時に残っていた資金や教育資金支出と認められた以外の支出分が、その年の孫などの贈与となり贈与税の対象となります。贈与税の申告納付が必要な場合、自ら税務署へ手続きしなければなりません。

　子や孫の年齢を考慮して、実際にどれだけの教育費が必要になるのかをきちんと見積もったうえで贈与金額を決めるとよいでしょう。

生前対策のヒント

1. 活用のための視点

1 そもそも教育資金の贈与は非課税

よく勘違いされていますが、そもそも扶養義務者である父母や祖父母から子や孫が、生活費や教育資金の贈与を受けても贈与税はかかりません。

だから、その都度必要に応じて、例えば「大学進学時に必要な教育費分を」と贈与することで事足りることもあるでしょう。

多額の一括贈与をしてしまい、後々自身の老後資金が足りなくなるようなことは本末転倒です。贈与を取り消して返してもらおうにも、既に子や孫に贈与してしまっているので金融機関は返金には応じてくれません。きちんと必要な資金を見積もって慎重に贈与金額を検討する必要があるでしょう。

2 相続財産を大幅に減らせること

教育資金は必要に応じて都度贈与しても贈与税はかからないことを考えると、この制度の活用ポイントは、一括贈与によって相続財産を大幅に減らせることになるでしょう。また、**教育資金一括贈与特例による贈与は、相続前3年以内の生前贈与加算 P279 の適用がありませんので、相続直前の贈与でも相続税軽減効果があります。**

自分もそう先が長くないと不安を感じていて、手っ取り早く生前対策として贈与で相続財産を減らしたいというケースに効果があると言えるのでしょうか。

3 その他の視点

その他には、一括贈与後の資金は、金融機関が管理してくれるため、子や孫によって教育資金以外に無駄使いされにくいという点、一括贈与時の手続きは手間がかかるが、その後は手間がかからない点においては、都度教育資金を贈与するケースや暦年贈与でコツコツ贈与するケースと比べるとメリットと言えるかもしれません。

いずれにしても、教育資金贈与の税金面での取り扱いや、制度の特徴をしっかり理解した上で、上手に活用するとよいでしょう。

column　結婚・子育て資金の一括贈与特例

　平成27年度税制改正により、「結婚・子育て資金の一括贈与特例」が創設される予定です。教育資金一括贈与特例に似た制度です。銀行や金融機関などの信託等を通じて、直系尊属から子や孫（20歳以上50歳未満）へ、結婚・子育て資金を贈与した場合、1,000万円（結婚資金については300万円）まで、贈与税がかからない特例で、平成27年4月1日から平成31年3月31日までの期間限定の制度です。

　結婚資金は、婚礼はもとより、住居・引越しにかかる一定の費用、子育て資金は、妊娠・出産、子の医療費や保育料にかかる一定の費用が含まれるようです。これらの用途に使った証明書類を金融機関に提出しなければなりません。

　贈与を受けた子や孫などが、50歳に達しても使っていない残額がある場合、その残額に対して贈与税がかかることになります。

　詳細は、制度がスタートするときにまたアナウンスがあると思いますが、これで、「住宅取得資金」「教育資金」「結婚・子育て資金」と、子や孫などのライフプランの大きな支出が贈与税の特例でカバーされることになります。これらの特例を活用することにより、贈与税の心配をさほどせずに贈与することができるようになるわけです。

　子や孫の今後の人生を、過保護にならない程度に、上手に贈与で支えてあげたいものですね。

孫への贈与を検討している方！

テーマ7 孫への上手な生前贈与

重要度 ★★★

Q 孫への贈与をしてやりたいのですが、子どもへの贈与とどう違うのでしょうか？

　　　孫への贈与は、税金面で特例も沢山あるし、活用しやすいと聞きました。贈与するにあたって理解しておいたほうがよいことを教えてください。

A ①孫への財産の残し方は、遺贈と生前贈与があります。孫などが遺贈される場合、相続税の2割加算の制度により、相続税が2割増になります。一方、生前贈与には、贈与税の割増しはありません。
②孫への贈与は、(1)世代飛び越し効果 (2)生前贈与加算の対象外となりうる、という点で、子どもへの生前贈与と税金面で違いが生じます。
③孫への贈与には、住宅取得等資金、教育資金で特例が活用できます。また、平成27年からは、相続時精算課税制度による贈与も活用できるようになります。

解説

1. 孫への贈与が増えている！？

「孫に財産をのこしてやりたいのだけど……」

生前対策や相続の準備をする方からこういう相談を多くいただきます。子どもだけでなく、孫にも財産を残しておきたいということのようです。また平成25年からスタートした教育資金一括贈与特例 P304 制度の影響もあり、金融機関などから勧められた、という方も多いようです。

そこで、ここでは「孫」にフォーカスして上手に財産を残すためのポイントを解説しましょう。

2. 孫へ財産を残すためには、遺言か贈与か？

孫に財産を残そうと思うと、遺言による遺贈 P142 か生前贈与が思い浮かぶところでしょう。

遺言に、財産を孫へ譲る旨したためておき、相続時に孫に残す方法か、生前に贈与してしまう方法です。いずれも財産を孫へ残す方法なのですが、前者の遺贈による場合、税金面で覚えておいたほうがいい制度があります。「相続税の2割加算」という制度です。

相続税の2割加算とは、遺贈で財産を譲り受ける場合にも当然相続税がかかるわけですが、相続税を納める人が一親等の親族と配偶者以外の場合には、その相続税額が2割増しになるという制度です。

子どもや親が一親等で、孫や兄弟姉妹は二親等にあたりますので、孫が遺贈を受ける場合には、2割増しの相続税を納めなければなりません（ただし、子の代襲相続により子になりかわって相続する孫には相続税の2割加算は適用されません）。

一方、生前贈与、こちらは当然贈与税の対象にはなりますが、贈与税には2割加算という制度はありません。

> **column　こういうケースも2割加算！**
>
> 祖父が孫を自分の養子にしたいわゆる「孫養子」のケースでは、孫は養子として一親等の親族になったわけですが P21 、相続税の計算上は、2割加算の対象のままなので注意が必要です。もし、この養子が代襲相続人にもなるような二重資格を持つ場合には、子になりかわって代襲相続するわけですから2割加算の対象ではなくなります。

3. 子どもへの贈与と孫への贈与の違いは？

さて、ここからは、生前贈与にフォーカスして説明しましょう。

上手な生前贈与をすることで、相続財産が減り、将来の相続税負担も軽減されることは既に説明したとおりです P255 。それでは、同じ生前贈与をするにしても、子どもにするのと孫にするのとでは、税金面でどんな違いがあるのでしょうか？

① **孫への贈与は、世代飛び越し効果あり**

例えば、祖父から孫へ生前贈与をしたとしましょう。相続税がかかるケースを想定してください。もし生前贈与をしなければ、祖父の財産は通常、子どもが相続税を納め相続し、その子どもの財産を、孫が相続税を納めて相続することになります。

しかし、祖父から孫への生前贈与をすることによって、本来、祖父から相続する際の子ども、子どもから相続する際の孫の相続税負担をパスすることになります。つまり相続を一回分、世代飛び越しすることによって、二世代にわたるトータルの相続税軽減効果が大きくなるということです。

もちろん、子どもから孫への相続時に相続税がかからないといったケースでは、この効果はありません。

親 → 子 → 孫
相続　　相続
（相続税）（相続税）

相続２回分
の税金

親 → 孫
贈与

相続一回分の
世代飛び越し
効果あり

② 孫への贈与なら、相続前３年以内贈与も OK?

　例えば、親子間で、相続前３年以内に贈与をしたとしても、その贈与した財産を相続財産に加算して相続税の計算をします。生前贈与加算 P279 という制度が適用されるからです。

　つまり、親子間で相続前３年以内にいくら生前贈与をしても、相続税は軽減されないということになります。

　しかし、この生前贈与加算という制度は、相続・遺贈で財産を取得した人への贈与を対象とします。そのため、遺贈を受けない孫への相続前３年以内の生前贈与なら、生前贈与加算の対象にはなりませんので、贈与により相続税は軽減されるということになります。これは、孫に限りませんので、たとえば相続人の配偶者など、相続などで財産を取得しない人への贈与にも同様に取り扱われます。

　子どもへの贈与との比較で、こうした孫への贈与の特徴を理解しておくと、生前対策として孫への贈与を有効に活用することができるでしょう。もちろん税金面だけではなく、多面的な検討を加えなければならないのは言うまでもありません。

生前対策のヒント

1．孫への贈与なら、多種多様な特例を上手に活用できる

孫への贈与には、いくつかの特例が用意されていますので、上手に活用して生前対策していきましょう。

1 孫がマイホームを買う資金を贈与するなら！
　—住宅取得等資金の贈与税非課税特例（改正） P300

　孫がマイホームを買うにあたっての資金援助として生前贈与を考える場合、住宅取得等資金の贈与税非課税特例の活用を検討するといいでしょう。子どもへの贈与に加えて孫にも適用できる特例です。平成26年で期限切れとなるところでしたが、平成27年以降延長され平成31年6月まで活用できる予定です（平成27年度税制改正大綱より）。

　平成27年は、最大1,500万円までなら、贈与税の負担なく贈与を受けることができます。

2 孫の将来の教育資金を贈与するなら！
　—教育資金一括贈与の非課税特例 P304

　孫の教育資金の援助として生前贈与を考える場合、教育資金一括贈与の非課税特例の活用も選択肢の一つとして検討するといいでしょう。**1住宅取得等資金の贈与税非課税特例**同様、子どもへの贈与に加えて孫にも適用できる特例です。平成27年12月31日まで活用できます（平成27年度税制改正により平成31年3月31日まで延長される予定です）。

　金融機関を通じて最大1,500万円までなら、孫は贈与税の負担なく一括して贈与を受けることができます。

3 孫の贈与税を極力小さくしてやりたい！
　—相続時精算課税制度の贈与（改正） P284

　平成27年より、相続時精算課税制度による贈与を孫にも活用できるようになりました。よって、例えば、孫（20歳以上）は、祖父（60歳以上）からの贈与を受けた際、相続時精算課税制度を選択すれば、その後累計2,500万円まで贈与税負担なしに贈与を受けることができるようになります。

ただし、注意が必要なのは、相続時精算課税制度による贈与をした場合、相続時、贈与財産を相続財産に加えて相続税の計算をしますから、その際、相続税の負担が生じ、これらの贈与財産も、前述の「相続税の２割加算」制度の対象となることです。孫が遺贈で財産を得たのと同じ取り扱いになるわけです。

4　孫の将来の結婚・子育て資金を贈与するなら！
　―結婚・子育て資金一括贈与の非課税特例（新設予定）　P309

　平成27年度税制改正により、孫への結婚・子育て資金の援助について贈与の非課税特例が新設される予定です。金融機関を通じて最大1,000万円（結婚資金は300万円）までなら平成27年4月1日より平成31年3月31日までの間、孫は贈与税の負担なく一括して贈与を受けることができます。

相続の資金準備がしたい人

テーマ 8 生命保険で相続資金準備

重要度 ★★

生命保険は相続にどう活用できるのでしょうか？
生命保険で相続の様々な資金準備ができると聞きました。上手な活用法を教えてほしいのですが。

相続時点にまとまった資金準備が可能となるので、相続税の納税資金準備に適しています。その他にも相続税軽減効果、遺言的効果などもありますので、上手に活用したいところです。

要点メモ　相続時の生命保険の機能

- 機能1　相続税納税資金準備
- 機能2　相続税非課税枠
- 機能3　遺言的機能

解説

1. 生命保険は相続対策の要

「自分の身にもし万一のことがあったら、家族は一体どうなるのだろうか？」と考えると、その答えの1つとして生命保険に行き着く人も多いのではないでしょうか。

生前に生命保険に加入し、保険料を支払う、それにより被保険者の相続時、あらかじめ決めておいた生命保険金の受取人にまとまった現金を確実に残せるのです。この生命保険の死亡保障機能は、ときに残された家族のその後の生活の支えとなる極めて貴重な機能だと言えます。

　慶応義塾大学創始者の福沢諭吉がその著書『西洋旅案内』において、ヨーロッパの近代的保険制度を紹介して以来、生命保険は日本に広まり現在に至ります。現在では、約9割の世帯で何らかの生命保険や個人年金保険に加入しているという統計データもあります。国際的な比較をしても、統計的には他の国よりも生命保険に加入する意識が高い国民性があるのかもしれません。

【世帯加入率の推移】

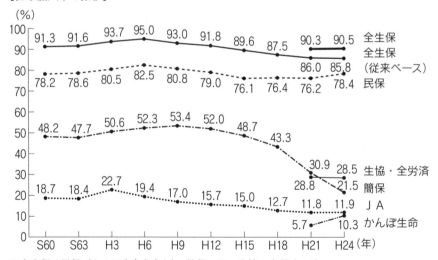

※全生保は民保（かんぽ生命を含む）、簡保、JA、生協・全労済の計
※全生保（従来ベース）は民保（かんぽ生命を含む）、簡保、JAの計

$$世帯加入率 = \frac{世帯員の少なくとも一人以上が加入している世帯数}{全回答世帯数} \times 100$$

出典：「平成24年度　生命保険に関する全国実態調査速報版」10ページ

保険の加入目的としては、配偶者や子ども等、遺族の生活保障を目的とするものを中心に様々な将来の不安への備えがあるようです。ところが、相続に備えるため、すなわち、「相続税支払いの備え」とか「遺産相続を円滑に進めるため」といった相続に関する不安を解消する目的で生命保険に加入しているケースが意外に少ないことに驚きます。

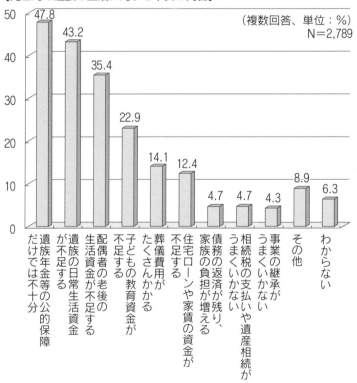

【死亡時の遺族の生活に対する不安の内容】
（複数回答、単位：％）
N＝2,789

- 遺族年金等の公的保障だけでは不十分　47.8
- 遺族の日常生活資金が不足する　43.2
- 配偶者の老後の生活資金が不足する　35.4
- 子どもの教育資金が不足する　22.9
- 葬儀費用がたくさんかかる　14.1
- 住宅ローンや家賃の資金が不足する　12.4
- 債務の返済が残り、家族の負担が増える　4.7
- 相続税の支払いや遺産相続がうまくいかない　4.7
- 事業の継承がうまくいかない　4.3
- その他　8.9
- わからない　6.3

出典：生命保険文化センター「生活保障に関する調査」平成22年度

　相続税が改正されて相続の準備や対策の必要な人が増えてくると同時に、生命保険の加入目的も「相続対策として」という人が増えてくるだろうと思いますが、現状、生命保険が相続対策や準備のためにどのように活用できるのかについての認知がされていないことがその原因の１つでしょ

う。

　生命保険という金融商品は、少なくとも他の金融商品と比べて、相続対策として活用するのに相性がいい金融商品です。様々な角度から相続における生命保険の有用性について整理してみましょう。

(1) 相続税の納税資金準備のため

　相続税がかからない相続では、その財産をどう使おうかという検討を進めればいいのですが、相続税がかかる場合、相続財産を引き継ぐと、まずその財産にかかる相続税を納めなければなりません。

　相続税は沢山財産を引き継げばその分負担も増えますし、基本的には相続から10か月以内に相続税を納めなければならないので、納税資金をどう調整するか、という問題は結構深刻で大きな課題です。納税資金 P238

　引き継いだ財産以上に相続税を納める必要はないのですから、引き継いだ財産から払えばいいではないかという意見もごもっともですが、そうも言っていられないケースも多々あります。

　例えば、地主さんの相続。以下のように、相続財産のうちほとんどが不動産ばかりというようなケースです。

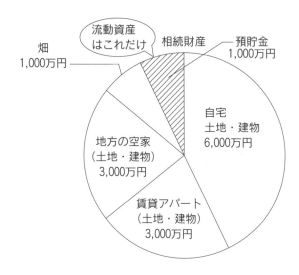

引き継ぐ資産の中に相続税に見合う金融資産があって、十分な額を引き継げるなら問題はありません。また相続人が、相続税を納められるだけの金融資産を持っているのならそれも問題ないでしょう。資金がなくても、不動産を売却して金融資産に換金するという手も検討に値しますが、それも買い主あってのこと、希望の金額で売れるとも限らないといった不確定な要素があります。

それ以外に、手軽で確実な方法があるとするならば、生命保険の活用が挙げられます。

すなわち、相続税の納税資金が必要な相続人を受取人として、生命保険に加入しておくことで、相続からたった10か月という短期間 相続スケジュール P225 で納税資金を確保する目的を果たすことができるわけです。

(2) 相続税が軽減されるため

相続税の観点からは、あらゆる金融商品と比較して、圧倒的に生命保険の扱いが優遇されていると言っていいでしょう。

例えば、被相続人の死亡によって相続人が受け取った生命保険金（あるいは一定の損害保険金等）は、相続税の対象となりますが、その保険料を被相続人が負担していたものについては、一定の金額に相続税がかかりません。相続税の非課税枠と言います。

非課税枠は、500万円×法定相続人数と決められています。

契約者
（保険料負担者）
被相続人
（被保険者）

相続人
（保険金受取人）

受け取った保険金　－　非課税枠　＝　相続税の対象
　　　　　　　　　　（500万円×法定相続人数）

　例えば、相続人が妻と子ども2人で、ご主人が亡くなった場合の非課税枠は、法定相続人が3人なので、1,500万円（500万円×3人）となります。もし仮に、この相続人たちが受け取った生命保険金の合計額が2,500万円だったとしたら、非課税枠1,500万円を差し引いた残り1,000万円に相続税がかかります。

　ということは、この相続人が受け取る生命保険金は、非課税枠1,500万円の範囲内なら相続税は一切かからないということになります。

　一方、相続財産として預貯金を2,500万円引き継ぐと、基本的には全額が相続税の対象となります。生命保険金で受け取るのと税負担が大きく異なります。

(3) 遺言的機能の活用が手軽にできるため

　例えば、「××は病弱で仕事にも就けないから3,000万円は残しておいてやりたい」とか、「△△に葬式代として500万円を残しておきたい」といったふうに、相続時点に特定の人にまとまったお金を残したいという場合、受取人を指定して生命保険に加入することで確実に財産を残すことができるでしょう。

　同様の効果を実現するには、生前贈与や遺言という手段がありますが、遺言の場合、法定要件を整えなければならず、生命保険の加入に比べると、手間もかかるでしょう。生前の贈与も相手があることで、契約手続きや贈与税も気にしなければなりません。そういったことを考えると、生命保

は比較的手軽に行えるのではないでしょうか。

当たり前の話ですが、生命保険金は契約時に定めた受取人の（固有）財産です。預貯金等の相続財産は遺産分割協議で、誰が引き継ぐかを決めるわけですが、生命保険金についてはその必要はありません。生命保険加入時に受取人を指定することで確実に思い通りの人へ財産を残すことができます。

そういう意味において、生命保険は手軽な遺言のようでもあります。

生前対策のヒント

1. 相続対策としては終身保険が理想的

相続対策として生命保険を選ぶ際の基準は、基本的には死ぬまでずっと保障が続くことが重要でしょうから、保険の種類としては終身保険が適していると言えるでしょう。

養老保険には満期があり、比較的保険料負担の小さい定期保険も"掛け捨て"と言うように保障期間が限定されているので、相続前に保障が切れてしまい、せっかくの相続対策の効果も発揮できない可能性があります。

しかし、終身保険は他の種類の保険と比較すると、一般的に保険料が割高であるため、満足いく保障を確保するにはかなりの保険料を払わなければならないというケースも少なくありません。そのため、最近では、長期平準定期保険という商品が人気のようです。簡単に言えば、通常の定期保険よりも長い期間保障が続く定期保険です。

2. 相続税の非課税枠の考え方と注意点

生命保険金の特徴である相続税の非課税枠は上手に活用したいところですが、いくつかの注意点を確認しておきましょう。

まず、法定相続人以外が受取人となる生命保険金について、非課税枠は活用できません。例えば、相続人が妻と子どものケースで、受取人が、孫等、

相続人以外となっている生命保険金に非課税枠はありません。生命保険受取人が、相続放棄するケースにも非課税枠はありません。

また養子がいるケースの法定相続人数のカウントにも注意しておきましょう。子どものうち養子がいる場合、他に実子がいれば、養子は1人まで含めることができます。実子がいなければ、養子は2人まで含めることができます。

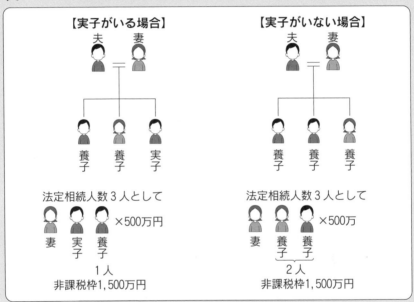

3. 財産分けの調整資金としての生命保険金

相続人間での遺産分割協議は一筋縄ではいかないケースが多々あります。なるべく相続人の間で不公平感や不満がないようにと思っても、なかなか上手く金額調整ができなかったり、折り合いがつかないケースがあるものです。そういうケースでは、よく代償分割という手段が活用されます。

代償分割とは、遺産分割の際に、相続人のうち1人または数人が相続財産を取得し、その人が代わりに他の相続人に自らのお金（代償交付金と言います）等を渡す遺産分割の方法です。　代償分割　P61

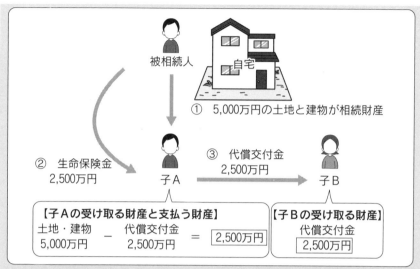

　例えば、相続人がA・B2人いて、相続財産が土地・建物5,000万円のケース。その財産はどうしてもAが引き継ぎたいという場合、Bにしてみたら法定相続分では2分の1の2,500万円もあるのに、引き継ぐ財産が1円もなくなるわけですから、当然不公平感や不満が生じる可能性は否定できません。その際に、Aが自らの財産から2,500万円の現金を代償交付金としてBに渡すとすればどうでしょう。Bとしても特に不動産がほしいわけでないなら、現金等で受け取ったほうが都合がいいわけです。これによってAもBも2,500万円相当の財産を手に入れることができ、Aが自らの代償交付金を使って上手に遺産分割を調整できるわけです。
　しかし、もしAが、この代償交付金の原資2,500万円を持っていなければ、この代償分割は成立しません。そこで、被相続人が生前に、Aを受取人、被保険者を被相続人とする生命保険に加入しておけば、受け取った生命保険金は代償交付金の原資としても活用できます。
　なお、代償分割は遺産分割なので、代償交付金は贈与税でなく、相続税の対象となるので、Bは相続税を納めることになります。
　もちろん、生命保険金も非課税枠を超える部分は相続税の対象となります。

生命保険を上手に活用したい人

テーマ 9　税負担を踏まえた生命保険の活用

重要度 ★★

Q　生命保険の税負担を踏まえた相続税対策を教えてほしい

生命保険金を受け取る際には、税金がかかるようなのですが、契約形態によって税負担がずいぶん異なると聞きました。生命保険の税金についての概要と、それを踏まえた相続税対策を教えてほしいのですが。

A　生命保険金は契約形態により、相続税、所得税、贈与税等の税金がかかります。

この特性を踏まえたうえで上手な活用をしましょう。

要点メモ　生命保険の契約パターンと税金の取扱い

契約パターン	保険料負担者（通常、保険契約者）	被保険者	保険金受取人	保険金に対する税金の取扱い
相続税型①	A	A	相続人 B	相続税（非課税あり）
相続税型②	A	A	相続人以外 C	相続税（非課税なし）
所得税型	B	A	B	所得税・住民税（一時所得）
贈与税型	D	A	相続人 B	贈与税

※　所得税型、贈与税型には、保険料負担者と保険金受取人のパターンは数種考えられます。上記は一例です。

解説

1. 生命保険は契約形態によって税金負担が変わる

生命保険に加入するに際して注意しなければならないのは、受け取る保

325

険金等にかかる税金の取扱いです。保険金を受け取っても当然それには税金がかかり、場合によっては負担が大きくなることもあります。したがって、税金を差し引いた手取りベースでの生命保険加入が賢明です。契約パターンごとの税金の取扱いを整理してみましょう。

例えばAの相続対策を考えるとして、Bが配偶者や子ども等の**相続人**、Cが孫や子どもの配偶者等の**相続人以外**としましょう。

生命保険には、契約形態によって、相続税か贈与税か所得税・住民税がかかる3つの契約パターンを覚えておくとよいでしょう。

(1) 相続税型（①・②）

相続税型は、相続対策としては最もオーソドックスな契約パターンで、生命保険金に相続税がかかるパターンです。受取人が相続人なのか、それ以外なのかによって、非課税枠が適用できるかどうかの取扱いが異なります。相続税がかかるケースでは、非課税枠が活用できるか否かによって相続税負担が大きく違うわけですから、非常に重要なポイントとなるでしょう。

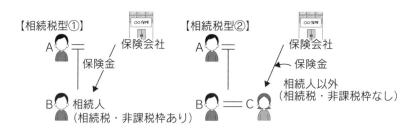

(2) 所得税型

次に、所得税型。所得税型は、保険料負担者（通常は保険契約者）が、保険金受取人と同じです。自ら保険料を負担して（いわば経費を使って）、あたかもその対価として保険金を受け取ったわけですから、所得税・住民税の対象となります。所得税型の場合、保険金は所得税・住民税（一時所得）の対象となり、その計算は、以下の通りです。

一時所得＝(受け取った生命保険金－これまでに支払った保険料累計額－特別控除額50万円)×$\frac{1}{2}$

　この計算式をみるとわかりますが、受け取った保険金から、保険料と特別控除額50万円を差し引いて、2分の1してから（他の所得と合算して）所得税・住民税率をかけます。所得税と住民税をあわせた最高税率は平成27年から55％（平成27年から所得税の最高税率は45％に引き上げられます。）ですから、2分の1すると税率としては最大27.5％ということになります。また、毎年の確定申告で生命保険料控除を受けられます。

　平成49年までは、復興特別所得税もかかりますが、ここでは省略しています。

(3) 贈与税型

　最後に贈与税型です。保険料負担者（通常は保険契約者）と保険金受取人が異なり、かつ被保険者でもない場合です。保険金受取人にしてみると、他人が保険料を負担して、あたかもただで受け取ったような保険金ですから、贈与税の対象となります。

　贈与税となれば、相続税型、所得税型よりも一般的に税負担が重くなりますから、生前対策をする場合、税負担だけを考えればこの契約パターンは避けて検討するべきでしょう。

　相続対策のための生命保険加入を検討する際は、この3つの契約パターンをまずは念頭においておくとよいでしょう。

生前対策のヒント

1. 税負担を考慮した生命保険加入の目安

　この税金知識を上手に活用して生命保険の加入を検討してみましょう。例えば、相続税がかかる家庭で、財産は不動産のみで納税資金がありません。

長男の納税資金準備のために、生命保険加入を検討するとしましょう。

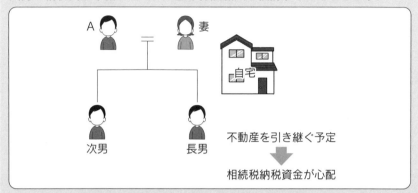

ステップ①　相続税の非課税枠の活用検討

　とにかく将来の相続税の負担が最も小さくなるようにしようと思えば、まずは、税金がかからない相続型の非課税枠の活用を検討します（相続税型①）。
　このケースの相続税の非課税枠は1,500万円（500万円×法定相続人数3人）です。ということは、相続税型①の契約パターンで、受取人を長男にした死亡保険金1,500万円までの生命保険金については、税負担なしで納税資金を準備することができますから、税金面で最も有利な取扱いとなるでしょう。

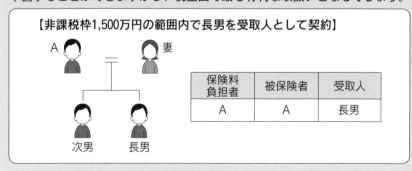

ステップ②　契約パターンの検討

　しかし、既に相続税型①の保険金1,500万円超の生命保険契約に加入していて、1,500万円の非課税枠のメリットをこれ以上享受できない場合、あるいは、非課税枠を超える保険金の場合、その超える部分に関しては、相続税型①か所得税型のいずれかの契約パターンを比較検討し、相続税か所得税の税金面で有利なほうを選択するということになるでしょう。

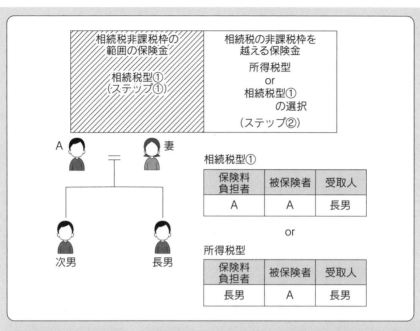

　所得税型では所得税・住民税がかかるのですが、上述の通り最大でも税負担は27.5％で、受け取った保険金から支払った保険料累計と50万円の特別控除額を差し引けるのでさらに税負担は下がります。所得税率は、保険金を受け取る長男の所得額により上がりますが、この一時所得と他の所得の合計所得が少なければ負担も下がります。

　所得税型と相続税型では、それぞれの実効税率による比較をするとよいでしょう。

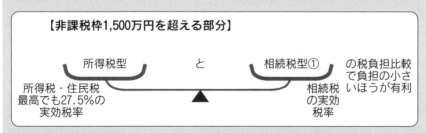

　もし仮に所得税型のほうを選択する場合、保険料負担者は長男ですから、長男自ら生命保険料を負担することになりますが、長男に負担させたくない、

あるいは負担できないということもあるでしょう。その際は、生命保険料分の現金（または預貯金）を贈与する等、工夫する必要があるでしょう。

2. 贈与を活用して保険料の調達

さて税負担の観点から所得税型の生命保険に加入をした場合、肝心の生命保険料分の現金（または預貯金）の贈与を受けて、生命保険料の財源に充てることも検討の余地があります。一般的には、「生命保険料の贈与」等と呼ばれているようです。

このケースでは、将来のAの相続をひかえて、長男の生命保険加入の財源として、その保険料分をAが長男へ暦年贈与 P262 による贈与をします。これによって、納税資金の準備をすると同時に、Aの相続財産を減らすことにもなりますので、副次的に将来の相続税負担軽減効果も兼ねることになります。

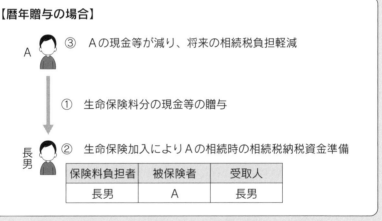

ただし、贈与ですから、手続き等きちんとする必要もありますし、贈与税についても検討する必要があります。 P260 を参照のうえ、しかるべき対処をしておきましょう。

なお、保険料に充てるための贈与では、昭和58年9月に事務連絡という形で税金の取扱いが国税庁より公表されていますが、そこから以下の注意点をまとめておきますので確認してください。

① 毎年きちんと贈与契約書を作成すること。
② 贈与税がかかる贈与の場合、贈与税の申告をし、申告書の控えを保存しておくこと。
③ 所得税の確定申告時に生命保険料控除を差し引くのは保険料を負担している受贈者（今回のケースでは長男）で、贈与者（今回のケースではA）ではない。
④ その他、贈与をしたことを証明できる書類や記録等をできるだけ取っておくこと。

不動産と相続税の関係を知りたい人

不動産の活用

重要度 ★★

Q 更地にアパートを建築すると相続税対策になるのですか？

不動産を購入し、アパートを建てて貸し出したら、相続税負担が下がると聞きました。どういうことなのでしょうか？

一般的に、現金を相続するより、その現金で購入した不動産を相続するほうが評価が低くなります。それを貸し出すことで、さらに評価が低くなります。

相続税計算の評価ルールにより、一般的に税負担が下がるわけです。

要点メモ 賃貸不動産（土地・建物）の評価ルール

	建　物	土　地
①評価の基礎	固定資産税評価額	路線価
	公示価格の70％を基準に設定	土地取引の指標になる公示価格の80％を基準に設定
②建物を貸す場合	**貸家評価**により自ら利用している場合の70％評価	貸家の底地は**貸家建付地評価**により、自ら利用している場合の評価から（借地権割合×借家権割合×賃貸割合）分の減額評価
		小規模宅地等（不動産貸付事業用）の特例適用で、最大200m^2まで50％評価減額

解説

1. 相続財産が不動産である意味

　相続を迎えるにあたって、現金や預貯金を持っているのと、不動産を持っているのでは一体どういう違いがあるのでしょうか？　相続という観点から分析してみましょう。ここが不動産を活用した生前対策のキモになるはずです。

　例えば、1億円の預金を持って迎える相続と、その1億円で土地を買って迎える相続とを比べてみましょう。

　相続を迎えると、遺産分割をすることになります。このとき、1億円の預金なら遺産分割で1円単位まで分けることができますが、不動産だと分けるのが難しいでしょう。ケーキのようにスパッと包丁で切れたらいいのですがそうもいかないので、共有するか、分筆をして分けるか、いずれかの相続人が単独で引き継ぐか、売ってしまって売却代金を分けるか（換価分割 P61 と言います）と、細かいことを言い出すときりがなくなりますが、いずれにしても様々な検討をしなければいけません。不動産はつまり、分けにくい財産ということができます。

　次に、相続税の納税について考えてみましょう。1億円の預金に対する相続税額が3,000万円だったとしたら、その1億円から払ってしまうことができます。一方、1億円で買った不動産の相続税額が3,000万円だったとしたら、この不動産を物納するか、売ってしまうか、他に資金がなければ何らかの方法で納税資金を調達する必要があります。

　最後に、相続税計算の評価について、預金1億円は基本的に1億円の評価となります。対して1億円で買った不動産、仮に土地を買ったとして、その評価は、更地のまま路線価で評価するとして、路線価は概ね地価公示価格の8割で設定されていますので、評価額は概ね8,000万円程度（買った値段を時価相当とする前提ですが）となり、1億円の預金に対する相続税

よりはおそらく低い負担になるはずです(ちなみに路線価を使って評価しない倍率地域の場合は、固定資産税評価額を基に計算するので更に評価は下がるのが一般的です)。

	1億円の預金	1億円で買った不動産
財産分け	分けやすい	分けにくい
納税資金	相続財産から納付可	別に資金が必要
相続税評価	ほぼそのままの評価	一般的に評価は下がる

　ということで、預金と不動産について、分けやすさや納税資金面からみれば、預貯金に軍配が上がりますが、相続税負担面では、少なくとも時価1億円で買った不動産のほうが軽くなると言えるでしょう。

　だからといって、相続税の負担を減らしたいという一心で、不動産を買えばいいかと言えば、そうとは言えず、財産分けや納税資金のデメリットを考えるとやはりバランスが大切であるということです。

　不動産の相続対策について、もう少し深く考えていきましょう。

2. 賃貸アパートを建てると評価が下がる理由

　「賃貸アパートを建てて、相続税対策をしませんか？」

　土地を持っていると、不動産会社から一度はこんな営業を受けたことがあるのではないでしょうか？

　土地は持っているだけでは、固定資産税をはじめランニングコストがかかります。そのため、不動産から収益を生み出すことを考える、すなわち家賃や地代が取れるような賃貸アパートを建てるなどの有効活用をすれば、少なくともランニングコストを賄えるし、あわよくば安定収入となり不労所得が入ってくるのではないだろうか、と考えるのは必然でしょう。さらに相続税対策にもなる、ということなら話を聞きたいところですが、その詳細についてはなかなか理解し難い部分もあるようです。

　賃貸アパートを建てることが相続税対策になるというのは一般的にはそ

の通りですが、誤った認識でせっかくの対策効果が発揮できないケースもあります。まずは、その理屈についてきちんと理解しておきましょう。

(1) 建物・土地の評価ルール

相続税を計算する際の評価は、土地は原則路線価、建物は固定資産税評価額を基に計算します。路線価は土地は時価の8割程度の評価、建物は建築価格の7割程度の評価が一般的な目安となるようです。これだけでもずいぶん税負担は軽減されます。景気による路線価の変動等は、ひとまず加味しなければ、自宅不動産を購入するようなケースでも結果的には相続税評価が低くなると言えるでしょう。

【1億円で不動産を購入した場合】

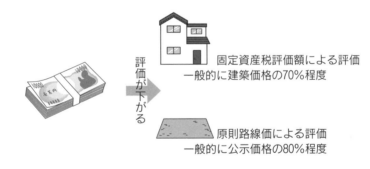

さらに、この建物を賃貸住宅として貸したとすると、財産評価ルール上、さらに評価が下がることとなります。

建物については、貸家となって、自分で使うことができない分評価が下がります。借家権割合30％を差し引くことで固定資産税評価額の70％評価となります。

土地については、貸家が建っている土地（貸家建付地と言います）として、こちらも評価が下がります。減額割合は、（借家権割合30％×借地権割合×賃貸割合）により、借地権割合は地域により異なりますが、仮に60％とすれば18％が貸家建付地の評価減額割合となります。

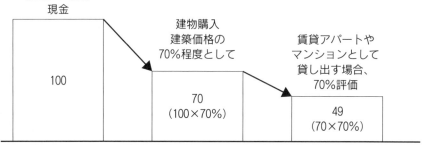

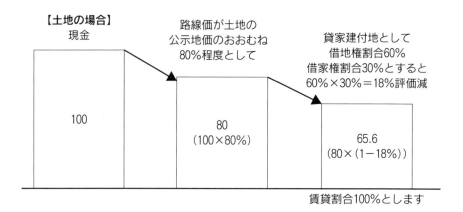

賃貸割合100%とします

(2) 小規模宅地等の特例

賃貸アパートを建てた敷地は、貸家建付地評価により評価額が下がりますが、この土地に小規模宅地等(不動産貸付事業用)の特例を適用できれば、さらに評価が下がることになります。

小規模宅地等の特例については P209 を参照いただくとして、要件を満たせば、最大200m²までの土地に50%評価減額をすることができます。

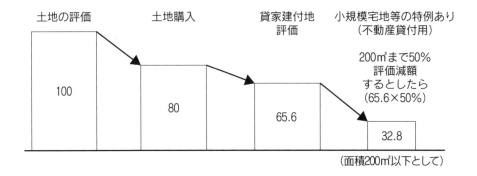

このように賃貸アパートを建てることで、相続財産を現金で持っている場合や、土地を更地のままで持っているよりも評価額が下がる可能性があるため、不動産の購入、もしくは不動産の活用（賃貸アパートの建築）が相続税対策にもなるとされているわけです。

1. 借入れをしたら節税になるのか？

　よくある質問です。銀行等からの提案を受けた際に、「借金して不動産を購入すると節税効果がありますよ」というようなことを言われた、という相談を受けます。最近は、こんな提案をしている銀行等は少ないようですが、「借金したら節税効果があるか？」についての正確な答えは、一概にそうとも言えず、相続が借金返済前なら相続税負担が減る効果を享受できる場合がある、でしょう。

　まず、これまで説明した土地・建物の評価については、借金をするしないに関係なく効果は同じです。加えて借金を完済するまではあくまでマイナスの相続財産が残ることになります。相続が起これば、いわゆる債務控除の対象ということで、プラスの財産から差し引いて計算ができるということなのでしょう。 P214

しかし、借金は返済するものです。晴れて借金を完済してから相続が起これば、債務控除をすることはできませんので、借金をすることによる相続税は軽減されません。

だから、相続が借金返済前なら相続税は軽減されはするが、借金を返したらその効果はなくなるということです。

また、借金返済資金を賃貸物件の収益でカバーできればいいのですが、昨今、空室のために収益が減少して、返済に苦しむというケースもあるようです。相続税対策のためだけでなく、多面的な検討をする必要があるでしょう。

2. 賃貸アパートが空室だったら相続税軽減効果はないのか？

賃貸アパート経営には空室リスクはつきものです。この空室リスクは相続税対策にも影響します。相続時点でもし空室があったらその空室部分については、建物も土地も、貸家や貸家建付地としての評価減額はできません。

しかし、相続時点でたまたま一時的に空室であった場合、それについては評価減額が認められるケースもあります。

その「一時的な空室」というのは、以下のような事実関係から判断します。
① 相続前に継続的に賃貸されていたこと
② 賃借人退去後、すみやかに賃借人募集が行われ、他の用途に使われていないこと
③ 賃貸されていない時期が、相続の前後1か月程度であるなど一時的な期間であること
④ 相続後の賃貸が一時的なものでないこと

なお、この取扱いは賃貸アパートやマンションに限られ、戸建住宅については、相続時点で空室であれば評価減額ができませんので注意してください。

3. 月極駐車場にしたら相続税軽減効果はないのか？

「相続税対策のために、土地を月極駐車場にしようと思うのだけどどう思いますか？」

賃貸アパート経営よりは初期投資も小さく手軽に始められるからか、このような相談もよく受けます。

相続税の評価面では、貸し駐車場、よくある青空駐車場は自ら使っている土地とみなして評価減額ができません（ただし、例外的に車庫などの施設を駐車場利用者の費用で造ることを認めるような契約の場合、土地の賃貸借とし

て、少しだけ評価が下がります)。また、小規模宅地の特例 P197 も原則として適用できません(ただし、事業として継続的に対価を得て総アスファルト舗装されているような場合には、不動産貸付業として小規模宅地等の特例だけは適用することができるでしょう)。

　また、敷地に賃貸アパートと駐車場がある場合、アパートの賃借人がその駐車場の利用者である場合には、駐車場部分についてもアパートと一緒に貸家建付地として評価減額ができますが、アパートの賃借人以外が利用する駐車場部分については、評価減額できません。

　青空駐車場の相続税対策については、十分な注意が必要です。

自社株を持っている人

テーマ 11 経営者の納税手段

重要度 ★★★

Q 自社株を使って納税する金庫株の制度とその要件とはどのようなものでしょうか？

相続財産の殆どが自社株の場合の納税資金対策を教えてください。

A 会社に自社株を買い取ってもらうことにより納税資金を準備します。相続に伴う自社株の買取りは譲渡所得となり、20％課税で売却することができます。また、取得費加算の特例も活用できるためさらに売却に関する税額負担を抑えることができます。

要点メモ　　金庫株制度の概要

- 自社株を買い取ってもらい納税資金にする
- 通常は、減資となり配当課税（最高税率55％）だが相続時は、譲渡税（20％）課税ですむ
- 取得費加算制度 P251 も適用可能
- 買い取る会社側の事前準備が大切

解説

1. 金庫株制度の概要

被相続人が会社経営をしている場合、その相続財産額の殆どが未上場株であることは、珍しいことではありません。また、相続人は、相続開始ま

でその株価を知らないことも多く思わぬ株価で納税資金の確保に困惑するということがあります。そのような場合、金庫株制度を活用することが有効です。**金庫株制度**とは、会社が自社の株を買い取ることを言います。つまり、未上場株を相続した相続人は、その株を会社に買い取ってもらうことにより納税資金を確保し、納税するという方法です。

【金庫株制度の仕組み】

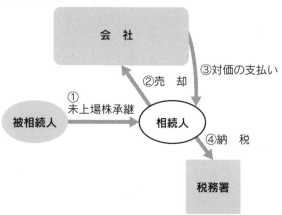

2. 相続税の納税資金のための買取りなら優遇措置がある

　通常、自社株を会社に買い取ってもらう場合、会社側の取り扱いは減資となり、売却の個人側は、所得税法上のみなし配当課税最高55％（復興税制は含んでいません）の税額を支払うことになります。一方、相続が発生してから3年以内に行う自社株の買取りについては、売却の個人側は譲渡所得と取り扱われ、20％課税で済みます。加えて"相続財産を譲渡した場合の取得費加算の特例適用" P251 も活用できるため、さらに税額を抑えることができます。

生前対策  **のヒント**

　金庫株制度を活用する場合は、自社株の買取りを行う会社側は、事前に次のようなことに留意し準備しておくことが必要です。

- ・自己株式買取り資金の準備
- ・自己株式買取り後の株主構成
- ・自己株式買取りに係る株主総会等の手続き準備
- ・買取り可能範囲（剰余金分配可能範囲）の確認
- ・適正な買取価額（法人税法上の時価）の算定

　買取資金の準備については、法人契約で被相続人を被保険者とする保険に加入しておき、相続発生後にその保険金を原資として自己株式の買取りを行うことなども有効な方法です。また、自己株式の買取りにあたっては、株主総会による特別決議も必要となるため、事前に株主と十分に協議しておく必要があります。

個人事業を営んでいる人

テーマ 12 個人事業を法人化

重要度 ★★★

 個人事業から法人成りすることによって相続対策となるのはどのようなことですか？

事業承継の個人事業を法人化した場合のメリットやデメリットを教えてください。

 個人事業を法人化することにより法人特有の優遇制度を受けることができます。一方、法人化することによるデメリットもあるので十分な検討が必要です。

要点メモ　こんな時に法人化を検討して

- 所得税率が高い→法人化すると税金が低くなるかも
- 後継者が決まっている→法人化すると事業承継制度がつかえるかも
　　　　　　　　　　　→事業資産を株化することにより相続の単純化

解説

1. 法人成りのメリット・デメリット

　個人事業主が法人成りをすることで、節税や事業承継対策になることがあります。まず、個人事業主の相続が発生した場合、その事業用資産は、個々に相続財産となり相続人に承継されます。したがって、事業用資産の一部を事業承継者以外の者が相続した場合には、その事業の存続自体が危ぶまれるリスクがあります。

一方、法人の場合には、株が相続財産となり承継されます。株の場合には、事業承継者がその会社を支配できる株を取得することにより、一部の株を事業承継者以外の者が取得しても事業の存続が危ぶまれることはありません。また、株については、納税猶予制度 P346 や金庫株制度 P340 など承継に関する優遇制度を受けることができます。その他にも様々なメリットがありますが、反面デメリットもありますので十分な検討が必要です。

【法人成りの主なメリット・デメリット】

メリット	デメリット
法人は退職金の支給ができる	株主総会等事務手続きの増加
法人契約の保険に入れる（個人の場合所得控除10万〜12万のみ）	法人は交際費の一部損金不算入
事業承継など株に対する承継優遇措置が受けられる	社会保険の強制加入による経費増加
給与の計上、給与所得額控除の適用がある	赤字であっても均等割（地方税）が生ずる
欠損金が9年繰越（個人は3年）可能※	法人設立費用が生ずる
毎期の所得が高い場合、節税効果あり（法人税率＜所得税率）	役員や本店登記などの登記費用の発生

※　平成20年3月31日以前に終了した事業年度の繰越欠損金の控除期間は7年です。

生前対策のヒント

　平成18年の会社法改正により、取締役が1人および資本金が1円でも法人が設立できるようになり、簡単に法人を設立することができるようになりま

した。また、法人株に対する事業承継税制の整備が進みいろいろな承継対策、承継方法の選択肢が広がっています。

　しかし、日々の事務作業については、法人成りにより会社法という法律の遵守が求められ、その法律に則り運営していくことが必要になります。また、退職金の支給等については勤続年数等に基づき支給されますので、相続直前に法人成りをしても節税効果が少ない場合もあります。したがって、法人成りを検討するときには、経営者の思考や将来像など、長期的な展望を持って行うことが大切です。

自社株を後継者に相続させたい人

テーマ 13 自社株式の納税猶予
（相続税）

重要度 ★★★

 相続税の納税猶予制度（事業承継税制）とはどんな制度ですか？

自社株を相続人の中でも後継者に承継させたいと考えています。そのような場合に活用できる制度について教えて下さい。

 一定の要件を満たすことで未上場株の承継に係る相続税額の80％が猶予される制度があります。長期に渡り要件を充足することが必要ですが、大きな効果が見込まれる制度です。

要点メモ　制度活用のために事前に確認したいこと

- 事業を行っている中小企業ですか？
- 後継者は決まっていますか？
- 被相続人は代表権があり一定の株を保有していますか？
- 経営の継続と雇用の安定が見込まれますか？
- 担保にできる資産はありますか？

解説

1. 事業承継税制の概要

いわゆる事業承継税制と言われる制度は、中小企業の世代交代をスムーズに行うことができるよう制定された制度です。中小企業の承継のネックの1つに、未上場株を後継者に承継させるときの税負担があげられます。

これは、会社の業績が良くなれば良くなるほど未上場株の価値は上昇していきますが、当然のことながらそれに併せて未上場株を承継する後継者の税負担も増えていきます。未上場株は換金性に乏しいため、後継者はその納税資金を準備するのが難しく、承継が難航するということがあります。

そこで、未上場株の承継を手助けしようという観点から、一定の要件を満たした場合には、"承継に係る相続税・贈与税の納税を猶予する"という制度が制定されました。これは、一定の要件の下に相続または贈与により未上場株を後継者に承継した場合には、一定金額の相続税・贈与税の支払いを猶予してもらえる制度です。その後、後継者が要件を満たし続ければ猶予は継続し、さらに後継者が死亡等し次世代にその株が承継された際には、その猶予税額は免除されることになります。

一定の要件をクリアし、その要件を継続し続けるという点が、この制度の難しいところですが、その要件を厳しく感じるか易しく感じるかは、それぞれの会社の状況によって違いますので、ぜひ一度は検討することをお勧めします。

なお、平成25年度税制改正により、事業承継税制にかかる適用要件の緩和がなされました。

2．相続税の納税猶予の特例

後継者である相続人等が、相続等により、一定の要件を満たした未上場会社の株式等を被相続人（先代経営者）から取得し、相続後一定の要件を充足する場合には、その後継者が納付すべき相続税額のうち、その株式等（発行済議決権株式等の総数の3分の2が上限）に係る課税価格の80％に対応する相続税の納税が猶予されます。

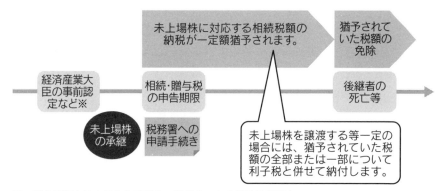

※ 平成27年1月1日より手続きの簡素化のため事前確認廃止

3. 主な会社要件

次のいずれかの会社に該当した場合には、特例を受けることはできません。

① 上場会社
② 中小企業者に該当しない会社
③ 風俗営業者
④ 資産管理会社
⑤ 収入金額がゼロの会社
⑥ 従業員数がゼロの会社（特例の適用に係る特別関係会社が一定の外国会社に該当する場合には、従業員が5人未満の会社）

4. 後継者である相続人等の主な要件

後継者である相続人等は、次のいずれの要件も満たす必要があります。

① 相続開始から5か月後において会社の代表権を有していること
② 相続開始の直前において先代経営者（被相続人）の親族であること（平成25年度税制改正により平成27年1月1日以後は親族以外も可能となりました）
③ 相続開始の時において、後継者および後継者と特別の関係がある者で総議決権数の50％超の議決権数を保有し、かつ、後継者を除いたこれらの者の中で最も多くの議決権数を保有することとなること

5. 先代経営者である被相続人の主な要件

先代経営者である被相続人は、次のいずれの要件も満たす必要があります。

① 会社の代表権を有していたこと
② 相続開始直前において、被相続人および被相続人と特別の関係がある者で総議決権数の50％超の議決権数を保有し、かつ、後継者を除いたこれらの者の中で最も多くの議決権を保有していたこと

6. 担保の提供

　納税が猶予される相続税額および利子税の額に見合う担保を税務署に提供する必要があります。なお、特例の適用を受ける未上場株式等のすべてを担保として提供した場合には、納税が猶予される相続税額および利子税の額に見合う担保の提供があったものとみなされます。

7. 相続開始前に行う手続き（経済産業大臣の事前確認）の廃止

　平成26年12月31日までは、相続開始前に経済産業大臣の事前確認を受ける必要がありました。これは、「中小企業における経営の承継の円滑化に

関する法律」に基づき、会社が"計画的な事業承継に係る取組みを行っている"ことを確認するためのものでした。具体的には、後継者が、代表者が有する株式等および事業用資産等を支障なく取得するための具体的な事業計画書を作成し、それに一定の書類を添付し、地方経済産業局に申請手続きを行い、経済産業大臣がその申請を確認した場合には、確認書が交付され、確認をしない決定がされた場合には、その旨が通知されました（平成25年度税制改正により、この制度は手続きの簡素化のため廃止になりました）。

8. 相続開始後申告期限までに行う手続き（経済産業大臣の認定）

相続開始後8か月以内に「中小企業における経営の承継の円滑化に関する法律」に基づき、会社の要件、後継者の要件、先代経営者の要件を満たしていることについての"経済産業大臣の認定"を受ける必要があります。認定申請書を作成し、一定の書類を添付し、地方経済産業局に申請手続きを行います。経済産業大臣がその申請を認定した場合には、認定書が交付されます。認定をしない決定がされた場合には、その旨が通知されます。

9. 相続税申告および担保の提供

相続税の申告期限までに、納税猶予の適用を受ける旨を記載した相続税の申告書および一定の書類を税務署に提出します。また、併せて納税が猶予される相続税額および利子税の額に見合う担保を提供します。

10. 納税猶予期間中の手続き

納税猶予の適用を受けた場合には、"相続税の申告期限"から5年間毎年、"事業継続報告書"を作成し一定の書類を添付して経済産業大臣に提出しなければなりません。5年経過後は、3年ごとに"継続届出書"を作成し、一定の書類を添付して経済産業大臣に提出します。

なお、最初の5年間は、雇用の8割維持など一定の要件を満たす必要があります（平成25年度税制改正により平成27年1月1日から雇用確保要件が緩和

され、毎年8割以上から5年間平均8割以上となりました)。

11. 猶予税額の全部または一部を納付する事由

　納税猶予期間中に、次の事由が生じた場合には、猶予税額の全部または一部に利子税を併せて納付することとなります。

主な場合	申告期限後 5年以内	申告期限後 5年経過後
納税猶予を受けた未上場株式等について、その一部を譲渡等（贈与を含む）した場合	全額	一部
後継者が会社の代表権を有しなくなった場合	全額	—
一定の基準日において雇用の8割を維持できなくなった場合	全額	—
会社が資産管理会社に該当した場合	全額	全額

※全額：納税猶予を受けていた相続税の全額と利子税を併せて納付します。
　一部：譲渡した部分に対応する相続税と利子税を併せて納付します。

12. 猶予されている相続税の納付が免除されるとき

　次の事由に該当した場合には、猶予されていた納税が免除されます。その際には、"免除届出書""免除申請書"を先代経営者の相続税の納税地を所轄する税務署長に提出しなければなりません。

① 後継者が死亡した場合
② 申告期限後5年を経過した後に、この特例の適用を受けた未上場株式等を一定の親族に贈与し、その親族が"贈与税の納税猶予制度の特例"の適用を受ける場合
③ 申告期限後5年を経過した後に、この特例の適用を受けた未上場株式等に係る会社について、破産手続き開始の決定または特別清算開始の命令があった場合など一定の場合
　また平成27年度税制改正大綱により、申告期限後5年以内に身体障害等のやむを得ない理由により次の後継者に贈与しその者が贈与税の納税猶予制度の適用を受けた場合には、相続税の猶予税額が免除される予定です。

13. 納税が猶予される相続税額

猶予される相続税額は、特例の適用を受ける未上場株式等に係る相続税額の約80％ですが、具体的な算出手順は次の通りです。

① 後継者が取得したすべての課税財産の価額＋後継者以外の相続人等が取得した課税財産の価額の合計額に係る相続税額のうち後継者の相続税額を算出。
② 後継者が取得した課税財産が特例の適用を受ける未上場株式等のみだと仮定したその課税財産の価額＋後継者以外の相続人等が取得した課税財産の価額の合計額に係る相続税額のうち後継者の相続税額を算出
③ 後継者が取得した課税財産が特例の適用を受ける未上場株式の20％のみだと仮定したその財産の価額＋後継者以外の相続人等が取得した課税財産の価額の合計額に係る相続税額のうち後継者の相続税額を算出。
④ ②－③＝納税猶予税額
⑤ ①－④＝納付税額

生前対策のヒント

納税猶予制度は、長期に渡って取り組む事業承継対策です。実行に際しては、先代経営者と後継者で経営方針などをよく話し合うことが重要です。また、猶予期間中に何らかの事由で納税猶予制度の適用が受けられなくなった場合のリスクも、十分に検討を行って下さい。

生前に自社株を後継者に承継させたい人

テーマ 14 自社株式の納税猶予
（贈与税）

重要度 ★★★

 贈与税の納税猶予制度（事業承継税制）とはどんな制度ですか？
生前に自社株を後継者に承継させる場合に活用できる制度を教えて下さい。

 一定の要件を満たすことで、未上場株の承継に係る贈与税が猶予される制度があります。

要点メモ　制度活用のために事前に確認したいこと

- 事業を行っている中小企業ですか？
- 後継者は決まっていますか？　またその人は役員に就任して3年以上経過していますか？
- 社長交代が可能な時期ですか？
- 経営の継続と雇用の安定が見込まれますか？
- 担保にできる資産はありますか？

解説

1. 贈与税の納税猶予制度の概要

　贈与税の納税猶予制度は、一定の要件に該当する未上場株を贈与し、その後一定の要件を充足し続ける場合には、その贈与に係る贈与税額が猶予

される制度です。さらに、その贈与者である先代経営者が死亡した場合には、一定の要件を満たすことにより相続税の納税猶予制度 P346 に切り替えが可能であり、切り替えと同時に贈与税の猶予は、免除となります。この制度を活用することにより、計画的な事業承継が可能となります。

なお、平成25年度税制改正において、要件緩和等が行われました。

【制度のイメージ図】

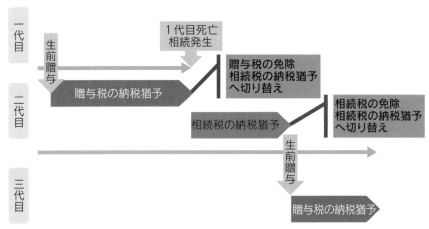

2. 主な会社要件

次のいずれかの会社に該当した場合には、特例を受けることはできません。

① 上場会社
② 中小企業者に該当しない会社
③ 風俗営業者
④ 資産管理会社
⑤ 収入金額がゼロの会社
⑥ 従業員数がゼロの会社(特例の適用に係る特別関係会社が一定の

外国会社に該当する場合には、従業員が5人未満の会社)

3. 後継者である受贈者の主な要件

　後継者である受贈者は、贈与のときにおいて、次の要件を満たしていることが必要です。

① 会社の代表権を有していること
② 先代経営者(贈与者)の親族であること(平成25年度税制改正により平成27年1月1日以後は、親族以外も可能とされました)
③ 20歳以上であること
④ 役員等の就任から3年以上を経過していること
⑤ 後継者および後継者と特別の関係がある者で総議決権数の50%超の議決権数を保有し、かつ、これらの者の中で最も多くの議決権数を保有することとなること

4. 先代経営者である贈与者の主な要件

　贈与者である先代経営者は、次の要件を満たす必要があります。

① 会社の代表権を有していたこと
② 贈与の時までに会社の役員を退任すること(平成25年度税制改正により、要件が緩和され、代表権を退いていれば有給役員として残ることが可能となりました。)
③ 贈与の直前において、贈与者および贈与者と特別の関係がある者で総議決権数の50%超の議決権数を保有し、かつ、後継者を除いたこれらの者の中で最も多くの議決権数を保有していたこと

5. 担保の提供

納税が猶予される贈与税額および利子税の額に見合う担保を税務署に提供する必要があります。なお、特例の適用を受ける未上場株式等のすべてを担保として提供した場合には、納税が猶予される贈与税額および利子税の額に見合う担保の提供があったものとみなされます。

6. 贈与前に行う手続き（経済産業大臣の事前確認）の廃止

平成26年12月31日までは、贈与前に経済産業大臣の事前確認を受ける必要がありました。これは、「中小企業における経営の承継の円滑化に関する法律」に基づき、会社が"計画的な事業承継に係る取り組みを行っている"ことを確認するためのもので、具体的には、後継者が、代表者が有する株式等および事業用資産等を支障なく取得するための具体的な事業計画書を作成し、地方経済産業局に申請手続きを行い、経済産業大臣がその申請を確認した場合には、確認書が交付され、確認をしない決定がされた場合には、その旨が通知されました。

しかし手続簡素化のため平成25年度税制改正により廃止されました。

7. 贈与時に必要な最低贈与株式数および特例適用株式数

この特例の適用を受けるためには、先代経営者から一定以上の株式の贈与を受ける必要があります。また、適用を受けられる株式には上限数が定められています。

株式数の保有状況により、次の図に従ってそれぞれの株式数をもとめることができます。

区分		必要贈与株式数	特例の対象となる上限株式数
①	$a+b < c \times \frac{2}{3}$	aの全株贈与が必要	aの株式数
②	$a+b \geq c \times \frac{2}{3}$	$c \times \frac{2}{3} - b$ 以上の株式数の贈与	$c \times \frac{2}{3} - b$ の株式数
③	$b \geq c \times \frac{2}{3}$	贈与の納税猶予適用なし	

a：先代経営者（贈与者）が贈与直前に保有する未上場株式等の数
b：後継者（受贈者）が贈与の前から保有する未上場株式等の数
c：贈与直前の発行済株式総数

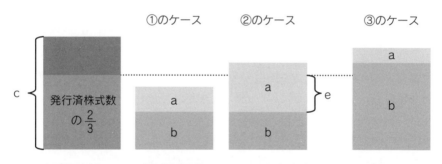

8. 贈与後申告期限までに行う手続き（経済産業大臣の認定）

　贈与を行った年の翌年1月15日までに「中小企業における経営の承継の円滑化に関する法律」に基づき、会社の要件、後継者の要件、先代経営者の要件を満たしていることについての"経済産業大臣の認定"を受ける必要があります。

　認定申請書を作成し、一定の書類を添付し、地方経済産業局に申請手続きを行います。経済産業大臣がその申請を認定した場合には、認定書が交付されます。認定をしない決定がされた場合には、その旨が通知されます。

9. 贈与申告と担保の提供

　贈与税の申告期限（贈与を行った年の翌年3月15日）までに、納税猶予の適用を受ける旨を記載した贈与税の申告書および一定の書類を税務署に提出します。また、併せて納税が猶予される贈与税額および利子税の額に見合う担保を提供します。

10. 贈与税納税猶予期間中の手続き

　納税猶予の適用を受けた場合には、贈与税の申告期限から5年間毎年、"事業継続報告書"を作成し一定の書類を添付して経済産業大臣に提出しなければなりません。5年経過後は、3年ごとに"継続届出書"を作成し、一定の書類を添付して経済産業大臣に提出します。

　なお、最初の5年間は、雇用の8割維持など一定の要件を満たす必要があります（平成25年度税制改正により平成27年1月1日から雇用確保要件が緩和され、毎年8割以上から5年間平均8割以上になりました）。

11. 猶予税額の全部または一部を納付する事由

　納税猶予期間中に、次の事由が生じた場合には、猶予税額の全部または、一部に利子税を併せて納付することとなります。

主な場合	申告期限後 5年以内	申告期限後 5年経過後
納税猶予を受けた未上場株式等についてその一部を譲渡等（贈与を含む）した場合	全額	一部
後継者が会社の代表権を有しなくなった場合	全額	—
一定の基準日において雇用の8割を維持できなくなった場合	全額	—
会社が資産管理会社に該当した場合	全額	全額

12. 猶予されている贈与税が免除になるとき

　次の事由に該当した場合には、猶予されていた納税が免除されます。そ

の際には、"免除届出書""免除申請書"を税務署長に提出しなければなりません。

> ① 先代経営者（贈与者）が死亡した場合
> ② 後継者（受贈者）が死亡した場合
> ③ 申告期限後5年を経過した後に、この特例の適用を受けた未上場株式等に係る会社について、破産手続き開始の決定または特別清算開始の命令があった場合など一定の場合

また平成27年度税制改正大綱により次の場合においても納税が免除される予定です。
① 申告期限後5年経過後に次の後継者に贈与をし、その者が贈与税の納税猶予制度の適用を受けるとき。
② 申告期限後5年以内に、身体障害等のやむを得ない理由により次の後継者に贈与し、その者が贈与税の納税猶予制度の適用を受けた場合。

13. 先代経営者（贈与者）が死亡した場合の取扱い

先代経営者（贈与者）が死亡した場合、贈与税の納税猶予の特例の適用を受けた未上場株式等は、相続または遺贈により取得したものとみなして、"贈与時の価額"により他の相続財産と合算して相続税額を計算します。

なお、一定の要件を満たす場合には、その未上場株については、相続税の納税猶予の特例の適用を受けることができます。つまり、贈与税の納税猶予から相続税の納税猶予に切り替えることになります。

相続税の納税猶予の切り替えを行う場合には、経済産業大臣の確認を受けることなど一定の要件を満たす必要がありますが、"継続届出書"の提出期間は、贈与税の納税猶予の提出期間が引き継がれることになります。

生前対策のヒント

　贈与の納税猶予制度は、相続の納税猶予とは違い、その贈与のタイミングを任意で決めることができる制度です。相続・贈与の納税猶予制度の要件の1つに猶予期間中の5年間の8割雇用維持等の要件（平成27年より5年間平均8割維持）がありますが、贈与の場合には、この5年間の期間を実質的に任意の期間から始められることになります。したがって、事業の安定が見込まれる時期に贈与をすることによって、要件充足がしやすい状況になります。

　また、贈与の納税猶予から相続の納税猶予に切り替えが行われるとき、その相続税額の計算にあたっては、贈与時の未上場株の価額で合算し計算されます。したがって、相続時に未上場株価が贈与時より上昇していた場合、その上昇分に対しては、相続税が課税されないということになります。よって、先代経営者の生前における世代交代ができ、他の要件も充足できるような状況であれば、この制度を活用することにより大幅に税負担を軽減することができます。

第3章 財産評価

テーマ1 評価財産とその評価方法　[全員]

重要度 ★★★

Q 評価対象となる財産にはどのようなものがありますか？
相続税法上、評価しなければならない財産にはどのようなものがありますか？　そしてそれらの財産は、どのように評価しますか？

A 原則として現預金から土地、建物、有価証券、家庭用動産など、被相続人の相続が発生した日において、換金性のある財産および相続を起因として入ってくる生命保険金や死亡退職金などのみなし相続財産は、非課税財産を除き評価の対象となります。

評価方法は、それぞれの資産毎に原則として財産評価・基本通達をもとに評価していきます。

要点メモ　基本的取扱い

- 相続発生日が基準
- 非課税資産を除く換金性のある全ての財産が対象
- 原則財産評価基本通達にそって評価する

【例外】
特殊な事情がある場合などは、不動産鑑定士などの専門家の評価額でも可能

解説

1. 評価対象となる財産

相続が発生した場合、その相続発生日において被相続人の所有の財産の

うち非課税財産を除くすべての財産が評価対象となるのが原則です。現預金や土地や建物はもちろん、未上場株式やゴルフ会員権、家庭用動産など換金性のあるものは、対象となります。また、みなし相続財産としてその相続を起因として生じた生命保険金や死亡退職金など相続人のもとに入ってきたものも税法上財産として取り扱われます。

相続財産は、原則として相続が発生した日を基準として評価します。

評価方法は、基本的に財産評価基本通達にそって行ないます。

2. 主な評価対象財産と評価方法の概要

(1) 現預金

相続発生日の預金残高に、相続発生日までの未収利息を加算して評価します。

なお、名義預金も財産の対象となりますので注意が必要です。

(2) 土地

原則として路線価方式または倍率方式で評価します。路線価方式とは、路線価に面積を乗じて算出し、土地の形状や立地条件、使用状況などによりその価格に調整が行われます。倍率方式とは、固定資産税評価額に倍率を乗じて算出します。 P365

(3) 建物

原則として固定資産税評価額で評価します。建物を賃貸している場合には、一定の調整を行ない評価額が下がります。 P389

(4) 有価証券

上場有価証券や証券投資信託は、原則として相続発生日における市場価格により評価します。未上場株式は、財産評価基本通達に則り、類似業種比準価額方式もしくは純資産価額方式などの方法により評価します。 P391

(5) ゴルフ会員権

取引相場のある会員権は、相続等発生時の課税時期の取引価格の70％に相当する金額によって評価します。この場合において、取引価格に含まれ

ない預託金等があるときは、次に掲げる金額を加算した金額が評価額となります。

① **課税時期において直ちに返還を受けることができる預託金等**
ゴルフクラブの規約などに基づいて課税時期において返還を受けることができる金額

② **課税時期から一定の期間を経過した後に返還を受けることができる預託金等**
ゴルフクラブの規約などに基づいて返還を受けることができる金額の課税時期から返還を受けることができる日までの期間に応ずる基準年利率による複利現価の額

取引相場のない会員権は、次の種類に応じてそれぞれ評価します。

③ **株主でなければ会員となれない会員権**
財産評価基本通達の定めにより評価した課税時期における株式としての価額に相当する金額によって評価します。

④ **株主であり、かつ、預託金等を預託しなければ会員となれない会員権**
株式と預託金等に区分して、それぞれ次に掲げる金額の合計額によって評価します。

　(イ)　株式の価額
　　　③に掲げた方法を適用して計算した金額

　(ロ)　預託金等
　　　①または②に掲げた方法を適用して計算した金額

⑤ **預託金等を預託しなければ会員となれない会員権**
①または②に掲げた方法を適用して計算した金額によって評価します。

(6) 生命保険に関する権利

生命保険の権利は、被相続人が保険料を負担していた契約で、相続発生時にはまだ保険事故が発生していないものが該当します。これはみなし相続財産として評価対象となります。評価方法は、その保険契約の相続発生時の解約返戻金相当額です。 P416

(7) 家庭用動産

家具や車、パソコンなど家庭用動産は、原則として1個毎に売買実例価格や精通者意見価格などにより評価することとなっています。ただし、1個の金額が5万円以下のものについては、一括して世帯毎にまとめて評価することができます。

なお、骨董品や高級家具、高級車などがある場合には、個別評価が必要です。 P419

(8) 生命保険金

死亡保険金等のうち、法定相続人の数×500万円を超える金額が相続税の課税対象額となります。 P184

(9) 死亡退職金

被相続人の死亡を起因として受けとった退職金のうち、法定相続人の数×500万円を超える金額が相続税の課税対象額となります。 P184

生前対策のヒント

　財産の中でも土地等と未上場株の評価は、評価してみると思わぬ価額になっていることがあります。この2つは、特に計算方法も複雑であり様々な定めがありますので、税理士に依頼することも検討した方が良いでしょう。
　また、財産評価額は変動しますので、いったん評価額を出した場合であっても、定期的に評価の再算出を行ない、納税対策や遺産分割対策にそなえることが望ましいでしょう。

土地を持っている人

テーマ2　土地の評価

重要度 ★★★

土地はどのように財産評価するのでしょうか？
土地は、財産評価上どのように評価しますか？　また、土地を評価するうえにおいて、どのようなことを知っておく必要があるのか教えてください。

土地の評価は、路線価方式もしくは倍率方式で評価しますが、特殊な事情等がありこれらの方式より評価が下がる可能性がある場合には、不動産鑑定士による鑑定評価も有効です。

> **要点メモ　土地の評価方法**
>
> 土地の所在地により
>
> ［路線価方式（路線価×面積）］　いずれか　［倍率方式（固定資産税評価額×倍率）］

解説

1. 土地の評価の概要

　土地の時価の評価方法には、大きく路線価方式と倍率方式の2つの方法があります。簡単に言うと**路線価方式** P369 とは、その土地に隣接する道路に価額（路線価）がついており、その路線価に面積を乗じて算出する方式です。一方、**倍率方式** P381 とは、路線価額が付されていない地域において固定資産税評価額に一定の倍率を乗じて算出する方式です。

2つの方式のどちらで算出するかは、その土地が所在する場所によって定められています。なお、土地の評価は、あくまで時価評価ですので、その土地に特殊な事情等があり、路線価方式または倍率方式による算出額が実際より過大だと考えられる場合には、不動産鑑定士による鑑定評価額なども有効な時価となる場合があります。

2．土地の所在地の確定、住居表示と地番表示

　日常生活においては、土地の場所を示す場合"住居表示"を使用しますが、その土地の所有者を示す場合には、土地は"地番"を使用します。
　これは土地の所有者の管理をしている法務局では、住居表示ではなく地番で土地の管理をしているためです。したがって、土地の評価をする場合において、所有者およびその所在地を確定するためには、土地の住居表示のほか、地番を知ることが第一歩となります。
　土地の地番を知るには、住宅地図で確認することが有効です。住居表示と共に地番も表示されています。もしくは、その土地が所在する市区町村の住所を管理している担当課に問い合わせをすることにより、地番と住所を一致させることができます。なお、土地の単位は、"筆"です。1つの地番の土地を所有している場合には1筆、2つ所有している場合には2筆と言います。

3．評価単位

　土地の評価は、地目別に行います。**地目**とは土地の用途による分類のことで、登記簿謄本に記載されていますが、現況の用途と地目が異なる場合には、現況によって判断し、2以上の地目からなる場合には、主たる地目からなるものとします。
　評価単位は、その地目別に次のように定められています。

> ① 宅地：1画地の宅地（利用の単位となっている1区画の宅地）
>   1画地の宅地は、必ずしも1筆の宅地とは限りません。2筆以上の宅地からなる場合もあり、1筆の宅地が2画地以上の宅地として利用されている場合もあります。
> ② 田　③　畑：1枚の農地（耕作の単位となっている1区画の農地）
> ④　山林　⑤　原野　⑥　牧場　⑦　池沼　⑧鉱泉地：原則として1筆
> ⑨　雑種地：利用の単位となっている1団の雑種地

4．地　積

　相続税法上地積（土地の面積）は、課税時期における"実際の面積"とされています。これは登記簿謄本上にも地積の記載がありますが、これが縄延びなどで実際の面積と異なることがある場合は、実際の面積で評価することを指し示しています。しかし実務上は、すべての土地の実測を要求しているものではありません。既に実測図がある場合や明らかに登記簿の地積と実際の地積が異なる場合には、測量し実際の地積で算出しますが、それ以外の場合は、登記簿謄本上の地積により算出して差し支えありません。

5．農地の納税猶予の特例

　相続対象の土地が農地である場合、一定の要件を満たすと相続税の納税猶予制度を活用することができます。

　農業を営んでいたまたは特定貸付けを行っていた被相続人から一定の相続人が一定の農地等を相続等によって取得し、その農業相続人が引き続き農業を営む場合または特定貸付けを行う場合には、一定の要件の下にその取得した農地等の価額のうち農業投資価格（農業投資価格は、国税庁ホームページで確認することができます）による価格を超える部分に、対応する相

続税額は、その納税が猶予されます。

この猶予税額は、農業相続人が死亡した場合などに該当することとなったときに免除されます。

なお、相続時精算課税に係る贈与によって取得した農地等については、この特例の適用を受ける事はできません。

したがって、土地が農地である場合には、将来的な農業の継続を含めこの特例の活用の検討をしましょう。

生前対策のヒント

　自宅の土地などは状況把握が容易ですが、遠方にある土地などは、なかなか訪れる機会がなく相続人でもその場所を特定することが困難な場合があります。したがって、生前に名寄せ帳や固定資産税の評価明細を使用し、所有している土地を把握し現況を確認しておくことが大切です。

土地を持っている人

テーマ3 路線価による土地評価

重要度 ★★★

土地の評価方法である路線価方式とはどんな評価方法ですか？
路線価方式とは具体的にどのような方法で評価するのか教えてください。

その土地に隣接する路線価に地積を乗じて算出し評価しますが、その算出額にその土地の形状や立地などに応じて様々な調整を行います。

要点メモ　　評価手順

① 住居表示と地番を一致させ所在の確定
② 国税庁のホームページで所在地の路線価を確認
③ 土地形状などにより調整を行なう

解説

1.「路線価方式」「倍率方式」どちらで評価するか

　土地を評価する際、路線価方式と倍率方式どちらで算出するかは、毎年夏頃に国税庁から公表される路線価図・評価 P381 倍率表をもとに、評価したい土地の所在地と照らし合わせることにより確認することができます。「路線価図・評価倍率表」は、国税庁のホームページや税務署で閲覧することが可能です。

2. 路線価図の見方

路線価図は、すべて地番表記となっています。評価対象土地を、地番に当てはめて路線価を探します。

路線価を見ると、地区区分によって表記が異なっています。地区区分の表記の仕方は、次の通りです。

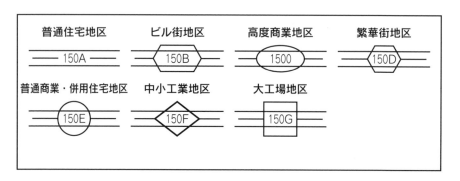

路線価の単位は千円となっており、例えば下記のような記載の場合、路線価は、普通商業・併用住宅地区の200千円／m²を指し示しています。なお、アルファベットのCは、借地権割合を指し示すものであり、路線価図ごとにその割合が記載されています。

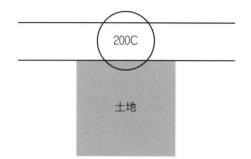

記号	借地権割合	記号	借地権割合
A	90%	E	50%
B	80%	F	40%
C	70%	G	30%
D	60%		

3. 路線価方式の評価方法

路線価方式は、その土地の隣接する路線価に地積を乗じて算出します。

例えば、路線価200千円／m²、地積100m²の土地の評価は、200千円×100m²＝20,000千円が評価額となります。

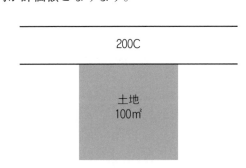

しかし、実際は真四角な土地は珍しく、形が歪んでいたり、間口が狭かったり、角地にあったりと色々な土地が存在します。そこで、実際の評価にあたってはその土地の状況に応じて、以下のような様々な調整をすることになります。

4. 奥行価格補正

土地の奥行きは、なさ過ぎてもあり過ぎても使い勝手が悪いため、なさ過ぎる場合、もしくはありすぎる場合、補正率を乗ずることとなっています。奥行距離の求め方は、**地積÷間口距離**です。つまり、平均的な奥行距離を求める算式となっています。

$400m^2 \div 25m = 16m$（奥行距離）

間口25m

400㎡

※算式で求めた奥行距離が実際の奥行距離を超える場合には、実際の奥行距離によることになります。

求めた奥行距離を「奥行価格補正率表」に当てはめ補正率を求めます。

（付表1）　奥行価格補正率表（昭45直資3－13・平3課評2－4外・平18課評2－27外改正）

地区区分 奥行距離 （メートル）	ビル街 地区	高度商業 地区	繁華街 地区	普通商業・ 併用住宅地区	普通住宅 地区	中小工場 地区	大工場 地区
4未満	0.80	0.90	0.90	0.90	0.90	0.85	0.85
4以上6未満		0.92	0.92	0.92	0.92	0.90	0.90
6 〃 8 〃	0.84	0.94	0.95	0.95	0.95	0.93	0.93
8 〃 10 〃	0.88	0.96	0.97	0.97	0.97	0.95	0.95
10 〃 12 〃	0.90	0.98	0.99	0.99		0.96	0.96
12 〃 14 〃	0.91	0.99				0.97	0.97
14 〃 16 〃	0.92				1.00	0.98	0.98
16 〃 20 〃	0.93		1.00	1.00		0.99	0.99
20 〃 24 〃	0.94						
24 〃 28 〃	0.95				0.99		
28 〃 32 〃	0.96	1.00	0.98		0.98		
32 〃 36 〃	0.97		0.96	0.98	0.96	1.00	1.00
36 〃 40 〃	0.98		0.94	0.96	0.94		
40 〃 44 〃	0.99		0.92	0.94	0.92		
44 〃 48 〃	1.00		0.90	0.92	0.91		
48 〃 52 〃		0.99	0.88	0.90	0.90		

5. 側方路線影響加算

また、正面と側方に路線がある土地、つまり角地の場合は、通常の売買においても高値で取引されることから、次の算式に当てはめ加算調整を行います。

<算 式>
（正面路線価※×奥行価格補正率）＋（側方路線価×奥行価格補正率×**側方路線影響加算率**）＝１m²当たりの価額

※正面路線価とは、原則として、路線価に奥行価格補正率を乗じて算出した価額が高いほうの路線価のこと。

（付表２） 側方路線影響加算率表（平３課評２－４外・平18課評２－27外改正）

地区区分	加算率	
	角地の場合	準角地の場合
ビル街地区	0.07	0.03
高度商業地区 繁華街地区	0.10	0.05
普通商業・併用住宅地区	0.08	0.04
普通住宅地区 中小工場地区	0.03	0.02
大工場地区	0.02	0.01

（注） 準角地とは、次図のように一系統の路線の屈折部の内側に位置するものをいう。

6. 二方路線影響加算

正面と裏面に路線価がある宅地は、加算要因として次の算式により1㎡当たりの価額を算出します。

```
━━━━━━━
   土地
━━━━━━━
```

<算 式>

（正面路線価※×奥行価格補正率）＋（側方路線価×奥行価格補正率×**二方路線影響加算率**）＝1㎡当たりの価額

（付表3） 二方路線影響加算率表（平3課評2－4外・平18課評2－27外改正）

地区区分	加算率
ビル街地区	0.03
高度商業地区 繁華街地区	0.07
普通商業・併用住宅地区	0.05
普通住宅地区 中小工場地区 大工場地区	0.02

7. 間口狭小補正

間口が狭小の宅地については、そのことを考慮するため、間口狭小補正率を乗じて1㎡当たりの価額を算出します。

<算 式>

（路線価）×（奥行価格補正率）×（**間口狭小補正率**）＝１m²当たりの価額

（付表６）　間口狭小補正率表（昭45直資３－13・平３課評２－４外・平18課評２－27外改正）

地区区分 間口距離 （メートル）	ビル街 地区	高度商業 地区	繁華街 地区	普通商業・ 併用住宅地区	普通住宅 地区	中小工場 地区	大工場 地区
4未満	－	0.85	0.90	0.90	0.90	0.80	0.80
4以上6未満	－	0.94		0.97	0.94	0.85	0.85
6 〃 8 〃	－	0.97			0.97	0.90	0.90
8 〃 10 〃	0.95					0.95	0.99
10 〃 16 〃	0.97	1.00	1.00	1.00	1.00		0.97
16 〃 22 〃	0.98					1.00	0.98
22 〃 28 〃	0.99						0.99
28 〃	1.00						1.00

8. 奥行長大補正

　間口距離に対して奥行が長大な土地については、奥行長大補正率を乗じて１m²当たりの価額を算出します。

　奥行が長大かどうかは間口距離との割合に応じて判断するため、**奥行距離÷間口距離**で求めた距離をもとに補正率表に当てはめます。

<算 式>

（路線価）×（奥行価格補正率）×（**奥行長大補正率**）＝１m²当たりの価額

（付表７）　奥行長大補正率表（昭45直資３－13・平３課評２－４外改正）

地区区分 奥行距離 間口距離	ビル街地区	高度商業地区 繁華街地区 普通商業・ 併用住宅地区	普通住宅地区	中小工場地区	大工場地区
2以上3未満		1.00	0.98	1.00	
3 〃 4 〃		0.99	0.96	0.99	
4 〃 5 〃		0.98	0.94	0.98	
5 〃 6 〃	1.00	0.96	0.92	0.96	1.00
6 〃 7 〃		0.94		0.94	
7 〃 8 〃		0.92	0.90	0.92	
8 〃		0.90		0.90	

9. がけ地補正

宅地の一部が、がけになっている場合、がけ地補正率を乗じて1m^{2}当たりの価額を求めます。

<算 式>
（路線価）×（奥行価格補正率）×（がけ地補正率）＝1m^{2}当たりの価額

なお、がけ地補正率は、**がけ地地積／総地積**で求めた数値をそのがけ地がある方位に当てはめて求めます。

（付表8）がけ地補正率表（平3課評2－4外・平11課評2－12外改正）

がけ地地積／総地積 \ がけ地の方位	南	東	西	北
0.10以上	0.96	0.95	0.94	0.93
0.20 〃	0.92	0.91	0.90	0.88
0.30 〃	0.88	0.87	0.86	0.83
0.40 〃	0.85	0.84	0.82	0.78
0.50 〃	0.82	0.81	0.78	0.73
0.60 〃	0.79	0.77	0.74	0.68
0.70 〃	0.76	0.74	0.70	0.63
0.80 〃	0.73	0.70	0.66	0.58
0.90 〃	0.70	0.65	0.60	0.53

（注） がけ地の方位については、次により判定する。
1 がけ地の方位は、斜面の向きによる。
2 2方位以上のがけ地がある場合は、次の算式により計算した割合をがけ地補正率とする。

$$\frac{\left(\begin{array}{c}\text{総地積に対するがけ地}\\\text{部分の全地積の割合に}\\\text{応ずるA方位のがけ}\\\text{地補正率}\end{array}\right) \times \left(\begin{array}{c}\text{A方位の}\\\text{がけ地の}\\\text{地積}\end{array}\right) + \left(\begin{array}{c}\text{総地積に対するがけ地}\\\text{部分の全地積の割合に}\\\text{応ずるB方位のがけ}\\\text{地補正率}\end{array}\right) \times \left(\begin{array}{c}\text{B方位の}\\\text{がけ地の}\\\text{地積}\end{array}\right) + \cdots}{\text{がけ地部分の全地積}}$$

3 この表に定められた方位に該当しない「東南斜面」などについては、がけ地の方位の東と南に応ずるがけ地補正率を平均して求めることとして差し支えない。

10. 不整形地補正

不整形地は、様々な種類の形があることから、その価額は、次の**(1)**～**(4)**のいずれかの方法により、その不整形の程度、位置および地積の大小に応じ、「地積区分表」に掲げる地区区分および地積区分に応じた「不整形地補正率表」に定める補正率を乗じて計算した価額により評価します。

(1) 次の図のように不整形地を区分して求めた整形地を基に計算する方法

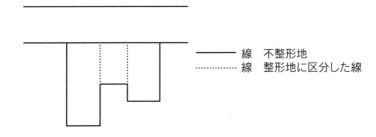

――― 線　不整形地
……… 線　整形地に区分した線

(2) 次図のように不整形地の地積を間口距離で除して算出した計算上の奥行距離を基として求めた整形地により計算する方法

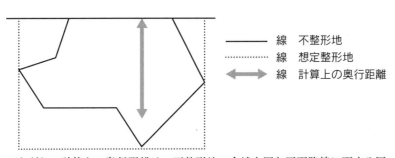

――― 線　不整形地
……… 線　想定整形地
⇔　　線　計算上の奥行距離

※ただし、計算上の奥行距離は、不整形地の全域を囲む正面路線に面する区形または正方形の土地（以下「想定整形地」という）の奥行距離を限度とする。

(3) 次図のように不整形地に近似する整形地（以下「近似整形地」という）を求め、その設定した近似整形地を基として計算する方法

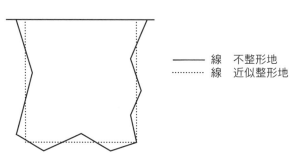

※近似整形地は、近似整形地からはみ出す不整形地の部分の地積と近似整形地に含まれる不整形地以外の部分の地積がおおむね等しく、かつ、その合計地積ができるだけ小さくなるように求める（**(4)**において同じ）。

(4) 次図のように近似整形地（①）を求め、隣接する整形地（②）と合わせて全体の整形地の価額の計算をしてから、隣接する整形地（②）の価額を差し引いた価額を基として計算する方法

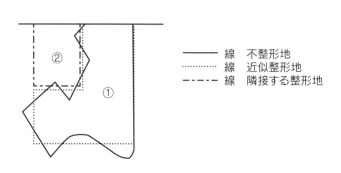

（付表5）不整形地補正率表（平11課評2－12外追加・平18課評2－27外改正）

地区区分	高度商業地区、繁華街地区、普通商業・併用住宅地区、中小工場地区			普通住宅地区		
地積区分 かげ地割合	A	B	C	A	B	C
10％以上	0.99	0.99	1.00	0.98	0.99	0.99
15％ 〃	0.98	0.99	0.99	0.96	0.98	0.99
20％ 〃	0.97	0.98	0.99	0.94	0.97	0.98
25％ 〃	0.96	0.98	0.99	0.92	0.95	0.97
30％ 〃	0.94	0.97	0.98	0.90	0.93	0.96
35％ 〃	0.92	0.95	0.98	0.88	0.91	0.94
40％ 〃	0.90	0.93	0.97	0.85	0.88	0.92
45％ 〃	0.87	0.91	0.95	0.82	0.85	0.90
50％ 〃	0.84	0.89	0.93	0.79	0.82	0.87
55％ 〃	0.80	0.87	0.90	0.75	0.78	0.83
60％ 〃	0.76	0.84	0.86	0.70	0.73	0.78
65％ 〃	0.70	0.75	0.80	0.60	0.65	0.70

（注）1 不整形地の地区区分に応ずる地積区分は、付表4「地積区分表」による。
2 かげ地割合は次の算式により計算した割合による。
「かげ地割合」＝（想定整形地の地積－不整形地の地積）／想定整形地の地積
3 間口狭小補正率の適用がある場合においては、この表により求めた不整形地補正率に間口狭小補正率を乗じて得た数値を不整形地補正率とする。ただし、その最小値はこの表に定める不整形地補正率の最小値（0.60）とする。
また、奥行長大補正率の適用がある場合においては、選択により、不整形地補正率を適用せず、間口狭小補正率に奥行長大補正率を乗じて得た数値によって差し支えない。
4 大工場地区にある不整形地については、原則として不整形地補正を行わないが、地積がおおむね9,000m²程度までのものについては、付表4「地積区分表」およびこの表に掲げる中小工場地区の区分により不整形地としての補正を行って差し支えない。

(付表4) 地積区分表(平11課評2-12外追加・平18課評2-27外改正)

地区区分＼地積区分	A	B	C
高度商業地区	1,000m²未満	1,000m²以上 1,500m²未満	1,500m²以上
繁華街地区	450m²未満	450m²以上 700m²未満	700m²以上
普通商業・併用住宅地区	650m²未満	650m²以上 1,000m²未満	1,000m²以上
普通住宅地区	500m²未満	500m²以上 750m²未満	750m²以上
中小工場地区	3,500m²未満	3,500m²以上 5,000m²未満	5,000m²以上

生前対策のヒント

　土地は、その形状や利用状況は千差万別です。したがって土地の評価にあたっては、現地に訪れ状況を確認することが大切です。
　また、路線価地域であっても路線価が付いていない道路に土地が隣接している場合があります。その場合には、税務署長に路線価を付けてもらうために特定路線価の設定の申し出を行い、路線価を設定してもらうか、無道路地として評価するかを検討する必要があります。
　なお、詳細な評価額を算定したい場合には、専門家に依頼するのがよいでしょう。

土地を持っている人

テーマ 4 倍率方式による土地評価

重要度 ★★★

土地の評価方法である倍率方式とはどんな評価方法ですか？
倍率方式とは具体的にどのような方法で評価するのか教えてください。

倍率方式は、固定資産税評価額に一定の倍率を乗じて算出します。

要点メモ　　　**基本の評価手順**

① 固定資産税評価証明書もしくは、固定資産税明細書の評価額により評価額の確認
② 国税庁のホームページより所在地の倍率を確認
③ ①と②により評価

解説

1. 倍率方式

倍率方式により土地の評価額を求める場合は、固定資産税評価額に倍率を乗じて算出します。倍率方式の場合には、既に固定資産税評価額を算定するに際して様々な調整が行われているため、**路線価方式 P369** のような奥行補正や不整形地などの調整は行いません。

【算式】
　固定資産税評価額×倍率＝評価額

倍率は、毎年国税庁から公表される倍率評価表に、その土地の所在地と地目を照らし合わせ当てはめます。

　固定資産税評価額は、毎年納める固定資産税の明細に記載されています。もしくは、土地の所在する市区町村で知ることができます。

　例えば、暁町3丁目に固定資産税評価額25,000千円の土地を所有していた場合の評価額の求め方は、次の通りです。

【掲載例】

市区町村名：○○○市　　　　　　　　　　　　　　　　　　　○○○税務署

音順	町（丁目）又は大字名	適用地域名	借地権割合	固定資産税評価額に乗ずる倍率等					
				宅地	田	畑	山林	原野	牧場	池沼
			％	倍	倍	倍	倍	倍	倍	倍
あ	旭町	全域		路線	比準	比準	比準	比準		
	東町	全域		路線	比準	比準	比準	比準		
	暁町1丁目	全域		路線	比準	比準	比準	比準		
	暁町2丁目	全域	―	路線	比準	比準	比準	比準		
	暁町3丁目	全域	60	1.1	比準	比準	比準	比準		
い	石川町	一部	―	路線	比準	比準	比準	比準		
		上記以外の地域	60	1.1	比準	比準	比準	比準		

以下、具体例の算式

【具体例】

　固定資産税評価額　25,000千円×倍率1.1＝27,500千円（評価額）

　倍率表において、「比準」の記載があるものは、評価しようとする土地に最も近接し、かつ、道路からの位置や形状等が最も類似する宅地の路線価を基として計算し、さらにその土地を宅地に転用する場合にかかる造成費（造成費用の金額は国税庁ホームページ（http：www.rosenka.nta.go.jp/）に掲載があります）を控除して算出します。

広い土地を持っている人

テーマ 5 広大地評価

重要度 ★★★

広大地の評価はどのようにするのですか？
どのような土地が広大地となるのですか。広大地に該当した場合、具体的にどのように評価するのか教えてください。

広大地とは著しく広大な土地で、開発しようとする際には潰れ地が生じてしまうような土地が該当します。広大地では、最大65％引きの評価額になります。

要点メモ　概要

- 普通住宅区等に所在する土地
- 容積率は300％未満
- 所在により一定の面積基準以上のもの

解説

1. 広大地の評価の概要

広大地とは、その地域の標準的な宅地の地積に対して著しく広大な宅地で、開発しようとした場合、道路や公園等の公共の用に供されてしまう土地、いわゆる「潰れ地」が生じてしまうような土地で一定のものが該当します。実際、そのような土地を不動産業者等が買い取る場合、通常の宅地と比して減額されることがあることから、相続税法上も評価額が低くなるよう評価されます。

2. 広大地の評価方法

広大地の評価額は、次の算式により求めます。

> 広大地の価額＝正面路線価×広大地補正率[※1]×地積
> ※1　広大地補正率＝0.6－0.05×広大地の地積／1,000m²

　広大地の評価算式を使用する場合には、奥行価格補正や不整形地などの他の調整は行いません。したがって、正面路線価を決める際にも奥行価格補正などを乗ずることはせず、面している路線価のうち最も高い路線価を正面路線価とします。
　また、その土地が倍率地域にある場合には、その広大地が標準的な間口距離および奥行距離を有する宅地である場合の1m²価額を路線価として、上記の算式に当てはめ算出します。

3. 具体例

　通常の評価に比べどのぐらい評価額が下がるのか簡単な例で示すと下記の通りです。なお、広大地としての要件はすべて満たしているという前提です。

> 例：正面路線価250千円、地積2,000m²（広大地以外の調整項目なし）
> ・通常の評価の場合
> 　250千円×2,000m²＝5億円
> ・広大地評価の場合
> 　250千円×(0.6－0.05×2,000m²／1,000m²)×2,000m²＝2.5億円

上記の例では、評価額は半分になりました。広大地に該当するか否かで大幅に評価額が変わります。

4．広大地の判定

評価上広大地の適用を受ける場合には、その土地が一定要件を満たしていることが必要です。

(1) その土地がいわゆる大規模工場用地や中高層の集合住宅地等の敷地用地（いわゆるマンション適地）に該当するものでないもの

広大地は、開発に際して、潰れ地が生じてしまう土地が該当します。したがって、普通住宅地区等に所在する土地が対象となり、大規模工場用地やマンション適地等は、広大地には該当しません。マンション適地かどうかの判断は、容積率が300％以上かどうかが、判断基準となります。また、既にマンション等用地となっている場合や大型店舗等の用地として有効利用されている場合についても、潰れ地が生ずることはないと考えられることから、広大地には該当しません。

(2) 面積基準

面積は、「その地域における標準的な宅地の地積に対して著しく地積が広大な土地」と定められていますが、具体的には、各自治体が定める開発許可を要する面積基準以上のものが該当します。ただし、地積が開発許可面積基準以上であっても、その地域の標準的な宅地の地積と同規模である場合は、広大地に該当しません。

〈面積基準〉

イ　市街化区域、非線引き都市計画区域および準都市計画区域（以下、（ロ）に該当するものを除く）　……都市計画法施行令第19条第1項および第2項に定める面積※

※（イ）市街化区域

　　　三大都市圏　……………………………………　500m^2

| それ以外の地域 ………………………………… 1,000m²
| （ロ）非線引き都市計画区域および準都市計画区域 …… 3,000m²
| ロ　非線引き都市計画区域および準都市計画区域のうち、用途地域が
| 定められている区域……………………………市街化区域に準じた面積
| （注）1　都道府県等の条例により、開発許可面積基準を別に定めて
| いる場合はその面積によります。
| 2　三大都市圏とは、次の地域を言います。
| ①　首都圏整備法第2条第3項に規定する既成市街地または
| 同条第4項に規定する近郊整備地帯
| ②　近畿圏整備法第2条第3項に規定する既成都市区域また
| は同条第4項に規定する近郊整備区域
| ③　中部圏開発整備法第2条第3項に規定する都市整備区域
| 3　「非線引き都市計画区域」とは、市街化区域と市街化調整
| 区域の区域区分が行われていない都市計画区域をいいます。
| 4　「準都市計画区域」とは、都市計画区域に準じた規制が行
| われ、開発許可制度を適用し、用途地域、特定用途制限地域、
| 風致地区などを定めることができる都市計画区域外の区域を
| いいます。

　しかし、面積が広大であっても下記の図のように、土地が道路に面しており、間口が広く、奥行きがそれほどでもない土地については、公共公益的施設用地の負担がほとんど生じないと考えられることから、広大地には該当しないとされています。

道　路						
			土　地			

※道路が二方、三方および四方にある場合も同様。

生前対策のヒント

　広大地に該当するかしないかで大幅に評価が変わります。したがって、広大な土地を有している場合には、広大地に該当するかどうか積極的に検討する必要があります。しかし、税務調査等で広大地として適正ではないと指摘を受けた場合には、相続税の大幅な増加も考えられることから、慎重な判断が必要になります。適用に当たっては、税理士に相談するのが望ましいと思います。

家屋を持っている人

テーマ6 家屋の評価

重要度 ★★★

Q 家屋はどのように財産評価するのですか？
家屋は財産評価上どのように評価しますか？ また、自家使用と貸家にしている場合では、評価方法はどのように変わるか教えて下さい。

A 家屋は、原則として固定資産税評価額が相続税評価額となります。その家屋がアパート等の貸家の場合には、すぐにその家屋を売却することが困難なことから、その固定資産税評価額に一定の割合を乗じた金額をその固定資産税評価額から控除した金額が相続税評価額となります。

要点メモ 　　　　　家屋の評価

● 自用家屋 → 固定資産税評価額
● 貸家 →
　固定資産税評価額−（固定資産税評価額×借地権割合30％×賃借権割合）

解説

1. 家屋の評価

家屋は原則として1棟ごとに評価し、構造上家屋と一体となっている設備については、その家屋の価額に含めて評価します。**構造上一体となっている設備**とは、給排水設備や消火設備、昇降設備などが当たります。

家屋の相続税評価額は、その家屋の固定資産税評価額です。固定資産税

評価額は、毎年の固定資産税の納付書と一緒にその明細として市区町村から送付されますが、不明な場合には、その家屋がある市区町村の固定資産税課で固定資産税評価明細を発行してもらうことが可能です。

2. 貸家の評価

家屋が、アパートやマンションなどの貸家となっている場合には、相続発生時においてすぐにその家屋を金銭に換金することが困難なことから、その家屋の固定資産税評価額に借家権割合と賃借割合を乗じて算出した金額を、その家屋の固定資産税評価額から控除して評価額を算出します。

借家権割合とは、国税庁が定める割合で、毎年路線価とともに国税庁のホームページに掲載されますが、殆どの地域が30%と定められています。

賃借割合とは、その家屋のうちアパート等として貸し出している部分をいいます。その家屋のすべてが賃貸用アパート等である場合、100／100となりますが、その家屋の一室に所有者が大家として住んでいるような場合は、賃貸状況に基づいて次の算式により計算した割合を言います。

【貸家の評価】
固定資産税評価額－(固定資産税評価額×借家権割合30%×賃借権割合)

【賃貸割合の算式】

$$賃貸割合 = \frac{Aのうち課税時期において賃貸されている各独立部分の床面積の合計}{家屋の各独立部分の床面積の合計 (A)}$$

【自家用家屋と賃貸用家屋の評価具体例】
・自家用家屋　固定資産税評価額5,000万円
・賃貸用家屋評価（賃借割合100%）
　5,000万円－(5,000万円×30%×100%)＝3,500万円
　賃貸用家屋の場合、1,500万円評価額が下がる。

3. 建設中の家屋の評価

相続発生時において、建築中の家屋の価額は、固定資産税評価額が存在しないことから、その家屋の費用現価に70％を乗じた金額が相続税評価額となります。

【算　式】
建築途中の家屋の評価額＝費用現価の額×70％

この算式における「費用現価の額」とは、相続発生時までにその建物に投下された建築費用の額を課税時期の価額に引き直した額を言います。

生前対策のヒント

上記のように家屋は、自家使用よりアパート等の貸家である場合のほうが、評価額が低くなります。したがって、不動産を相続税法上有効活用したい場合には、賃貸用にすることが有用 P332 です。安易に賃貸するとその賃貸に対する出費やトラブルが生じ、結果的に有効活用にならない場合もありますので、賃貸にあたっては、将来キャッシュフローや将来修繕費など念入りなシミュレーションをすることが大切です。

上場株式を持っている人

テーマ 7 上場株式の評価

重要度 ★★★

Q 上場株式はどのように評価するのですか？
上場株式は財産評価上どのように評価しますか？ またそのポイントを教えてください。

A 上場株式の評価額は、原則として、相続が発生した日の金融商品取引所が公表する最終価格、もしくは、相続が発生した日の属する月以前3か月間の毎日の最終価格の各月ごとの平均額のうち最も低い価額により評価します。

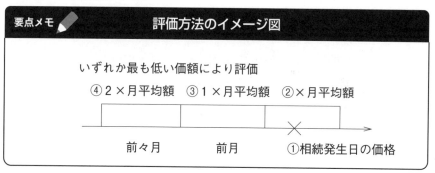

評価方法のイメージ図

いずれか最も低い価額により評価
④2×月平均額　③1×月平均額　②×月平均額

前々月　　　前月　　　①相続発生日の価格

解説

1. 上場株式の相続税法上の評価方法

上場株式とは、金融商品取引所に上場されている株式をいいます。金融商品取引所とは、東京証券取引所や大阪証券取引所、マザーズやジャスダックなど金融商品取引法に則り設立された取引所が該当します。

上場株式は、原則として金融商品取引所（国内の2以上の金融商品取引所に上場されている株式については、納税者が選択した金融商品取引所）が公表する次の価格のうち最も低い金額で評価します。これらの価格は、日刊新聞などでの確認もしくは証券会社に問い合わせることにより知ることができます。

① 相続が発生した日の最終価格
② 相続が発生した日の属する月の毎日の最終価格の平均額
③ 相続が発生した日の属する月の前月の毎日の最終価格の平均額
④ 相続が発生した日の属する月の前々月の毎日の最終価格の平均額

＜具体例＞

相続発生日　X年7月15日　A株10株保有
① X年7月15日の最終価格　　　　1株1,000円
② X年7月の毎日の最終価格の平均額　1株1,100円
③ X年6月の毎日の最終価格の平均額　1株1,200円
④ X年5月の毎日の最終価格の平均額　1株　950円
①～④の最も低い価格　950円×10株＝9,500円（評価額）

生前対策のヒント

1. 負担付贈与または個人間の対価を伴う取引により取得した上場株式の評価

　負担付贈与または個人間の対価を伴う取引により取得した上場株式の価額は、上記に関わらず相続の発生した日の最終価格によって評価します。

2. 相続が発生した日に最終価格がない場合の価格

　相続が発生した日が週末や祝日等で取引がない場合、その日の最終価格は当然のことながら公表されません。その場合、その相続が発生した日に最も

近い最終価格をもってその日の最終価格とします。なお、最も近い日が２つある場合には、その平均額が評価額となります。

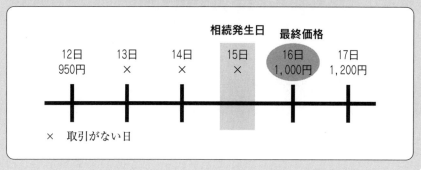

投資信託を持っている人

テーマ 8 投資信託の評価

重要度 ★★★

証券投資信託受益証券はどのように評価するのですか？
証券投資信託受益証券は、財産評価上どのように評価しますか？
またその際のポイントを教えてください。

証券投資信託は、その投資対象により2つに区分されそれぞれ基準価額から源泉税相当額および解約手数料等を控除して評価します。

要点メモ　　　　基本的考え方

● 基本的に投資信託を相続発生日に解約した場合の換金額が評価額のイメージ

解説

1. 証券投資信託受益証券とは

証券投資信託とは、不特定多数の投資家から集めた資金を投資信託委託会社が公社債や株式などに投資し、その運用利益を投資家に分配する商品です。その投資対象により公社債投資信託、株式投資信託などに区分されます。

2. 評価方法

相続税法上、証券投資信託を評価する場合には、次の区分によりそれぞ

れ評価します。

① **中期国債ファンド、MMF等の日々決算型の証券投資信託の受益証券**
（課税時期の１口当たりの基準価額×口数）＋再投資されていない未収分配当（以下A）－Aにつき源泉徴収されるべき所得税額に相当する金額－信託財産留保額および解約手数料（消費税額に相当する額を含む）

② **①以外の証券投資信託の受益証券**
（課税時期の１口当たりの基準価額×口数）－課税時期において解約請求等した場合に源泉徴収されるべき所得税額に相当する金額－信託財産留保額および解約手数料（消費税額に相当する額を含む）

生前対策のヒント

信託財産留保額とは、投資信託を解約する際に係る手数料のことです。投資信託によっては、かからないものもありますので、証券会社に確認が必要です。また、基準価額については、インターネットおよび日刊新聞等に掲載されていますが、日刊新聞上は略式銘柄で記載されていることがありますので、証券会社に問い合わせすることが確実です。

未上場株を持っている人

テーマ 9 未上場株の評価①

重要度 ★★★

Q 未上場株はどのように評価するのですか？
未上場株は財産評価上どのように評価するのか教えてください。

A 未上場株式の評価は、原則的評価方法と特例的評価方法の2つに分けることができます。どちらの評価方法により評価するかは、その評価対象会社の株主構成と被相続人が所有する議決権数により判定することになります。

> **要点メモ**　評価の概要
>
> ● 評価方法は原則的評価方法と特例的評価方法の2つ
> ● 多くの未上場株は原則的評価方法。少数株主の株が特例的評価方法となる

解説

1. 原則的評価方法と特例的評価方法

未上場株の評価は、まず"原則的評価方法" P401 と"特例的評価方法" P398 の大きく2つに分けることができます。どちらの評価を採用するかは、評価対象会社の株主構成と被相続人の所有株数によって判定されますが、多くの未上場株式は、原則的評価方法により評価されます。

これは、一般的に未上場会社は同族経営をされていることが多く、その同族親族が所有する株式の多くが原則的評価方法により評価することとなっているからです。特例的評価方法により評価される株主は零細株主の

株式が対象となります。具体的には、下記のフローチャートで判定します。

【評価方法判定フローチャート】

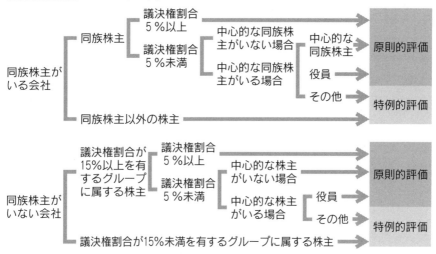

株主の1人と同族関係者の議決権割合の合計が30％以上であるグループに属する株主全員が"同族株主"となります。ただし、1グループだけで50％超を占めている場合は、そのグループに属する株主のみが"同族株主"に該当し、他の株主はたとえ30％以上の議決権を有していたとしても同族株主にはなりません。

"中心的な同族株主"とは、同族株主の1人とその配偶者、直系血族、兄弟姉妹および一親等の姻族の議決権割合の合計が25％以上である場合のその株主グループを言います。

生前対策のヒント

未上場会社の評価をする際には、上記の判定をする必要があることからその会社の株主構成を知ることが重要です。それには株主名簿や法人税申告書の別表二で確認することが有効ですが、併せて名義株の有無もしっかり確認し、株主と所有株式を把握することが大切です。

未上場株を持っている人

テーマ 10 未上場株の評価②

重要度 ★★★

未上場株の特例的評価方法はどのような評価方法ですか？
未上場会社の評価方法である特例的評価方法とは、具体的にどのように評価するのか教えてください。

特例的評価とは、配当還元方式で計算されます。配当還元方式とは、過去2年間の配当金額をもとに計算する方式です。

要点メモ ✎ 概要

- 直前2年間の配当を基にして計算
- 原則的評価方法より低くなる傾向があります

解説

1. 配当還元方式の計算方法

特例的評価を具体的に計算する方法は、配当還元方式という方法で計算されます。これは、1株当たりの年間配当額をベースに計算する方式です。具体的には、次の算式により計算します。

$$\frac{株式にかかる"年間配当金額"}{10\%} \times \frac{その株式の1株当たりの資本金等の額}{50円}$$

"年間配当金額"とは、評価対象会社の直前期末以前2年間の平均配当

金額を直前期末における発行株式数（1株当たりの資本金等の額を50円とした場合の株式数）を除して計算した金額ですが、その金額が2円50銭未満のものおよび無配のものは、2円50銭として計算します。

$$\text{年間配当金額} = \frac{\text{直前期末以前2年間の配当金額}}{2} \div \frac{\text{資本金等の額}}{50\text{円}}$$

※2円50銭未満の場合には2円50銭

※直前期末以前2年間の配当金額には、将来毎期継続することが予想できない特別配当や記念配当などは除きます。

なお、配当還元方式により評価した価額が、原則的評価方式を上回る場合には、原則的評価方式により計算した価額が評価額となります。

2．具体例

直前期の配当金額　5,000千円

直前々期の配当金額　7,000千円（うち特別配当2,000千円）

資本金　20,000千円

発行株式数　20,000株

① 年間配当金額（（直前期の配当金額＋直前々期の配当金額）÷2）

(5,000千円＋(7,000千円－2,000千円))÷2＝5,000千円

② 1株（50円）当たりの配当金額（①の額÷資本金）÷50円

5,000千円÷20,000千円÷50円＝12円50銭

③ 1株当たりの資本金等の額（資本金÷発行済株式数）

20,000千円÷20,000株＝1,000円

④ 配当還元価額 $\left(\dfrac{②}{10\%} + \dfrac{③}{50\text{円}}\right)$

$\dfrac{12\text{円}50\text{銭}}{10\%} \times \dfrac{1,000\text{円}}{50\text{円}} = 2,500\text{円}$

生前対策  **のヒント**

多くの場合、配当還元方式で算出すると原則的評価方法に比べて大幅に評価額が下がります。したがって、配当還元方式で評価するか原則的評価方式で評価するかによって、相続税額に大きな影響を与える場合がありますので、評価方法は、慎重な判断が必要です。

未上場株を持っている人

テーマ11 未上場株の評価③

重要度 ★★★

未上場株の原則的評価方法はどのような評価方法ですか？
未上場株式の評価方法である原則的評価方法とは、具体的にどのように評価するのか教えてください。

原則的評価方法とは、純資産価額方式と類似業種比準価額方式の2つの計算方法により評価します。どちらをどのように使うかは、会社の規模や状況により判断します。

要点メモ　　　　　原則的評価方法の概要

- ①と②いずれか低い方
  ① 純資産価額方式
  ② 大企業：類似業種比準価額方式
  　 中小企業：純資産と類似業種の折衷方式

解説

1. 純資産価額方式と類似業種比準価額方式

　原則的評価方法には、大きく2つの計算方法があります。それは、純資産価額方式と類似業種比準価額方式です。**純資産価額方式** P410 とは、もし会社を解散した場合にはどのぐらいの価額になるかという考え方に基づいた計算方法です。**類似業種比準価額方式** P405 とは、もし会社を上場したら現在上場している会社の価額を参考にし、どのぐらいの価額になるの

かという考え方に基づいた計算方法です。

原則的評価方法は、主にこの2つの計算方法を利用し評価額を算定しますが、評価対象会社の規模により単純に2つの評価額を比べるのか2つの方法を折衷するのかなどのルールが定められています。

2. 会社規模の区分による計算方法

評価対象会社の会社規模は、大きく大会社、中会社（3区分）、小会社に分かれます。その規模ごとに類似業種比準価額と純資産価額を使用した下記の図の区分による計算方法に則り、最終的に評価額が算定されます。

なお、未上場株式の価額は、純資産価額方式による評価額が上限となるため、類似業種比準価額より純資産価額のほうが低い場合には、どの会社規模であっても、純資産価額が評価額となります。

会社区分		計算方法
大会社		類似業種比準価額 ≦ 純資産価額　　いずれか小さい金額
中会社	中会社の大	類似業種比準価額×0.9＋純資産価額×（1－0.9） ≦純資産価額　　いずれか小さい金額
	中会社の中	類似業種比準価額×0.75＋純資産価額×（1－0.75） ≦純資産価額　　いずれか小さい金額
	中会社の小	類似業種比準価額×0.6＋純資産価額×（1－0.6） ≦純資産価額　　いずれか小さい金額
小会社		類似業種比準価額×0.5＋純資産価額×（1－0.5） ≦純資産価額　　いずれか小さい金額

3. 会社規模の判定

大会社・中会社・小会社の会社規模の区分は、従業員が100人以上であれば大会社に該当しますが、100人未満の場合は、業種ごとに①直前期末以前1年間の従業員数、②直前期末における総資産価額（帳簿簿価によって計算した金額）、③1年間の売上高の基準により判断します。

具体的には、次の図の通りです。

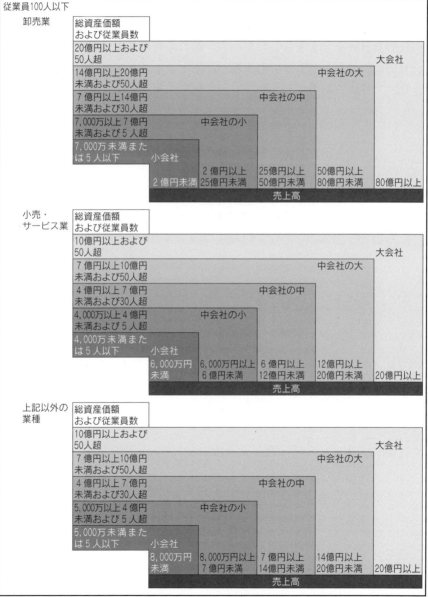

例えば、卸売業で総資産価額が20億円以上で従業員が45人の場合、総資産価額でみれば大会社となりますが、従業員が50人超でないため"中会社の中"となります。ただし、取引金額基準は、その基準に該当すればその規模の会社となります。したがって、総資産価額および従業員基準が"中会社の中"であっても、取引金額が80億円以上であれば"大会社"となります。

生前対策のヒント

会社規模によって計算方法が異なりますので、会社規模の判定を誤ってしまうと大幅に評価額が変わってしまいますので、正確な判定が重要です。

未上場株を持っている人

テーマ 12 未上場株の評価④

重要度 ★★★

類似業種比準価額方式はどのような方式ですか？
未上場株の原則的評価方法のうち、類似業種比準価額方式とは具体的にどのように計算するのか教えてください。

類似業種比準価額方式とは、国税庁から公表される類似業種の株価、配当、利益、純資産額と評価対象会社の配当、利益、純資産額を一定の算式に当てはめ算出する方式です。

要点メモ　類似業種比準価額方式のポイント

- 市場の動きに連動する部分がある
- 複数の事業を行っている場合の類似業種判定は慎重に

解説

1. 類似業種比準価額の計算方式

類似業種比準価額方式とは、もし評価対象会社が上場していたら、上場している同業種の会社の株価を基準とし、どのぐらいの株価になるか算定し評価額を求める方式です。

計算式は、次の通りです。

$$A \times \left(\frac{\text{Ⓑ}}{B} + \frac{\text{Ⓒ}}{C} \times 3 + \frac{\text{Ⓓ}}{D} \right) \div 5 \times \text{斟酌率}^{※}$$

（配当要素／利益要素／純資産価額要素）

A＝類似業種の株価
B＝課税時期の属する年の類似業種の1株当たりの配当金額
C＝課税時期の属する年の類似業種の1株当たりの年利益金額
D＝課税時期の属する年の類似業種の1株当たりの純資産価額
　（簿価価額により計算した金額）
ⓑ＝評価対象会社の1株当たりの配当金額
ⓒ＝評価対象会社の1株当たりの利益金額
ⓓ＝評価対象会社の1株当たりの純資産価額
　（簿価価額により計算した金額）
※斟酌率＝大会社0.75、中会社0.6、小会社0.5

　類似業種の要素である「A」「B」「C」「D」は、国税庁がホームページで公表している"類似業種比準価額計算上の業種目および業種目別株価等"に掲載されています。なお、類似業種要素は、1株当たり資本金等の額を50円として算出された価額であるため、評価対象会社の1株当たりの資本金等の額が50円でない場合には、50円に巻きなおし算出する必要があります。

2. 類似業種の選定

　類似業種比準価額の類似業種は、大分類、中分類、小分類と区分があり全部で121種目に分かれています。どの業種に当てはまるかは、日本標準産業分類などを参考にして当てはめることとなりますが、2つ以上の業種を営んでいる場合、1つの業種の売上高の占める割合が50％を超える場合には、その売上に係る業種を業種目とします。

　売上高が50％を超える業種がない場合には、次の図の基準に則り判断します。

【1つの業種の売上高の占める割合が50％以下の場合】

評価対象外の事業が1つの<u>中分類</u>の業種目中の2以上の類似する<u>小分類</u>の業種目に属し、それらの業種目別の合計額が50％を超える場合	その中分類の中にある類似する小分類の「その他の○○業」
評価対象外の事業が1つの<u>中分類</u>の業種目中の2以上の類似しない<u>小分類</u>の業種目に属し、それらの業種目別の合計額が50％を超える場合	その中分類の業種目
評価対象外の事業が1つの<u>大分類</u>の業種目中の2以上の類似する中分類の業種目に属し、それらの業種目別の合計額が50％を超える場合	その大分類の中にある類似する中分類「その他の○○業」
評価対象外の事業が1つの<u>大分類</u>の業種目中の2以上の類似しない中分類の業種目に属し、それらの業種目別の合計額が50％を超える場合	その大分類の業種目
上記のいずれにも該当しない場合	大分類の業種目の中の「その他の産業」

3. Aの類似業種の株価の判定

Aの要素である**類似業種の株価**は、月ごとに公表されています。類似業種比準価額を算定するにあたっては、課税時期の属する月以前3か月間のそれぞれの株価もしくは前年の平均株価の以下の4つの価額のうち、最も低い価額を利用し算定します。

【類似業種の株価の判定】

下記のうち、最も低い価額
・課税時期の属する月の価額
・課税時期の属する月の前月の価額
・課税時期の属する月の前々月の価額
・前年の平均価額

4. Ⓑの評価対象会社の1株当たりの配当金額

Ⓑの評価対象会社の1株当たりの配当金額は、直前期末以前2年間の平均配当金額を直前期末の発行株式数で除した金額を使用します。

$$\frac{直前期末以前2年間の配当金額}{2} \div 発行済株式数（資本金等の額／50円による数）$$

5. Ⓒの評価対象会社の1株当たりの利益金額

Ⓒの評価対象会社の1株当たりの利益金額は、決算書上の利益金額ではなく法人税法上の課税所得金額を使用し算出します。ただし、課税所得金額に、非経常的な利益が含まれている場合これらの金額は、利益金額から控除してよいこととなっています。**非経常的な利益**とは、固定資産売却益や保険差益など一般的に特別利益項目に記載されている項目になりますが、会社によっては、雑収入科目に含まれていることもあるため、決算書や内訳書を確認することが重要です。計算式は次の通りです。

なお、下記計算式により計算した利益金額が、負になる場合にはゼロとして、類似業種比準価額要素に当てはめます。

$$\frac{法人税の課税所得金額 + 所得の計算上益金の額に算入されなかった剰余金の配当金等の金額（所得税額に相当する金額を除く） + 損金算入された繰越欠損金の控除額}{発行株式数（資本金等の額／50円による数）}$$

6. Ⓓの評価対象会社の1株当たりの純資産価額

Ⓓの評価対象会社の1株当たりの配当金額は、決算書上の簿価をもとに算出します。下記計算式にある**法人税法上に規定する利益金額**とは、法人税の申告書別表五（一）の④の31の金額、すなわち"差引翌期首現在利益積立金の差引合計額"を指します。

$$\frac{資本金等の額 + 法人税法上に規定する利益積立金額}{発行済株式数(資本金等の額/50円による数)}$$

　類似業種比準価額の計算は、上場している同業種の会社の株価を基準にするため、市場の株価が上昇すれば上昇し、下降すれば下降します。したがって、生前贈与等を検討する場合には、評価対象会社の業績と市場の株価を考慮して贈与時期を検討することが、税負担を減らせるコツとなります。

未上場株を持っている人

テーマ 13 未上場株の評価⑤

重要度 ★★★

 純資産価額方式はどのような方式ですか？
未上場株の原則的評価方法のうち、純資産価額方式とは具体的にどのように計算するのか教えてください。

 純資産価額方式とは、評価対象会社の資産・負債を相続税評価額に置き換え、一定の算式で算出する方法です。

要点メモ　　　純資産価額方式のイメージ図

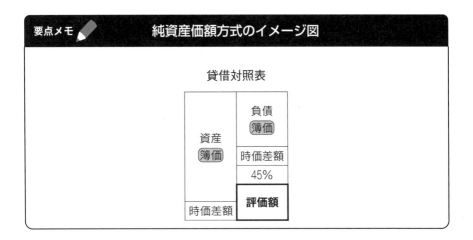

解説

1. 純資産価額方式

純資産価額方式とは、評価対象会社がもし解散をした場合、どのぐらいの価値があるのかという考え方を基に算出されます。

したがって、原則として評価対象会社の資産・負債を相続税評価額に換算し算出します。計算式は次の通りです。

$$\frac{総資産時価価額－負債時価価額－評価差額に対する法人税等相当額}{課税時期における発行済株式数}$$

上記計算式にある「評価差額に対する法人税等相当額」とは、資産を時価換算した場合に生ずる値上がり部分に対して、それを売却したとしたならば課税される法人税等相当額です。具体的な算式は以下の通りです。

$$\left(相続税評価額による純資産価額 － 相続税評価額による負債の合計額\right) \times 45\%$$

2. 資産・負債の相続税評価額への換算

純資産価額方式の計算上、貸借対照表の数値を簿価から相続税評価額に換算する必要があります。例えば土地を所有している場合などは、土地の評価方法に則り、路線価もしくは倍率方式で評価額を求めることとなります。また、純資産価額方式は、解散した場合の価値を求めることとなっていることから、決算書上計上がないものでも評価上は資産計上しなければならないものがあります。例えば、被相続人の死亡に伴い会社が取得する保険金等や死亡に伴い会社が支給する死亡退職金などがこれに当たります。また逆に、決算書上計上されているが、評価上計上を要しないものもあります。例えば前払費用や引当金、繰延資産等がこれに当たります。各科目について個々に検討する必要があります。

3. 使用する貸借対照表

純資産価額方式により計算をする場合の貸借対照表は、原則として課税時期の貸借対照表です。したがって、課税時期に仮決算を行う必要があります。ただし、実務上仮決算を行うことは煩雑なことから直前期末の決算数値を使用して差し支えないものとされています。なお、直前期末から課税時期までの間に資産・負債の著しい変動がある場合には、仮決算を行う

必要があります。

4. 議決権割合が50%以下の場合の20%評価減

　純資産価額方式の場合、株式取得者が属する株主グループの議決権割合が50%以下の場合、1株当たりの純資産価額は80%掛けした金額となります。つまり20%の評価減を受けることができます。

同族株主がいる会社 ┌ 50%超の株主グループに属する場合 ⇒ 評価減無
　　　　　　　　　└ 上記グループに属さない場合 ⇒ **評価減有**
同族株主がいない会社 ─────────────────── ⇒ **評価減有**

　同族株主等とは、議決権を30%以上有する株主グループですので、同族株主がいない会社は、20%の評価減を受けることができます。

生前対策のヒント

　純資産価額方式は、会社が解散をしたと仮定した場合の評価額です。したがって、所有している不動産に含み益がある場合には、思わぬ評価額が付くことがあり、その逆の場合もあります。また、新規事業展開などで一時的に負債を抱えた場合などは、評価額が下がることがあります。そのような時に生前贈与を行うことは、有効な対策です。

未上場株を持っている人

テーマ 14 未上場株の評価⑥

重要度 ★★★

特定の評価会社はどのように評価するのですか？
特定の評価会社とは、どのような会社が該当するのですか？ また、その場合どのように評価するのか教えてください。

特定の評価会社とは、その財務内容や会社の営業状況等が特殊な会社が該当します。特定の評価会社に該当した場合には、原則として純資産価額により評価します。

要点メモ　　　　　　　　**特定会社の概要**

- 開業したてや清算中もしくは、資産のうち株や不動産の占める割合が多い会社などが該当。
  会社の状況に変化があった場合には、特定会社に該当しないか確認が必要。

解 説

1. 特定の評価会社とは

特定の評価会社とは、その財務内容や会社の営業状況等により一般会社の評価方法では、適正な評価額が算出されないと考えられる会社が該当します。具体的には、次のような会社です。

> ・清算中の会社
> ・開業前または休業中の会社
> ・開業後3年未満の会社
> ・比準要素0の会社
> ・土地保有特定会社
> ・株式保有特定会社
> ・比準要素1の会社

2. 土地保有特定会社、株式保有特定会社

特定の評価会社となる「土地保有特定会社」および「株式保有特定会社」とは、評価会社の資産の価額のうち土地や株式が一定割合以上を占める会社を言います。具体的には、次の通りです。

【土地保有特定会社に該当する会社】

会社規模	資産のうち土地の占める割合
大会社	70％以上
中会社	90％以上
小会社	総資産価額が大会社の基準に該当する場合には70％以上
	総資産価額が中会社の基準に該当する場合には90％以上

【株式保有特定会社に該当する会社】

会社規模	資産のうち株式が占める割合
大会社	50％以上（平成25年5月25％から50％に改正）
中会社	50％以上
小会社	

3. 特定の評価会社の評価方法

特定の評価会社に該当した場合は、会社規模に関わらず純資産価額方式により評価します。しかし、比準要素1の会社および株式保有特定会社は、

次のそれぞれの金額が純資産価額より低い場合には、その評価額によることができます。

・比準要素1の会社……（類似業種比準価額×0.25）＋（純資産価額×0.75）
・株式特定会社…………（S1＋S2方式）により計算した価額

> 原則的評価方法は、一般的に類似業種比準価額より純資産価額のほうが高い評価額になる傾向があります。したがって、特定会社に該当することにより評価額が高額になることがありますので、多額の不動産や株式を会社が購入する場合には、購入後特定会社に該当するか否かも含めて、検討することが望ましいでしょう。

被保険者が本人以外の生命保険契約がある人

テーマ15 生命保険に関する権利の評価

重要度 ★★★

Q 生命保険に関する権利はどのように評価するのですか？

生命保険に関する権利とは、どのような権利ですか？ また、その評価方法を教えてください。

A 生命保険に関する権利とは、被相続人が保険料を負担していた保険契約のうち、相続発生時にまだ生命保険事故が発生していない保険契約を言います。相続発生時には、金銭的収入はありませんが、その保険契約の保険金を受け取る権利が、みなし相続財産として課税対象となります。

評価方法は、相続発生時においてその保険契約を解約したとした場合に、支払われる解約返戻金等の額です。

要点メモ　　　生命保険に関する権利具体例

●父（被相続人）の通帳から保険料の引き落としの保険
　→被保険者が父（本人）→　生命保険金 P316
　→被保険者が子など（本人以外）→　生命保険に関する権利

解説

1. 生命保険に関する権利とは

生命保険に関する権利とは、被相続人が保険料の支払いをしていた保険契約で、相続発生時に保険事故が発生していないもの、つまり被保険者が

被相続人ではない保険契約です。その保険契約に関する権利は、相続税法上みなし財産となりますが、その契約形態によって、遺産分割の対象となる権利と遺産分割の対象とならない権利があります。

遺産分割の対象となる生命保険に関する権利は、保険契約者が被相続人である場合です。保険契約者が被相続人以外の場合には、遺産分割の対象とはなりませんので注意が必要です。例えば、被相続人が配偶者を被保険者とする生命保険の保険料を支払っていた場合、その生命保険に関する権利は相続財産となりますが、その保険の契約者が"被相続人"の場合には、遺産分割の対象となり、契約者が"配偶者"（本人以外）の場合には、保険契約者の固有財産となり遺産分割の対象外となります。

保険料負担者	被保険者	契約者	取扱い	相続税
被相続人	配偶者	被相続人	遺産分割の対象	みなし相続財産
		配偶者 (本人以外)	遺産分割の対象外	みなし相続財産

また、保険契約でも解約返戻金やそれに準ずるものの支払いがない保険契約、つまり掛け捨て保険については、相続税法上みなし財産とはなりません。

2. 生命保険に関する権利の評価

相続開始の時において、まだ保険事故が発生していないため、金銭的収入はありませんが、その相続開始時にその契約を解約したとした場合に支払われる解約返戻金の額が評価額となります。

なお、解約返戻金の他に支払われることになる前払保険料や剰余金の分配などがある場合には、その金額を加算し、その解約返戻金に対して源泉徴収される所得税がある場合には、その額を控除した金額となります。

【算 式】

解約返戻金等＋前払保険料＋剰余金－源泉所得税等＝評価額

生前対策のヒント

　生命保険に関する権利は、相続にあたって見落としがちな財産です。
　通帳などから引き落とされている保険料と保険契約の突き合わせをし、その契約内容を確認することが大切です。また毎年の個人確定申告の生命保険料控除の確認も有効です。
　解約返戻金の計算にあたっては、保険会社に問い合わせをし、計算をしてもらうのがよいでしょう。

全員

テーマ 16 家庭用動産の評価

重要度 ★★★

Q 家庭用動産などはどのように評価するのですか？
家電や車などの家庭用動産は、財産評価上どのように評価しますか？

A 原則として、1個ごとに売買実例価格や精通者意見価格などにより評価することとされていますが、1個の金額が5万円以下のものについては、一括して1世帯ごとに評価することができます。したがって、実際の申告の際には、家財一式として計上することが一般的です。なお、骨とうや高級家財道具がある場合には、個別に評価することが必要です。

評価概要

- ●原則
  売買実例価格などの個別評価
- ●例外
  1個が5万円以下のものは一括評価

解説

1. 家庭用動産の評価

家庭用動産は、原則として1個ごとに評価しますが、1個の価額が5万円以下の場合、一括して一世帯ごとに評価することができるとされていま

す。その評価方法は、原則として1個ごとに売買実例価格や精通者意見価格等を参考にして評価することとなっています。

しかし、実際の申告に際しては、テレビ・電子レンジ・パソコンなどを個々に評価することは困難なことから、家財一式としていくらかの金額を計上することが一般的です。いくらの金額を計上するかは、被相続人の家財道具により一概には言えませんが、過去の経験では、一般家庭においては、20万から50万円程度で申告したことがあります。

なお、書画や骨とう、アンティーク家具など高価なものがある場合には、個別で評価することが必要です。

2. 電話加入権

電話加入権は、忘れがちですが財産として申告する必要があります。その価格は、毎年それぞれの国税局長から公表される標準価額によって評価します。ちなみに平成24年度の東京都の電話加入権の標準価額は、1加入2,000円、北海道および沖縄県は、1加入1,500円です。

生前対策のヒント

　税務調査時において、被相続人の趣味などは必ずといっていいほど聞かれる項目です。
　つまり、被相続人のお金の使い道などを聞き出し、申告財産に漏れがないかを知りたいのです。
　したがって、被相続人の趣味が流通性がある物の収集のような場合、その価額を調べて、相続財産に含める必要があります。

おわりに

　民法、相続税・贈与税関連税制の改正、少子高齢化、相続関係の複雑化、価値観の多様化という時代の流れの中で、生前対策の重要性はますます高まってきています。

　生前対策とは、単に節税対策という意味のものではありません。また、裕福な人だけのものでもありません。円満な相続手続き、そして残される方々の将来のために、すべての方にとってなくてはならないものであり、今後その必要性はさらに高まっていくことが予想されます。

　生前対策は、それこそ100人いれば100通りの方法があり、それぞれの方ごとに法律面、税務面、そして心情面など様々な角度からじっくり時間をかけて検討していく必要があるものです。
　検討にあたっては、生前対策の法務や税務の最低限の知識は頭に入れておかなければなりません。誤った知識や認識から生前対策を組み立ててしまうと、間違った生前対策を取ってしまう危険もあります。

　まずは本書を参考に、生前対策の法務・税務の概要を確認し、実際に老後のこと・相続のことをゆっくりと考えてみてください。

　本書を通じて、1人でも多くの皆様に生前対策の必要性を感じていただき、生前対策を考え、設計するという行動に移していただけること、そして1人でも多くの皆さまが円満に老後、そして相続という場面を迎えられますことを、著者一同、心より願っております。

平成27年2月　児島　充
児島　明日美

■著者紹介

海野 裕貴（うみの・ひろたか）
税理士・中小企業診断士
CFP®・1級FP技能士・行政書士

同志社大学大学院法学研究科私法学修了後、金融機関勤務等を経て、現在、海野裕貴税理士事務所代表、グレイトディバイド株式会社代表取締役。
顧問業の他、事業承継・相続のコンサルティング、各種金融機関等での講演・セミナー、ラジオ出演も多数行っている。また、弁護士・司法書士・弁理士等他士業と連携し、顧客ニーズを汲み取ったサービスを展開するLLPプログレスを設立し、代表として活動中。
著書に『事業承継 成功のポイント50』、『経営者のための 勇退へのアドバイス』、『不動産相続 成功の扉』、小冊子「知っておきたい 経理のしごと」（以上、清文社）、「けんた君教えて！ くらしのなかの税金知識」シリーズ（全国法人会総連合）等。

海野裕貴税理士事務所
〒247-0073　鎌倉市植木370番地1
http://www.greatdivide.jp/

髙橋 琴代（たかはし・ことよ）
税理士

東京経済大学経済学部卒業後、都内の税理士法人での勤務を経て、現在、海野裕貴税理士事務所所属。
個人事業者から、株式会社、医療法人、公益法人等、多岐にわたる顧問業務を行う一方、相続税申告から事業承継案件まで幅広く資産税案件を経験してきた。

海野裕貴税理士事務所（同上）

児島 充（こじま・みつる）
司法書士（神奈川県司法書士会）

愛知県出身。中央大学法学部卒業後、23歳の時に司法書士試験に合格。都内の司法書士法人での勤務を経て2008年3月 K&S 司法書士事務所を開業。歴史ある司法書士事務所を事業承継し、相続・売買などの不動産登記、会社設立・登記変更などの商業登記を主要業務として地域に密着したサービスの提供を行っている。
『経営者の皆さん！　その悩みお手伝いします』(共著・労働調査会)、『自分でできる不動産登記』(自由国民社)、『自分でできる相続登記』(監修・自由国民社) など執筆も多数。

K&S 司法書士事務所
〒210-0012　川崎市川崎区宮前町8番18号　井口ビル1階
TEL：044-222-3210　FAX：044-222-8166　http：//www.ks-legal.com/

児島 明日美（こじま・あすみ）
司法書士（東京司法書士会）

静岡県出身。お茶の水女子大学文教育学部卒業後、複数の司法書士事務所での勤務を経て、現在、司法書士 児島明日美事務所代表。
自分らしく豊かで幸せな老後を送るための活動、"老活（ろうかつ）"支援をテーマに、相続・遺言・成年後見などの業務に特に力を入れる。セミナー・取材実績も多数。女性らしいきめ細やかなサービスの提供を心がける。
著書に『自分でできる相続登記』(自由国民社)『今日から成年後見人になりました』『身近な人が亡くなった後の手続きのすべて』(共著、自由国民社) がある。

司法書士 児島明日美事務所
http：//www.asumi-office.com/

新・成功したい人が読む はじめての相続・贈与の生前対策

2015年2月20日 初版発行

編 著	海野 裕貴／髙橋 琴代 児島 充／児島 明日美 ©
発行者	小泉 定裕
発行所	株式会社 清文社	東京都千代田区内神田1-6-6（MIFビル） 〒101-0047　電話 03(6273)7946　FAX 03(3518)0299 大阪市北区天神橋2丁目北2-6（大和南森町ビル） 〒530-0041　電話 06(6135)4050　FAX 06(6135)4059 URL http://www.skattsei.co.jp/

印刷：亜細亜印刷㈱

■著作権法により無断複写複製は禁止されています。落丁本・乱丁本はお取り替えします。
■本書の内容に関するお問い合わせは編集部までFAX（03-3518-8864）でお願いします。

ISBN978-4-433-52634-4